격변과 균형

격변과 균형

한국경제의 새로운 30년을 향하여

김용범 지음 | 권순우 정리

창비
Changbi Publishers

34년간의 공직생활 동안 우리 경제가 효율적으로 운영되기를 바라는 마음으로 크고 작은 정책들을 만들었다. 그 과정에서 느낀 개선할 점들과 앞으로의 비전 등이 머릿속에 부유하고 있었지만 감히 책으로 엮어낼 생각은 하지 못하고 있었다.

지난해 세교포럼에서 팬데믹이 어떤 위기이고, 이 위기로 세상은 어떻게 변했고, 지속가능한 사회를 위해 고민해야 할 과제는 무엇인지 발표할 기회를 가졌다. 발표 후 책을 내보자는 제안도 받았으나 나로서는 엄두가 나지 않는 일이라 고사하고 있었다.

그러던 중 지난겨울 권순우 기자가 명동에 있는 내 사무실로 놀러 왔다. 오랜만에 다시 만나니 반갑기도 하고 권기자가 여러 방면에 관심이 많아 대화가 두 시간을 훌쩍 넘게 이어졌다. 권기자를 배웅하고 난 뒤 문득 권기자가 내 생각을 글로 풀어내는 것을 도와주면 책을 써볼 수 있겠다는 생각이 들었다. 권기자는 나의 제안에 기꺼이 동의해 주었다. 내가 직접 쓴 글도 비중이 꽤 되지만 역시 권기자가 세심히 살펴주었다. 그리하여 평생을 생각해왔지만 차마 엄두를 내지 못하던 책 쓰기가 시작되었고 마침내 졸저가 세상에 나오게 되었다.

원고를 준비하고 다듬는 과정에서도 무수히 많은 기재부와 금융위의 옛 동료들, 학계와 현장에 있는 전문가들의 조력이 있었다. 그들의 헌신적인 도움에도 불구하고 남아 있는 부족함은 오롯이 내 책임이다.

이 책은 팬데믹이라는 미증유의 사태가 불러온 구조적인 변화를 정리하고 그 충격에 맞서 우리 사회가 시급히 해결해야 할 정책과제들에 대한 내 생각을 담았다. 특히 금융과 거시경제의 상호작용에 주목한다. 책을 관통하는 핵심 주제는 시스템의 안정성과 금융위기의 무서움이다. 같은 맥락으로 공동체의 지속가능성과 복원력을 비중있게 다루었다.

팬데믹이 진행중이라 미래를 단정적으로 전망하기엔 시기상조이다. 그러나 2년 정도의 충격만으로도 세상은 팬데믹 이전과 이후로 바뀐다는 주장이 나올 정도로 상전벽해 수준으로 변했다. 팬데믹이 불러온 구조적 변화와 남긴 과제가 하나같이 만만치 않다. 금융위기와 경기침체, 지정학적 갈등, 에너지 위기가 겹친 복합위기 징후에 철저히 대비할 필요가 있다.

팬데믹 이후 우리 경제가 더 건강하게 발전하기를 바라는 마음을 담아 집필한 이 책은 오랜 기간 공직에서 일할 기회를 제공해준 우리 사회에 바치는 나만의 작은 보고서이다.

2022년 3월

김용범

차 례

1부 팬데믹이 불러온 경제환경의 대격변

2부 새로운 균형을 위한 과제

팬데믹 이전으로 돌아갈 수 없는 경제, 시작의 그날

2020년 3월. 우리는 세계 금융시스템이 붕괴할지 모를 백척간두에 서 있었다. 그날 전 세계 정부와 중앙은행은 금융시스템 붕괴를 막기 위해 사용할 수 있는 모든 정책, 사용해도 되는지 자신할 수 없는 모든 재정·통화정책을 쏟아부었다. 전대미문의 신속하고 파격적인 정책들은 가까스로 금융시스템 붕괴를 막았다. 팬데믹이 촉발한 금융위기의 방아쇠는 당겨지지 않았다. 평범한 사람들의 평범한 일상은 어제와 다름없는 오늘로 유지됐다.

하지만 2년이 지난 2022년까지 팬데믹 상황이 지속되고 이전으로 돌아갈 수 없는 세상이 될 거라고 이때는 상상하지 못했다.

2019년 늦가을. 중국 우한에서는 정체불명의 폐렴 바이러스가 퍼지고 있었다. 사스, 메르스 등 전염병이 돌았던 것과 비슷한 종류의 일이 중국에서 벌어지고 있다고 전 세계는 생각했다. 우리 정부가 코로나19에 경각심을 갖게 된 건 2020년 1월 첫 국내 확진자가 나왔을 때였다. 국내에도 코로나19가 전파될 수 있다는 정도는 예상했었다. 하지만 그것이 미칠 영향이 어느 정도일지는 깊이 고민하지 않았다.

첫 경보

2020년 1월 21일. 여느 때와 다름없는 날이었다. 기획재정부(이하 기재부) 외환 파트는 매일 환율 동향을 모니터링하고 있었다. 오전 장에 원달러 환율이 갑자기 10원이 상승했다. 하루 평균 4원 수준의 변동을 보이던 터라 경계할 만한 변동성이었다. 주현준 외화자금과장에게 텔레그램 메시지를 보내 무슨 일인지 알아보라고 당부했다.

잠시 후 주과장이 시장 관계자들을 통해 탐문한 내용을 전했다. 홍콩 외환시장에서 '우한폐렴'(코로나19는 당시에 이렇게 불렸다)이 생각보다 심각한 것 같다'는 이야기가 일부 돌면서 갑자기 신흥국 통화가 약세로 돌아섰다는 보고였다. 아직 블룸버그, 로이터, 인포맥스의 금융정보 단말기에 눈에 띄는 관련 뉴스는 없었다. 다만, 로이터 메신저에 뉴스 하나가 전달됐다. 세계보건기구(WHO)가 중국 우한 지역에서 확산되고 있는 폐렴문제를 논의하기 위해 긴급 위원회를 소집했다는 내용이었다.

이 뉴스 때문에 환율이 10원이 올랐다고? 확신이 없었다. 외화자금과 실무자 말로는 당시 이야기를 나눴던 10명의 시장 관계자 중에서 환율 상승이 감염병 때문이라고 자신 있게 이야기한 사람은 1명에 불과했다.

한국의 낮이 지나고 미국에 날이 밝자 미국 질병통제예방센터(CDC)에서 미국 내 첫 확진 사례가 보고됐다고 밝혔다. 시장은 본격적으로 코로나19를 분석하기 시작했다. 중국에서 발생한 폐렴은 얼마나 심각한 수준인 걸까. 초기는 매우 혼란스러웠다. 확진자 숫자를 어떻게 집계할지, 바이러스 확산을 어떻게 예측할지. 지금은 실시간으로 집계가 되지만 당시에는 아무런 수단이 없었다.

불길한 직감

문득 세계은행에서 선임 이코노미스트로 근무하던 때가 생각이 났다. 베이징 한복판에 있는 호텔에서 전 세계 200여명의 전문가가 모이는 국제회의를 주관했다. 회의를 할 때는 까맣게 몰랐다. 전 세계 29개국 8천여명을 감염시키고 700여명을 사망하게 한 사스 바이러스가 그 당시 맹렬히 중국에 퍼지고 있었음을.

2002년 11월. 사스가 처음 확인된 달이다. 당시 장 쩌민(江澤民), 주 룽지(朱鎔基)가 공식적으로 은퇴하고 후 진타오(胡錦濤)와 원 자바오(溫家寶)가 21세기 중국을 이끌게 된 중국공산당 당대회가 열리고 있었다. 광둥성에서 발행한 원인 미상의 감염 환자에는 누구도 관심을 갖지 않았다. 광둥성 정부는 새로운 권력이 희망찬 미래를 이야기하는 시점에 전염병 소식을 굳이 언급하려 하지 않았다. 그사이 사스 바이러스는 세계에서 도심 지역의 인구밀도가 가장 높은 도시, 홍콩으로 건너가 본격적으로 확산되기 시작했다. 강력한 통제 국가 중국도 진실을 완벽하게 가릴 수는 없었다.

퇴역한 군의관 장 옌융(蔣彦永)은 베이징에 전염병이 확산되고 있으며 인민해방군 301병원을 비롯한 세군데 병원에만 이미 120명 이상의 환자가 있다고 폭로했다. 중국 언론은 나이든 의사의 폭로를 외면했지만, 그의 용기 있는 폭로는 외신을 타고 전 세계로 퍼져나갔다. 장 옌융 박사는 중국 정부에 의해 구금 후 가택 연금됐고, 이듬해

아시아의 노벨상이라고 불리는 막사이사이상을 수상했다.

데프콘 발동: 무너지는 시장

2020년 1월 말. 중국 정부는 이번에도 전염병의 파급력을 숨기고 있는 것은 아닐까. 전염병이 퍼지는 한복판에서 국제 컨퍼런스를 열었던 그때의 오싹함이 느껴졌다. 국제금융국 라인에 비상을 걸었다. 외환시장에서 벌어지는 수집 가능한 모든 정보를 보고하도록 했다. 공식적인 발표로 확인을 할 수 없는 실시간 정보들은 나 스스로 얻기 위해 트위터를 검색해서 영국 등 선진국에서 활동하는 여러 전염병 권위자들, 주요 외신의 중국 특파원들을 팔로우하기 시작했다. 홍콩과 영국의 전염병 학자들이 확진자 증가 추이를 추산한 그래프는 믿을 수 없을 정도로 가팔랐다. 그렇게 되지 않을 거라고 나 스스로를 위안하려 했지만 본능적으로 느껴지는 긴장은 가시지 않았다.

2020년 2월. 코로나19는 본격적으로 미국, 유럽 등 주요국에 상륙했다. 주요국들은 초기 방어에 실패하고 이동을 멈추는 고강도 봉쇄 조치에 들어갔다. 선진국 경제 전망은 빠르게 악화됐고 국제금융시장은 패닉 상황에 빠졌다.

미국 다우지수는 2월 이후 1달여 만에 37% 하락했다. 글로벌 금융위기보다 10배 빠른 하락 속도다. 채권 시장에서는 기업의 채무불이행 위험이 커지면서 대규모 회사채 매도가 이어졌다. 자금 시장에선 현금 확보 경쟁(dash for cash)이 벌어졌다. 시장 참여자들은 말 그대로 모든 걸 팔았다(sell everything).

1997년 외환위기와 2008년 글로벌 금융위기를 겪으며 체득한 육감은 바닥으로 가라앉는 것 같은(sinking feeling) 무거운 경고를 주고 있었다. 한국경제는 그때에 비해 위기에 대한 대비가 훨씬 잘돼 있었다. 풍부한 외환보유액과 건전한 재정은 상당한 환율 진폭에도 견딜 수 있는 내성을 갖추고 있었다.

이번 사태는 이해할 수 없는 일 투성이였다. 가장 난데없는 일은 미국 국채 가격이 폭락한 것이다. 일반적으로 위기가 발생하면 글로벌 투자자들은 위험자산을 버리고 안전자산으로 서둘러 이동한다. 세계에서 가장 안전한 자산으로 꼽히는 미국 국채에 많은 수요가 몰리다보면 국채 가격이 상승하기 마련이다. 미국 국채는 달러 그 자체보다도 유동성이 풍부하다. 교과서적으로 보나 행동심리학적으로 보나 위기가 올 때 미국 국채 가격은 상승하는 것이 자연스럽다. 그런데 난데없는 폭락이라니.

『파이낸셜 타임즈』(Financial Times)에 보도된 한 외환 트레이더는 '내 평생 트레이드 경험상 처음 있는 일'이라고 이 상황을 묘사했고 연구자들은 '확률적으로 천년에 한번 있을 법한 이례적인 사건'이라고 표현했다. 천년 전에 글로벌 금융시장이 존재하지 않았다는 점을 감안하면 인류 역사상 한번도 발생하지 않은, 발생할 수 없는 사건이라는 의미다.

흔들리는 바윗돌

커다란 바윗돌이 흔들리는 느낌이었다. 미국 국채는 국제금융 체제에서 가장 단단한 기반이다. 위험도가 가장 낮은 미국 국채가 가장 아래 위치하고 그 위로 위험도가 높은 금융상품들이 차곡차곡 쌓인다. 위험이 높으면 수익률도 높다. 미국 국채가 흔들리면 그 위에 쌓인 모든 금융상품이 붕괴된다. 그런데 누가, 왜 이 와중에 미국 국채를 던지고 있는 것일까?

나중에 밝혀진 일이지만 미국 국채를 판 것은 신흥국 중앙은행, 미국 뮤추얼펀드와 헤지펀드들[1]이었다. 이들은 무려 1조 달러, 원화로 따지면 1200조원이 넘는 막대한 미국 국채를 한달 사이에 내다 팔았다. 이들이 미국 국채를 판 이유는 의외로 단순하고 공포스럽다.

코로나19로 금융시장이 불안해지자 신흥국 시장에서 달러가 부족해지면서 달러 부채의 만기 연장이 갑자기 불가능해졌다. 신흥국 외환당국은 자국 외환시장에서 빠르게 소진되고 있는 달러 유동성을 공급하기 위해 외환보유액으로 쌓아둔 미국 국채를 팔아 달러 확보에 나섰다. 시장이 불안해지자 미국 내 뮤추얼펀드와 헤지펀드에 가입한 투자자들도 대거 환매를 요청했다. 펀드 매니저들은 투자자들의 환매에 대응하기 위해 보유하고 있던 자산을 팔아야 했다.

하지만 시장이 불안한 상황이라 어떤 자산도 사겠다는 사람이 없었다. 만약 쇄도하는 투자자들의 환매에 대응하지 못하면 지급불능, 디폴트 상황이 된다. 그나마 팔 수 있는 자산은 가장 유동성이 풍부한 자산, 미국 국채밖에 없었다.

당시 시장은 가장 안전한 미국 국채가 아니면 아무것도 팔 수 없을 정도로 불안감이 고조돼 있었다. 신흥국 중앙은행, 미국 펀드 매니저 할 것 없이 모두가 현금을 확보하느라 혈안이 되었고, 미국 국채를 시장에 투매했다. 매도 물량이 쏟아지자 미국 국채 가격이 하락한 것이다.

2020년 3월 3일. 미국 연방준비은행(이하 연준)은 전격적으로 금리를 50bp(0.5%p) 인하했다. 1200원 선을 위협받던 원달러 환율은 1180 원대로 하락했다. 하지만 안정은 오래가지 못했다. 코로나19 봉쇄조 치로 원유 수요가 급감한 가운데 산유국들은 감산 합의에 실패했다. 유가는 이틀 만에 32% 폭락했다. 원달러 환율은 기다렸다는 듯 하루 11.9원 급등해 1200선을 뚫고 올라갔다.

ELS 마진콜의 악몽

2020년 3월 11일. 세계보건기구는 코로나19를 전 세계적으로 유행 하는 전염병, 팬데믹으로 선언했다. 전달까지만 해도 독감 환자 흉내 를 내며 중국 감기를 비웃었던 미국 트럼프 대통령은 TV 대국민 연 설을 통해 유럽발 입국 금지 조치를 발표했다. 웃음기는 없었다. 다 우지수는 하루 만에 10% 폭락했다. 2020년 3월 2주 사이에 미국 다 우지수는 역사적 하락률 상위 10위 중 4개의 기록을 갈아치웠다. 1930년대 대공황, 1980년대 블랙먼데이 등 수십년 사이에 발생했던 극단적인 사건들이 2주 만에 몰려 발생한 것이다.

나는 기재부 심규진 자금시장과장을 팀장으로 한 관계기관 합동 TF와 함께 외화, 채권, 주식 등 불안한 금융시장을 예의 주시하고 있 었다. 그런데 전혀 예상하지 못했던 부분에서 충격이 발생했다. 증권 사가 발행한 주식연계증권, ELS였다.

ELS는 기초자산이 일정한 가격 범위 안에서 움직이면 이익이 나 도록 설계된 상품이다. 일반적인 상황에서 기초자산이 위아래로 30~40%까지 움직이는 일이 드물어서 안전한 상품이라는 인식이 있다. 보수적인 투자자들이 선호하는 금융상품이기 때문에 증권사들이 많이 발행해 판매했고, 전체 주식연계증권의 규모는 100조원에 달했다. 문제는 코로나19가 일으킨 어마어마한 변동성이다. ELS의 기초자산은 일정한 가격 범위에서 움직여야 하는데, 그 선을 넘으면 외국계 금융회사로부터 부족한 담보비율만큼 현금을 더 내라는 마진콜이 들어온다. 마진콜이 들어오면 증권사들은 정해진 시간 안에 추가 현금을 납입해야 한다. 물론 달러다.

국내 증권사의 ELS 구조도 문제가 됐다. 이전까지만 해도 한국 증권사들은 대부분 외국계 금융투자회사가 발행한 ELS 옵션을 사서 판매하는 영업을 했다. 상품의 구조적 위험은 외국계 금융회사가 지고, 국내 증권사는 소액의 판매 수수료만 취했다. 그러다 ELS에 자신감이 생긴 국내 대형 증권사들은 직접 ELS를 운용하기 시작했다. 판매만 하는 것보다 더 큰 이익을 얻을 수 있기 때문이다. 또 그 정도는 운용할 수 있다는 자신감도 있었다. 이같은 자신감은 하루에 수천억씩 쏟아져 들어오는 마진콜 앞에 모래성처럼 무너졌다. 달러를 구하기 위해 은행 문을 두드려봐야 소용없었다. 은행 역시 자체적으로 활용하고, 수출입 기업들의 결제수요를 맞춰주기 위해 외화를 극히 보수적으로 관리하고 있었다.

증권사들은 바짝 말라버린 외환시장에서 수조원대의 달러를 구해 증거금을 납부해야 했다. 그들이 당장 수조원대의 달러를 구할 가능성은 없었다. 우리는 여기서 두가지 위험을 감지했다. 하나는 그들이 달러를 구하는 과정에서 환율이 20~30원 이상 급등할 수 있다. 두번째는 해당 증권사들이 마진콜에 대응하지 못해 채무 불이행이 되면 연쇄 부도로 이어질 수 있다.

지옥의 침묵: 가장 긴 하루

2020년 3월 19일. 외환시장이 개장했는데 1분간 달러를 팔겠다는 주문이 단 한건도 없었다. 기재부와 한국은행은 즉각 구두 개입을 단행했다. 양 기관의 동시 구두 개입에도 불구하고 환율은 1296원까지 급등했다. 시장 참가자들이 공포에 사로잡혀 마구마구 사고파는 그런 시장이 아니었다. 아무도 팔겠다는 사람이 없어 거래가 이뤄지지 않으니 시장은 황량했다. 필사적으로 달러를 구해야 하는 누군가에게 시장의 침묵은 지옥이었을 게다. 정부만이 유동성이 급격히 메말라가던 달러자금시장(외환 스와프 시장)에 달러를 긴급 공급해 위기의 확산을 막고 있었을 뿐이다.

이날 하루만 문제일 리가 없다. 얼마나 더 이런 일이 발생할 수 있는 걸까. 매주 한번 내가 주재하던 거시경제금융회의를 주 2회로 늘렸다. 금융감독원(이하 금감원)에는 평소 참석하던 정신동 거시감독국장 외에 금융투자감독국장과 기업공시국장을 참석하도록 요청했다. 금융투자감독국장은 증권사의 건전성을 담당하는 역할을 하고, 기업공시국장은 회사채와 단기 금융시장을 관장한다. 금융투자감독국장을 고정 멤버로 참석하도록 한 것은 ELS 때문이었다.

금융투자감독국장에게 대형 증권사 시장 전원을 일대일로 면담해서 국내 발행 ELS 전체 상황을 파악하도록 요청했다. 상품 구조가 어떻게 되는지, 한달 내에 발생할 수 있는 마진콜의 규모가 어느 정도인지 상세하게 조사하도록 했다. ELS는 복잡하다. 증권사 사장이라고 해도 모든 상황을 이해하기 쉽지 않다. 하지만 최종 책임을 져야 할 대표이사가 알아야 한다. 예상치 못한 디폴트가 발생하면 전방위적인 방어책이 와르르 무너질 수 있다.

달러자금시장에 대한 당국의 유동성 지원이라는 당근과 함께 채찍도 들이댔다. 만약 정부가 미리 공유하도록 한 ELS 정보 외에 누락한 마진콜이 발생하면 절대로 도와주지 않을 거라고 경고했다. 금융투자감독국을 중심으로 한 증권사 사장들과의 일대일 면담 끝에 국내에서 발행된 ELS의 상세한 자료를 확보할 수 있었다. 위험을 알게 됐다는 것만으로도 한층 안심이 됐다.

조금씩 외환시장이 안정화되면서 마진콜을 우려할 필요는 없었다. ELS만 문제겠는가. 또 어떤 곳에서 위기가 찾아올까. 초긴장 상태로 다양한 분야를 점검하다보니 회의도 안건도 점점 많아졌다. 한국은행과 기재부 모두 촉각을 곤두세우고 어디에서 발생할지 모를 위험에 대비했다.

연준은 도대체 뭘 보았길래

미국의 반응은 훨씬 더 즉각적이고 파격적이었다. 글로벌 위기를 겪으면서 쌓인 경험이 있다는 점을 감안해도 이전과 비교할 수 없을 정도로 크고 빨랐다. 우리보다 더 상세한 정보를 가지고 있을 미국 정부와 연준의 급박한 의사결정을 보며 불안했다. 그들은 도대체 뭘 보고 있는 걸까? 글로벌 금융위기 당시에도 안전자산인 국채 정도를 매입했던 연준은 이전에는 손대지 않았던 회사채, 기업어음까지도 전방위적으로 매입했다.

연준이 신속하게 행동에 나선 이면에는 미국 재무부가 있었다. 재무부는 연준이 매입한 위험자산에서 손실이 발생하면 재정으로 지원하기로 했다. 연준과 재무부가 손실 부담을 두고 싸우고, 재무장관이 의회에 가서 무릎을 꿇고 애원을 했던 2008년과는 확연히 달랐다.

한미 통화스와프의 낭보

2020년 3월 19일 밤. 외환시장의 패닉을 종결시킨 것은 한미 통화스와프였다. 전쟁 같은 하루를 보내고 저녁을 먹고 있는데 기재부 김성욱 국제금융국장이 긴급히 상의드릴 게 있다고 전화를 했다. 뉴욕 연준에서 한국은행을 통해 미국 시간 아침 9시, 우리 시간 그날 밤 10시에 통화스와프 체결을 발표하겠다고 연락이 왔다는 낭보였다. 부랴부랴 기재부와 한국은행이 공동으로 발표할 보도자료 초안을 검토하고 관련되는 곳에 긴급보고를 했다.

저녁 10시에 뉴스 헤드라인에 한미 통화스와프 체결 소식이 전해졌다. 6개월 만기 600억 달러 규모로 글로벌 금융위기 때보다 2배 큰 규모였다. 연준은 한국을 포함해 9개 나라와 통화스와프를 맺었다.

글로벌 금융위기를 겪으면서 우리는 통화스와프가 환율안정을 위한 중요한 장치임을 경험했다. 한국 정부는 위기가 찾아오자 통화스와프를 맺기 위해 다양한 루트를 통해 접촉을 시도했다. 경제부총리와 한국은행 총재가 각기 시한을 보내는 등 여러 절차를 밟았지만 팬데믹 상황이라 대표단이 미국을 방문해 직접 설득할 수는 없었다.

그런데 우리가 통화스와프 체결을 위한 방문 노력을 하기도 전에 미국에서 통화스와프를 체결한다고 연락이 온 것이다. 이전에 발생했던 1조 달러 미국 국채 대량 투매 사건이 영향을 미친 것으로 보인다. 당시 미국 국채 투매는 헤지펀드가 주로 했지만 각국 외환 당국도 통화스와프가 없으면 달러 공급을 위해 보유하고 있던 미국 국채를 대량으로 매도할 수밖에 없다.

미국 연준은 그에 대한 대비책도 마련했다. 연준은 각국 외환당국의 통화스와프 체결 국가가 아닌 경우에도 보유하고 있던 미국 국채를 달러와 교환해주는 프로그램을 도입했다. 시장에 미국 국채를 투매해 혼란이 생기는 것을 방지하기 위해서다.

한국 외환당국은 이보다 앞서 한국의 금융기관이 보유한 미국 국채 등을 필요시 외환보유액의 달러와 환매 조건부로 교환해주는 프로그램을 구상했다. 금융기관 등의 미국 국채 투매를 막고 미국 국채와 교환해 달러를 공급함으로써 외환보유액이 급감하는 것을 방지하는 효과를 기대했다. 이 제도는 기재부 외화자금과 실무진의 아이디어 및 한국은행과의 협업으로 세계 최초로 도입됐다. 통화스와프 체결로 3월에 시행하지는 않았지만 2020년 하반기에 세계 최초로 도입해 제2의 방어선을 구축했다.

2020년 3월 20일. 한미 통화스와프 체결 이후 원달러 환율은 하루 만에 40원 가까운 하락폭을 보였고, 이후 시장은 급속히 안정을 찾았다. 글로벌 금융시장은 서로 긴밀히 연결되어 있어 신흥국 시장이 불안해지면 미국도 피해자가 될 수밖에 없다는 연준의 자각과 빠른 의사결정이 모두를 살렸다.

트라우마는 살아 있다

지금 생각해도 목덜미가 서늘한 2020년 3월은 일반 국민들은 위기를 체감하지 못했을 정도로 조용히 지나갔다. 1400선까지 내려왔던 코스피는 회복세를 보였고, 위기 때마다 반복됐던 2차 추락이나 실물경제의 더블딥(double dip)은 나타나지 않았다.

하지만 그 당시 느꼈던 금융시스템 붕괴에 대한 공포와 충격은 각국 정책 결정자들의 뇌리에 생생하게 남아 있다. 팬데믹 이후 큰 폭으로 달라진 수많은 재정·통화정책이 어떻게 시작되고 시간이 갈수록 증폭됐는지를 이해하려면 2020년 3월의 시장 충격과 공포를 알아야 한다. 삽시간에 들이닥쳐 팬데믹 이전으로 돌아갈 수 없을 정도로 경제환경을 바꿔 버린 첫 고비, 첫 한달은 천만다행히 금융시장을 붕괴시키지 않고 지나갔다.

미증유의 실물경제 충격

2020년 4월. 그러나 코로나19가 가져온 실물경제 충격은 이제 막 시작이었다. 각국이 앞다투어 봉쇄에 들어가자 코로나19는 2020년 4월부터 본격적으로 세계경제를 직격하기 시작했다.

구글 이동성 지수에 따르면 초기에 코로나19로 인한 사망자가 가장 많이 발생한 이탈리아와 스페인은 모든 곳에서 이동량이 85~97% 급감했다. 그보다 사정이 다소 나은 독일, 프랑스 등 대부분의 유럽 국가도 이동량이 50% 이상 감소했다.

봉쇄 직전까지 주당 20~25만명 선이던 미국의 실업청구건수가 단 한주 만에 292만건으로 10배 넘게 치솟더니, 4월 첫주 고점에는 615

만명이 실업자가 되었다. 이전까지 한주에 가장 많은 사람이 실업급여를 신청한 경우는 2차 오일쇼크와 통화긴축으로 경기침체가 심각했던 1982년의 약 70만명이었다. 코로나19가 가져온 충격의 크기는 역사상 가장 나쁜 시기보다 9배 가까이 된 것이다. 그야말로 이전의 다른 어떤 위기와도 비교할 수 없는 미증유의 사태였다.

팬데믹은 보건-경제-금융의 복합위기이다. 대응책 역시 복합적이어야 한다. 통화정책뿐 아니라 재정정책의 역할이 매우 중요하다. 금융회사를 통한 간접지원이 아니라 국민들의 호주머니에 돈을 바로 넣어주는 직접지원이 절실했다. 미국의 경우 특히 재정을 통한 직접지원이 반드시 필요한 상황이었고, 그 결과 지난 수십년간 구경하지 못한 인플레이션이 재등장했다.

2020년 3월의 시장공포 분위기와 달리 팬데믹으로 인한 실물경제, 금융시장의 충격은 당초 우려했던 것만큼 크지도, 오래 지속되지도 않았다. 실물경기와 금융투자심리 모두 위기 초기의 비관적 분위기가 놀랄 만큼 빠른 속도로 반전되었다. 가장 큰 성공 요인은 기적에 가까운 속도로 이루어진 백신의 개발과 보급이었다.

그러나 초확장적 국면에 놓인 거시경제정책 기조는 예상보다 빠른 V자형 회복이라는 거시경제 환경을 목도하고도 신속하게 긴축으로 방향을 전환하지 못했다. 국가별로 차이는 있으나 방역 관련 불확실성이 상존하는 상황에서 거시정책 여건이 바뀌었다고 해서 그간의 확정적인 정책기조와 크게 벗어나는 과감한 정책 결정을 빠르게 내릴 수 있는 정부는 많지 않았다.

나와 함께 일했던 기재부 이차웅 과장은 글로벌 거시경제 상황을

'짙은 안개 속에서 낯선 길을 운전하던 초대형 트럭이 난데없이 나타난 끝이 없어 보이는 가파른 언덕을 만나 가속 페달을 최대 출력으로 밟았는데, 얼마 지나지 않아 갑자기 급경사 내리막길에 들어선 상황 같다'고 말했다. 적절한 비유이다. 트럭 기사는 급제동을 시도하자니 브레이크가 제대로 작동은 할지, 파열되지는 않을지 고민이 되고, 한편으론 안개 속에서 곧 또다른 언덕이 나타나 저절로 속도가 조정될 것 같기도 해 주저주저하는 사이에 트럭은 점점 속도가 빨라져간다.

팬데믹은 이전의 어떤 위기와도 다르다. 해결책도 기존 해결책과 달라야 한다. 세계는 글로벌 금융위기 이후 새로운 현실을 '뉴 노멀'이라 불렀다. 팬데믹은 뉴 노멀을 다시 뒤흔들어놓았다. 그렇다면 팬데믹 이후 세계는 뉴 노멀과도 또 다른 새로운 정상화의 길을 갈 수 있을까? 과연 돌아갈 정상은 있기는 한 것일까?

팬데믹 이후를 위해 우리가 준비해야 할 것들

나는 이 세기적인 사건의 시발점과 최악의 시기를 정책 현장에서 겪었다. 현직에서 물러나서도 이 광풍이 가져온 구조적 변화를 관찰했다. 포스트 코로나 시대가 어떤 모습일지 누구도 자신있게 말할 수 없지만, 나부터 팬데믹 이후 달라진 경제환경을 내가 직접 경험한 사항과 그후 정리한 정보를 바탕으로 진단해보기로 했다. 그런 다음 우리 사회가 이 충격을 딛고 지속 가능한 체제로 존립하기 위해 시급히 다루어야 할 과제를 여섯가지로 정리하고 그에 대한 나의 제언을 모아보았다.

이 책은 크게 1부와 2부로 구성했다. 1부에선 팬데믹 이전에 가장 중요한 사건이었던 2008년 글로벌 금융위기 전후의 변화를 점검하고, 이보다 더 큰 충격을 불러온 코로나19 팬데믹 위기의 전개과정과 특징, 그로 인한 구조적인 변화를 점검했다. 2부에는 팬데믹 이후 지속 가능한 체제를 만들기 위해 우리 사회가 관심을 가지고 들여다봐야 할 핵심주제와 제언을 담았다.

먼저 30여년간 현장에서 경제정책을 담당한 경험을 바탕으로 현대 금융자본주의가 작동하는 원리와 그 안에 내재된 위험을 정리했다. 이 책의 이론적인 토대인 셈이다. 이어서 유럽 재정위기, 테이퍼 탠트럼, 아베노믹스, 2015년 중국 미니 위기, 연준의 통화정책 정상화, 미중 무역갈등 등 팬데믹 전야까지 10여년간 글로벌 금융시장에서 일어난 현상을 설명했다. 나는 2000년대 초 세계은행 근무 시절 중국경제를 담당했고, 2010년 G20 서울정상회의에서는 국제금융체제를 개혁하는 업무를 맡았다. 그 경험을 통해 중국과 미국, 국제통화체제를 바라보는 고유한 관점을 가질 수 있었다. 그 특색있는 해석을 여기 담았다. 1부의 후반부에서는 팬데믹의 내습과 전개과정, 팬데믹이 불러온 구조적인 변화를 설명한다. 당시 정부에서 일하면서 현장에서 직접 보고 경험한 사항을 중심으로 핵심내용을 정리했다.

2부의 제언들은 이 책의 중심내용이다. 1부는 2부를 위한 예비작업에 가깝다. 팬데믹에 흔들린 세상은 팬데믹이 수습된 후에도 여러 분야에서 후유증에 시달릴 것이다. 비유하자면 팬데믹이라는 지진이 일어난 후의 지형은 이전과 너무나 크게 달라져서 이전의 해도를 가지고 항해에 나섰다간 생각지도 못한 암초나 해류에 휩쓸려 좌초할 위험이 클 것이다. 지금부터 준비해야 한다.

2부 제언은 다음 여섯가지 키워드로 압축할 수 있다. 복합위기, 재정정책, 양극화, 디지털 플랫폼, 가상자산, 탄소중립. 세계경제에 복합위기의 징후가 보이고, 정말로 그런 위기가 전개되면 한국경제에 혹한의 시기가 올 수도 있다. 더군다나 이 위기를 극복하기 위한 재정정책의 방향도 재정립해야 한다는 점에서 심각성이 더하다. 여기서는 복합위기의 양상과 재정정책을 둘러싼 논쟁을 심층적으로 다뤘다. 위기 극복을 위한 확장재정을 주장하기 위해서는 중장기 재정건전성을 위협하는 요소에 대한 구조개혁이 병행되어야 할 것이다.

2부 3~6장에서는 구체적인 정책 주제를 다뤘다. 3장은 양극화 문제 해법으로 우리 사회의 가장 큰 사회문제인 노인빈곤을 해결하기 위해 75세 이상을 대상으로 한시적 노령연금을 월 20만원 추가 지급하는 아이디어를 제안한다. 4장과 5장은 디지털 전환이 가속화되면서 제도와 현실 간의 괴리와 지체가 가장 심각한 분야인 디지털 플랫폼과 가상자산에 대한 규제의 틀을 정비하자는 내용이다. 이 두가지 영역에서는 국가 통화주권의 미래와 관련하여 무시할 수 없는 혁신과 도전이 일어나고 있다. 변화의 속도와 충격에 비해 정부와 국회의 제도적 대응은 단편적이고 한가해 보인다. 특별히 5장 후단에는 2017년 12월의 가상자산대책 경과를 실었다. 가상자산거래소를 전면 폐쇄하기로 한 결정이 어떻게 급선회하여 지금과 같은 실명확인 시스템으로 결론지어졌는지 그 생생한 전말이 에피소드 형태로 최초 공개된다. 6장은 다음 정부가 해결해야 할 핵심 국정과제인 탄소중립 액션플랜을 다룬다. 지금 국제사회와 투자자는 기후위기에 극도로 민감해져 있다. 제조업 강국인 한국이 약속한 대로 탄소저감을 할지 의구심 어린 눈으로 바라본다. 이들을 설득시킬 실효성 있는 녹색전환 프로그램을 짜고 제조업 경쟁력도 보전하는 방법을 찾는 것이 우리에게 닥친 절체절명의 과제다.

군데군데 별면으로 구성한 글은 주로 과거 페이스북에 포스팅했던 글을 다듬은 것이다. 나는 2011년 유럽 재정위기 때부터 도통 이해하기 힘든 방식으로 전개되는 국제금융 현상을 이해해볼 요량으로 국내외에 관련되는 자료를 열심히 찾아 읽었다. 그리고 내가 나름대로 해석한 가설을 외부와 소통할 목적으로 종종 페이스북에 올려왔다. 국제금융시장이 격랑에 빠져들수록 글의 빈도 또한 늘어갔다. 페이스북 글은 정보가 제한된 상태에서 쓴 것이라 시간이 지나면 설명력이 떨어지는 한계가 있는 반면에 당시의 현장감을 전하고 정책 담당자로서 느낀 솔직한 소회를 공유하는 이점이 있다. 이런 이점을 살리되 꼭 필요한 설명을 덧붙여 구체적인 주제를 다룬 일종의 부록으로 활용했다.

1부

팬데믹이
불러온
경제환경의
대격변

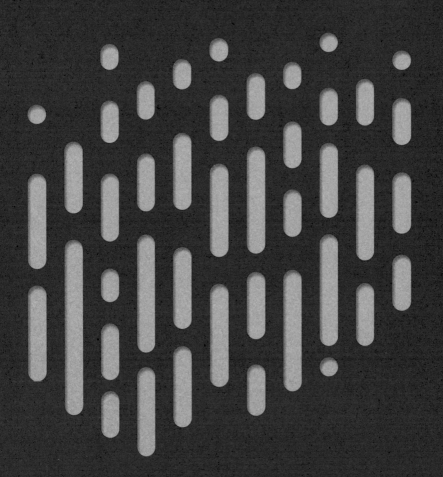

1장
현대 금융자본주의는 어떻게 움직이는가

내가 중고등학교를 다녔던 1970년대에는 오일쇼크로 온 나라가 휘청거렸다. 그 혼란을 지켜보면서 어린 마음에 국가에 도움이 되는 일을 하고 싶어 경제학을 전공했고 공무원이 됐다. 그런 나에게 사무관 시절에 경험한 1997년 외환위기는 깊은 좌절과 상처를 남겼다. 그 아픔을 한시도 잊지 않고 다시는 우리 국민들이 그런 수모와 어려움을 겪지 않도록 한국 금융과 시장을 지킨다는 일념으로 일했다.

위기는 왜 오는 걸까? 왜 갈수록 위기는 더 격렬해지는 걸까? 똑똑한 경제학자들은 무얼 하길래 위기를 예측하지 못할까? 이런 질문은 30여년간 경제부처에서 일하는 내내 내 머리 속을 맴돌았고 나름대로 그 해답을 찾아보려 했다.

경제위기가 왜 찾아오는지를 이해하려면 현대 자본주의의 작동원리와 특성을 알아야 한다. 현대 자본주의는 금융자본주의다. 금융은 신용창출(credit creation), 즉 돈을 만들어내는 과정이다. 금융은 현대 자본주의의 번영을 낳은 가장 중요한 제도적 토대이면서, 잘못 다루면 몇십년간 애써 이룬 터전을 한순간에 불태우는 인화물질이기도 하다. 위기의 원인을 이해하려면 돈이 만들어지는 과정과 돈을 만드는 기관, 금융과 실물의 관계, 그리고 금융의 불균형상태를 알아야 한다.

돈은 어떻게 만들어지는가

사람들은 일반적으로 돈을 중앙은행에서 찍어낸다고 생각한다. 조폐공사에서 찍어내는 동전, 지폐가 가장 쉽게 떠올리는 돈의 이미지다. 이를 법정화폐(legal tender)라고 한다. 그런데 사람들은 물건을 사고 팔 때 동전, 지폐를 별로 사용하지 않는다. 보통 상품 구매에는 신용카드를 사용하고 거액은 계좌이체를 한다. 돈이 부족하면 은행에서 대출을 받기도 한다. 금융은 돈을 금융회사에 보관하고 보내고, 보관된 돈을 다른 사람에게 빌려주는 행위다. 놀라운 것은 그저 돈을 보관하고 빌려줄 뿐인데 돈이 늘어나는 마법이 일어난다는 점이다.

예를 들어 '일차'라는 사람이 100만원의 법정화폐를 은행에 맡겼다고 하자. 은행은 혹시나 일부 찾아갈 경우를 대비해 10만원 정도를 남겨두고 90만원을 '이차'라는 사람에게 빌려줬다. 90만원을 빌린 이차는 그 돈을 다시 은행에 넣어뒀다. 최초에 있던 법정화폐는 100만원이다. 그런데 시중에 있는 예금을 더하면 일차의 예금 100만원, 이차의 예금 90만원 등 총 190만원이다. 90만원이 늘어났다. 중앙은행이 발행하는 법정화폐는 좁은 의미의 돈이고, 이처럼 상업은행(commercial banks)의 예금과 대출 과정을 거치면 사람들이 실제로 사용하는 넓은 의미의 돈이 만들어진다. 이 과정을 '신용창출'(credit creation)이라고 한다.

대출이 활발하게 이뤄지면 시중에 돈이 점점 더 많아진다. 이차가 맡긴 90만원 중 10%를 제외한 81만원을 삼차라는 사람이 빌려갔다. 삼차가 81만원을 다시 은행에 맡겼고, 은행은 사차에게 73만원을 빌려줬다. 그러면 190만원+81만원+73만원으로 예금이 344만원으로 늘어났다. 344만원 중에 중앙은행이 만든 돈은 100만원이고, 244만원은 시중은행에서 만들어졌다. 국가가 정한 중앙은행이 아니라 민간이 만든 시중은행에서 더 많은 돈이 만들어진 셈이다.

어떻게 이런 마법이 가능할까? 금융은 신용을 기반으로 한다. 은행에 돈을 맡기면 돌려받을 수 있다는 믿음이 있기 때문에 예금을 할 수 있다. 예금자가 100만원을 맡기고 필요한 돈 정도만 찾아갈 테니 은행은 10만원 정도만 보관하고 나머지를 다른 사람에게 빌려줄 수 있다. 만약 예금자가 100만원을 돌려받을 수 없다는 불안감이 생기면 이같은 기반은 순식간에 무너진다. 모두가 와서 본인이 맡긴 돈을 돌려달라고 하면 시스템은 무너진다. 사람들이 은행을 믿고 돈을 맡겨야만 금융의 마법이 가능하다. 시중은행은 국가권력이 부여한 신뢰를 바탕으로 법정화폐와 동등한 가치를 지니는 돈을 만들어낸다. 그만큼 은행에는 높은 수준의 사회적 신뢰가 요구된다. 그 신뢰를 유지하도록 강제하는 규제도 강하다. 강한 규제를 받는 동시에 위기가 닥치면 통화·금융당국, 나아가 재정으로부터 지원도 직간접적으로 받는다.

비은행금융중개기관(NBFI)의 등장

예금(수신)을 받고 대출(여신)을 해주는 여수신 행위는 전통적으로 은행의 업무였다. 여수신 행위를 통한 신용창출 역시 은행의 몫이었다. 금융산업이 진화하며 전통적인 은행이 아닌 금융회사에서도 유사한 기능이 작동하기 시작했다. 은행이 아니라고 해서 비은행금융중개(Non-Bank Financial Intermediaries, NBFI) 또는 유사은행(shadow banks)으로 불린다. 이들은 마치 은행처럼 신용창출을 하며 시중 유동성을 늘린다. NBFI의 대표 기구는 머니마켓펀드(MMF)다. 머니마켓펀드는 채권과 기업어음에 투자하는 펀드다. 예금보다 높은 이자를 주고 언제든 상환을 받을 수 있기 때문에 예금처럼 생각하는 사람도 있다.

MMF가 투자하는 곳은 앞서 설명했듯 회사채, 기업어음 등이다. 기업의 어음발행은 투자자에게 돈을 빌리는 행위다. 예금처럼 돈을 맡기는 펀드 가입자와 대출처럼 돈을 빌리는 기업이 머니마켓펀드를 통해 만난다. 머니마켓펀드는 사실상 은행이 하는 여수신 업무를 수행하게 되는 것이다. 그러면 빌리고 맡기고 빌리고 맡기는 과정을 거쳐 돈이 생겨난다. 머니마켓펀드뿐 아니라 금융혁신으로 더욱 커진 자산유동화시장이나 파생상품시장도 창의적인 장치를 통해 은행과 유사한 형태의 신용창출 행위를 하게 됐다. NBFI 부문은 은행보다 다양한 금융중개 서비스를 기업과 가계에 제공하며 현대자본주의의 성장과 외연확대에 크게 기여했다. 그런데 철저하게 규제를 받는 은행이 아닌 NBFI 부문의 성장은 금융시스템의 위험을 증폭시키고 금융위기의 빈도를 높이기도 했다. 이같은 비은행금융중개기관은 다음과 같은 위험을 내포하고 있다.

첫째, 가입자가 언제든 돈을 찾아갈 수 있다는 점이다. 머니마켓펀드는 가입자가 돈을 돌려달라고 하면 바로 돌려줘야 한다. 돈을 돌려주기 위해서는 회사채, 기업어음 등 보유자산을 팔아 상환 자금을 마련해야 한다. 평상시에는 단기 금융시장에서 언제든 회사채, 기업어음을 팔아 상환 자금을 마련할 수 있다. 하지만 간헐적으로 신용경색이 나타나 회사채, 기업어음을 팔지 못하는 상황이 생길 수 있다. 상환에 대한 위험이 감지되면 더 많은 가입자들이 환매를 요구한다. 상환 요구에 대응하려면 더 많은 자산을 팔아야 한다. 대규모 자산을 매각하면 가격이 폭락하고 시장은 혼란에 빠진다. 시장의 혼란은 공포를 낳고 더 많은 가입자가 상환을 요구한다. 상환요구 → 자산 매각 → 자산가치 하락 → 공포 확산 → 상환요구로 이어지는 악순환에 빠질 수 있다.

둘째, NBFI의 상품 구조와 담보 권리가 복잡해져 누가 위험을 부담하고 있는지 파악하기가 어렵다. 한가지 예로 글로벌 금융위기의 주범으로 지목된 부채담보부증권(Collateralized Debt Obligation, CDO)을 살펴보자. 부채담보부증권의 구조는 말로 설명하기 버거울 정도로 복잡하다. 한 사람이 주택을 담보로 대출을 받는다. 그러면 대출자로부터 원금과 이자를 받을 수 있는 대출채권이 생긴다. 이때까지만 해도 위험과 담보가 단순하다. 주택담보대출 채권의 위험은 대출자가 이자 및 원금을 상환하지 못할 위험이다. 담보는 주택이다.

금융업자들은 어떻게 하면 이자 및 원금을 상환받지 못할 위험을 줄일까 고민을 하게 됐다. 그래서 주택담보대출채권 100개를 모아 큰 덩어리 부채담보부증권(CDO)을 만들었다. 1명의 대출자가 상환을 하지 않아도 손실은 1%고 나머지 99%는 건재하다. 너무 큰 덩어리의 부채담보부증권은 거래를 하기 어려우니 다시 100개로 쪼개면 더 쉽게 거래를 할 수 있다. 각각의 부채담보부증권은 1개 대출채권이 부도가 날 때 각각 1%씩 손실을 입게 된다.

지금 설명한 부채담보부증권은 아주 단순한 축에 속한다. 좀더 복잡하게 구조화를 해보자. 대출채권 100개를 묶은 덩어리 부채담보부증권이 있다. 이걸 100개로 쪼갤 때 방식을 달리할 수 있다. 예를 들어 개별 주택담보대출 채권이 부도가 날 때 위험을 부담하는 순서를 정하는 것이다. 1번부터 50번까지 부도가 나면 손실을 분담하는 부채담보부증권과 51번째 부도부터 손실을 분담하는 부채담보부증권으로 구분하는 것이다. 그러면 51번 부도부터 손실이 나는 쪽은 1번 부도부터 손실이 나는 쪽보다 안전하다. 안전한 쪽은 저위험 저수익 증권, 위험한 쪽은 고위험 고수익 증권이 된다.

만약 이 증권에서 손실이 나면 보상을 해주는 보험을 만들면 어떨까? 이 보험 증서와 부채담보부증권을 묶어 위험을 낮춘 금융상품을 만들면 어떨까? 그렇게 만들어진 금융상품을 담보로 대출을 받으면 어느 정도로 담보비율을 적용해 돈을 빌려줘야 할까? 최초의 주택담보대출 미상환의 위험과 담보가 어디에 얼마나 귀속이 되는지 파악하는 건 매우 어렵다. 최초 주택담보대출이 미상환 됐을 때 '부채담보부증권+보험증서'라는 상품을 갖고 있는 사람은 얼마나 손실을 보게 될까? 이쯤 되면 위험과 담보가 너무 복잡해져서 누가 얼마나 손실을 보고 누가 담보에 대한 권리를 갖고 있는지 파악하는 게 너무 어려워졌다. 실제로 2008년에 리먼 브라더스(Lehman Brothers)가 파산했을 때 그 파산으로 인해 누가 손실을 봤고 발생한 손실액이 얼마인지 파악하는 것조차 어려웠다. 이처럼 NBFI는 모니터링과 감독의 공백이 발생하기 쉽다.

셋째, NBFI 상품의 시가평가 원칙(mark-to-market)이 버블을 만들고 터뜨리는(boom and burst) 중요한 요인이 된다. 자산을 평가하는 방식은 두가지가 있다. 하나는 자산을 살 때 지급한 가격으로 평가하는 취득가 평가 방식이고, 두번째는 현재 거래되는 가격으로 평가하는 시가 평가 방식이다. 예를 들어 내가 A 주식 100만원어치를 샀다고 하자. 그런데 20%가 올라서 120만원이 됐다. 취득가 평가로 보면 나의 자산은 100만원이고, 시가 평가로 보면 나의 자산은 120만원이다.

내가 주식 거래를 할 때는 시가 평가든 취득가 평가든 상관없다. 그런데 이 주식을 담보로 대출을 받을 때는 어떤 기준으로 평가를 하는지가 중요하다. 담보가치의 절반을 대출받을 수 있다고 하자. 취득가 평가로 하면 내가 취득했던 가격 100만원의 절반인 50만원을 대출받을 수 있고, 시가 평가를 하면 120만원의 절반인 60만원을 받을 수 있다. 가격이 오르면 나는 더 많은 돈을 대출받을 수 있다. 반대로 주가가 20% 하락해 80만원이 됐다면 시가 평가 적용 시 40만원밖에 대출을 못 받는다. 시가 평가를 하면 주가가 오를 때 더 많은 대출을 받아 더 많은 주식을 살 수 있다. 사고 오르고 빌리고 또 사고 더 오르는 과정에서 버블이 발생한다. 반면 경기가 나빠져 주가가 하락하면 완전히 반대 흐름이 나타난다. 주가가 내리면 담보가치가 하락해 팔아서 빚을 갚아야 한다. 많은 사람이 팔면 주가가 더 내려가고 추가로 담보가치가 하락해 팔아서 빚을 갚아야 한다. 그렇게 너도나도 팔다 보면 버블 붕괴가 나타난다.

요약해보자. 전통적인 은행과 자본시장형 유사은행을 통한 신용창출 메커니즘은 현대경제의 눈부신 성장을 만들어낸 핵심 기제이다. 그 작동원리 안에 버블 형성과 붕괴 사이클이 내재되어 있어 잘못 다루면 금융위기의 원인이 된다. 유사은행 부문은 은행보다 더 구조가 복잡해서 감독이 소홀하기 쉽다. 유사은행 비중이 클수록 금융시스템 위험은 더 커지는 경향이 있다.[1]

실물경제와 금융의 순환관계

금융이 주는 편익을 극대화하고 금융위기 발생의 가능성을 줄이기 위해서는 금융 자체에 대한 감독을 철저히 하고 금융과 실물 간의 연계 구조를 잘 이해하고 관리해야 한다.

금융과 실물은 신용 메커니즘을 통해 밀접히 연결되어 있다. 기업 실적이 좋고 금융시장 여건도 양호하면 금융과 실물은 대출 증가 → 기업 투자 및 이익 증가 → 대출상환 및 재투자의 선순환 아래 동반 성장한다. 돈을 많이 번 기업이 돈을 잘 갚으니 은행도 건강하다. 경기가 나빠져서 기업과 가계의 상환능력이 떨어지면 반대 흐름이 나타난다. 기업이 돈을 못 갚으니 은행도 손실을 입고 자산 건전성이 악화된다. 최악의 경우 존립 기반도 흔들릴 수 있다. 불안해진 은행은 대출을 안 해주고 싶어한다. 은행의 대출 태도가 깐깐해지면 경계선상에 있는 기업이 어려워지기도 한다.

이 점은 세계 최대 헤지펀드인 브리지워터 어소시에이츠(Bridgewater Associates)의 CEO 레이 달리오(Ray Dalio)의 설명을 참고할 만하다. 그는 30분짜리 유튜브 동영상("How The Economic Machine Works by Ray Dalio")에서 현대경제의 작동원리를 설명한다.

현대경제를 움직이는 핵심은 신용이고 신용 때문에 경기변동이 생긴다. 신용의 다른 이름은 빚이다. 빚이 소득보다 지나치게 커지면 위기가 온다. 단기간이야 어떻게든 갚을 수 있겠지만 결국은 못 갚는 순간이 온다. 이후에는 고통스러운 부채감축(디레버리징, deleveraging)이 불가피하다. 소득으로 빚을 갚을 수 없으니 빚을 줄일 수밖에 없다. 개인적으로도 그렇지만 사회적으로도 부채감축은 고통스럽고 오래 걸린다. 부채를 감축하는 방법은 ①긴축 ②채무 재조정 ③부의 재분배 ④화폐발행 등 네가지다.

① 빚이 소득에 비해 너무 많으면 소비를 줄여야 한다. 소비를 줄이는 것은 개인이나 사회나 고통스럽다. 사람들의 소비가 줄면 이들의 소비가 매출인 기업이 어려워진다. 기업이 어려워지면 고용을 줄이는데, 개인소득의 원천인 고용이 줄면 개인소득도 줄어든다. 부채부담확대 → 소비감소 → 기업매출 감소 → 고용 감소 → 소득 감소 → 부채부담 확대로 이어진다.

② 채무재조정(sovereign debt restructuring)은 돈을 빌려준 채권자가 빚을 깎아주거나 상환기간을 늘려주는 것이다. 당장 다 받으려고 하면 채무자가 갚을 수가 없으니 깎아주는 것이다. 채무자에게 채권은 자산이다. 채무재조정은 자산가치를 하락시킨다. 채무재조정 → 자산가치 하락 → 담보가치 하락 → 신용위축 → 소비 감소 → 매출 감소 → 고용 감소 → 소득 감소 → 부채부담 확대로 이어진다.

③ 부의 재분배는 세금을 기반으로 한다. 정부가 나서서 부자들에게 세금을 걷어 저소득층에게 나눠주는 것이다. 부자는 원래 부채에 대한 부담을 느끼지 않는 사람들이기 때문에 이들의 돈을 부채에 부담을 느끼는 저소득층에게 나눠주면 부채감축이 이뤄질 수 있다. 하지만 저소득층은 상대적 박탈감 때문에 부자를 미워하게 된다. 부자는 자신들의 자산을 빼앗기기 때문에 저소득층을 미워하게 된다. 사회갈등이 유발되며 극단적으로는 혁명이 일어나기도 한다.

④ 화폐발행은 말 그대로 돈을 그냥 찍어내는 것이다. 소득에 비해 부채가 많으니 돈을 찍어 소득을 늘려주는 것이다. 방식은 이렇다. 중앙은행은 돈을 찍어 정부가 발행한 국채를 산다. 정부가 국채를 발행해 마련한 돈으로 저소득층에게 나눠준다. 부족한 신용을 화폐 발행으로 보강하는 방식이다.

앞의 세가지는 경기침체, 디플레이션을 유발하고 마지막 방법은 인플레이션 효과를 유발한다. 레이 달리오는 네가지 수단을 적절히 섞어서 '아름다운' 디레버리징을 유도해야 불황을 극복하고 정치적 충격을 피할 수 있다고 조언한다.

부동산과 금융

금융에서 부동산이 차지하는 비중이 지나치게 커지면 금융의 불안정성이 높아진다. 산업화 초기에는 기업이 은행에서 돈을 많이 빌린다. 대규모 투자를 통해 성장을 해야 하기 때문이다. 통상 개인의 여유소득을 저축하면 그 돈을 기업이 대출로 빌려가는 식이다. 정부가 개입해 개인 저축을 장려하고 기업 대출에 인센티브를 주기도 한다. 우리나라 역시 20세기 후반 산업화 시기, 대출은 정부의 특혜가 없으면 받을 수 없었고 대부분 개인보다는 기업이 받았다.

산업발전이 고도화되면 기업은 은행을 통하지 않고도 자체적으로 투자자금을 조달할 수 있게 된다. 자본시장을 통해 주식이나 채권을 발행하면 된다. 기업이 은행에서 대출받는 비중이 낮아지면 개인대출이 늘어난다. 과거 우리도 산업화 시기에는 개인이 은행에서 대출을 받기는 하늘의 별 따기였다. 최근에는 개인이 손쉽게 은행에서 대출을 받을 수 있다. 은행이 개인에게 대출을 해줄 때 보는 것은 상환능력(소득)과 담보다. 개인이 가진 담보 중 가장 큰 것은 부동산이다. 은행의 대출과 담보의 절반 이상을 개인이 보유한 주택 등 부동산이 차지한다. 선진국으로 갈수록 은행은 부동산 대출기구로서의 성격이 강해진다.

기업대출이 많은 은행보다 부동산대출이 많은 은행은 경제위기에 더 취약하다. 주택은 대부분의 사람에게 자산목록 제1호다. 가지고 있는 집값이 오르면 부자가 된 느낌이 들고 가계의 씀씀이가 늘어난다. 반대로 집값이 떨어지면 미래에 대한 걱정이 앞서서 지출을 줄인다. 빚을 내 주택을 구매한 경우 그 효과는 더 크다. 또 자산의 특성상 가격이 떨어지면 거래가 잘 안된다. 가격이 오를 때는 팔아서 다른 주택을 사든, 다른 용도로 쓰든 매각을 할 때 부담이 없다. 그런데 가격이 떨어질 때는 절대 안 팔고 싶어한다. 개인들이 가진 주택은 한 채, 많아야 두어채다. 빚의 부담이 커지더라도 자산목록 1호를 헐값에 내다 팔고 싶은 사람은 없다. 펀드 팔고, 보험 해약하고 버티고 버티다가 도저히 감당이 안될 때 주택을 판다. 부동산 침체기에는 주택

거래량이 대폭 줄어든다. 그 와중에 도저히 견디지 못하고 급매물이 나와 거래가 되면 크게 하락한 가격에 체결될 가능성이 높다.

아티프 미안(Atif Mian)과 아미르 수피(Amir Sufi)는 『빚으로 지은 집』(*House of Debt*, 한국어판 박기영 옮김, 열린책들 2014)에서 주택과 금융의 관계를 잘 설명한다. 선진 주요국 경험을 보면 가계부채가 늘고 주택시장 버블이 일정 수준을 넘어서면 여지없이 버블이 터지고 심각한 경제위기가 왔다. 여러 가지 형태의 경제위기 중에서도 자산가격 붕괴로 인한 수요 위축은 제일 오래가고 무섭다. 상실된 수요가 회복될 때까지 기다리는 방법 외에 딱히 들어맞는 정책도 없다. 반대로 가계부채가 그리 심각하지 않으면 은행 위기가 발생하거나 공급충격이 와도 불황이 그리 깊지 않다.

미안과 수피 교수는 주택가격 하락이 가계 지출과 소비에 미치는 영향이 이처럼 심대한 이유를 대출 구조에서 찾는다. 주택가격이 하락해 자산가치가 상실되더라도 가계는 모든 대출을 갚아야 한다. 자산은 박살이 났는데 부채는 건재한 것이다. 개인이 할 수 있는 선택은 거의 없다. 돈을 벌어 부채를 갚을 때까지 허리띠를 졸라매는 것이다. 미안과 수피는 이에 대한 대안으로 주택가격이 하락하면 원리금 상환액을 줄여주고, 대신 주택가격 상승분의 일부를 은행이 가져가는 공유형 대출을 제안했다. 공유형 대출이 훌륭한 제안이고 사회적으로도 의미가 있다. 하지만 오래된 대출관행은 그리 쉬이 바뀌지 않는다.

한국도 2014년 부동산 경기가 좋지 않을 때 '공유형 모기지' 정책을 시행해 인기를 끈 적이 있다. 부동산 가격이 오르거나 내릴 때 손익을 금융회사와 나누는 공유형 모기지는 낮은 금리로 인기를 끌었다. 그러다 부동산 경기가 살아나고 저금리 기조가 이어지자 공유형 모기지에 대한 인기가 시들해졌다. 부동산은 가격 변동 사이클이 길다. 상승기도 길고 하락기도 길다. 상승기에는 손익 공유를 피하고 하락기에는 손익 공유를 하려는 유인이 생긴다. 정작 부동산에 버블이 생길 수 있는 상승 시에 공유형 모기지를 선택하는 사람은 별로 없다. 결국 가계부채발 경제위기를 막을 현실적인 해법은 가계부채의 급증을 막고 부채의 질이 나빠지지 않게 관리하는 것이다.

부채관리의 통설

부채관리에 대해 몇가지 통용되는 진실(stylized facts)이 있다. ① 민간부채가 중요하다. ②민간부채 중에서도 부동산과 연계된 가계부채와 단기성 해외차입의 위험이 크다. ③부채가 성장률이나 장기추세를 벗어나 빠르게 증가하여 일정 기간이 지나면 '부채의 지속가능성'(debt sustainability)을 상실하고 재정위기나 금융위기로 연결된다. ④정부부채와 민간부채는 밀접하게 연관되어 있다. 정부가 민간의 부채를 떠안으면 정부부채가 늘어난다. 반대로 저소득층에 대한 재정지출을 줄이는 등의 방식으로 민간 취약층을 방치하면 민간부채가 늘어난다. 민간부채를 방치하면 단기적으로 정부부채 부담을 덜 수 있다. 과도한 민간부채로 인해 금융위기가 발생하면 결국 재정은 위기의 후유증을 떠안으며 정부부채가 한꺼번에 늘어난다.

민간부채와 정부부채 간의 관계는 2014년 발간된 제16차 「제네바 보고서」[2]를 참고할 만하다. 보고서는 미국, 유럽, 중국 등 주요국의 부채를 가계, 기업, 정부, 외채로 세분하고 이를 합친 총부채가 그 나라 국민소득에서 차지하는 비율(D/Y)로 부채여력을 측정한다. 글로벌 금융위기 이후 부채감축 정책을 통해 부채가 줄었다는 통념과 달리 각국에서 총부채는 줄어들지 않았다. 오직 미국과 영국에서만 가계부채가 많이 줄었는데, 대신 두 나라의 중앙은행 부채가 늘었다. 총부채는 어디서도 줄지 않았다. 민간부채를 정부가 떠안든 정부의 방치로 민간부채가 늘어나든 어디엔가는 쌓여 있다는 의미다.

이 보고서가 금융위기의 유형을 세가지로 나눈 것도 흥미롭다. 1980년대 스웨덴 은행위기는 일시적인 국민소득 하락을 가져왔으나 잠재성장률에 타격을 주지 않아 경제는 얼마 후 장기성장 추세로 복귀하였다. 한국 외환위기도 이 유형에 속한다. 2008년 글로벌 금융위기는 소득의 급격한 하락과 함께 잠재성장률도 훼손된 경우다. 1990년 이후 일본은 급격한 국민소득 하락 같은 큰 위기는 없었으나 경제가 장기성장 궤도에서 완전히 이탈한 사례다. 장기적인 국민소득 손실은 궤도에서 이탈한 일본 위기 모형이 가장 심각하다.

중국경제의 현상과 미래에 대한 동 보고서의 내용도 눈에 띈다. 중국은 글로벌 위기에 대응하여 대규모 확장정책을 편 결과 국민소득 대비 총부채 비율이 72%p나 늘었다. 재정부채가 크지 않아 중국이 총부채를 감당할 여력은 충분하고 중국에서 갑작스런 금융위기가 일어날 가능성도 크지 않다. 대신 중국이 일본처럼 문제가 된 기업들을 터뜨리지 않고 안고 가면서 장기적인 성장률 정체를 맞을 것으로 예측한다.

불균형의 누적을 조심해야

현대 신용경제에 내재된 부채 속성(debt dynamics)을 금융위기 없이 통제하며 발전한 나라가 드물다. 그만큼 금융과 실물경제 간의 관계를 이해하고 경제를 안정적으로 운용하는 것은 도전적인 과제다. 특히 자본시장이 개방되면 비단 대내적인 균형뿐 아니라 대내와 대외 부문 간의 불균형도 과도하지 않게 관리해야 하니 어려움이 더 커진다.

금융과 거시경제 간의 관계(macro-finance 또는 macrofinancial linkages)에 대해서는 특히 글로벌 금융위기 이후 집중적인 연구가 이루어졌다. 정책운영 역시 기존의 미시건전성 위주에서 거시건전성 중심으로 큰 변화를 겪게 된다.[3] 금융위기를 겪으면서 각국이 터득한 건전한 경제운용의 핵심 원칙은 경제부문 간 불균형(imbalances)이 일정 수준을 넘어 장기간 지속되거나 나빠지지 않도록 선제적으로 관리하는 것이다.

저축-투자의 불균형과 경상수지

거시경제적으로 중요한 불균형은 저축과 투자 간의 불균형이다. 산업화 초기에는 저축과잉 상태가 주로 관찰된다. 국가적으로 자본이 부족하기 때문에 모든 경제주체의 역량을 모아 성장의 기반이 되는 기업의 투자에 몰아준다. 정부는 저축을 유도하고 그 돈을 기업이 대출받아 투자를 하도록 장려한다. 기업 투자는 과도하게 팽창하고 민간 소비는 위축된다. 민간 소비가 위축된 상황에서 기업은 누구를 상대로 매출을 올릴까? 바로 해외 수출이다. 수출을 장려하고 국산품 소비를 장려하며 해외여행을 억제하는 등 산업화 시대의 정책은 모두 해외로부터 돈을 벌기 위한 경제정책이다. 그러다보면 국제수지 측면에서 경상수지 흑자가 쌓인다.

기업이 대출을 받아 투자를 할 때 중요한 요인은 금리다. 금리에 비해 성장률이 높으면 마음껏 돈을 끌어다 쓸 수 있다. 정부는 기업들이 투자를 할 수 있도록 성장률 대비 낮은 금리를 유도한다. 기업들은 실질적으로 마이너스 수준인 금리로 자금 조달을 할 수 있게 된다. 차입을 많이 할수록 유리하다. 이럴 때 기업 대출에 대한 심사와 사후 관리가 느슨해질 수 있다. 또 기업이 낮은 금리로 대출을 받아 고유 사업에 투자하는 게 아니라 계열사를 문어발식으로 확장한다든지, 부동산에 투자할 수 있다. 부동산 자산 급등의 요인이 된다.

한국은 1990년 비업무용 부동산을 매각하는 정책을 시행한 바 있다. 기업들은 투자를 하라고 제공한 저리 대출을 받아 부동산을 사들였다. 전국적으로 부동산 가격이 폭등해 국민 여론이 매우 안 좋았다. 그래서 비업무용 부동산 매각을 강제하는 정책을 시행한 것이다. 당시 노태우 대통령은 "대기업과 증권, 보험회사 등 금융기관이 보유하고 있는 비업무용 부동산과 과다한 부동산은 강제매각을 해서라도 처분토록 하고 기업이 생산 활동보다 부동산 투기를 통해 이익을 챙기는 풍토를 고치겠다"고 밝혔다. 또 "그동안 발전의 혜택을 더 입은 기업인과 경제계가 국민의 바람이 무엇인지를 직시하여 이 사회의 안정 기반을 튼튼히 할 수 있는 일을 자율적으로 해주기 바란다"고 강조했다.

가계의 저축과잉, 기업의 투자 과잉은 기업 성장과 수출 증대를 목적으로 한다. 그렇게 만들어진 경상수지 흑자 역시 경제와 자산가격의 불균형을 키우는 요인이 될 수 있다. 경상수지 흑자가 장기간 지속되어 해외로부터 유입된 유동성이 증가하면 해당 국가의 자산가격 급등 현상은 심화될 수 있다. 기업부문과 투자를 중시하는 불균형 성장전략은 단기간 내에 선진국과의 격차를 줄일 수 있는 장점이 있는 반면, 그 모델 안에 차입을 기반으로 외형성장을 극대화하는 인센티브와 기업주식, 부동산 등 한정된 자산의 가격이 기초여력(펀더멘털)과 동떨어져 높은 수준을 치솟는 버블현상을 낳을 위험도 내포되어 있다.

글로벌 불균형

10여년 전 국제사회에 한창 유행했던 용어인 '글로벌 불균형'(global imbalances)은 국가간 경상수지와 자본수지 불균형이 고착화되는 형태로 나타났다. 대표적인 사례는 중국의 무역흑자와 미국의 무역적자가 있다. 중국은 글로벌 제조공장이고 미국은 최대 소비국이다. 중국은 미국과의 교역을 통해 대규모 흑자를 기록하며 달러를 빨아들이고 있다. 그러면서 적극적으로 미국 국채를 매입해 달러를 유출시키며 균형을 맞춘다. 미국은 반대로 상품 구매를 통해 달러를 유출하고 국채 매각을 통해 달러를 유입시킨다. 중국과 미국 사이에서만 불균형이 나타나는 것이 아니다. 독일, 일본 등 일부 선진국, 중국 등 신흥국 그룹, 원자재 수출국은 구조적으로 무역수지 흑자, 그리고 저축과잉(saving gluts)이 나타난다. 그 반대편에 있는 미국 등 선진국 그룹은 무역수지 적자, 상대적인 저축부족이 자리 잡고 있다.

2008년 글로벌 금융위기 발생 이후 벤 버냉키(Ben Bernanke) 등 미국 관변학자들은 이러한 글로벌 불균형이 기축통화에 대한 초과수요와 국제금융체제의 긴장을 높여서 국제금융 불안의 한 원인이 되었다고 주장했다. 중국은 지속적으로 막대한 경상수지 흑자를 기록하고 미국은 계속 적자를 면치 못하면서 양국의 불균형이 고착화된다. 이러한 경상수지의 불균형은 반대방향으로 국제자본의 막대한 이동을 초래하였으며, 이는 글로벌 금융위기의 원인으로 지적되었다.

구체적으로 보면 2001~2007년 미국의 GDP 대비 경상수지 적자는 3.9%에서 5.2%로 확대됐다. 반면 중국의 흑자는 1.3%에서 무려 11%대로 늘어났다. 비슷한 유형으로 유럽은 2%대 경상수지 적자에서 5%대 적자로, 신흥 아시아는 4.7% 흑자에서 6.6% 흑자로 확대됐다.

이 시기에 경상수지 흑자를 기록한 중국과 신흥 아시아의 자금은 미국의 자산을 사들이기 시작했다. 특히 미국 국채를 대량으로 사들여 국채 가격 상승, 금리 하락을 만들었다. 미국 국채 10년물 평균금리가 6.4%에서 4.5%까지 1.9%p(190bp)나 하락하고 주식, 부동산, 달러 등 자산시장의 대호황을 낳았다. 외부로부터 돈이 들어온다고 반드시 금리가 떨어지는 것은 아니다. 하지만 이 시기에 미국 경상수지 적자(=자본수지 흑자) 규모가 재정수지 적자보다 월등히 더 컸던 것이 장기 저금리 시대를 연 배경이 되었다.

돈의 힘이 얼마나 강했던지 버블을 염려한 연준이 2004년 7월부터 2006년 6월까지 2년에 걸쳐 정책금리를 무려 4.25%나 쉼 없이 인상했는데도 같은 기간에 10년물 미국 국채금리는 0.93%p(93bp) 인

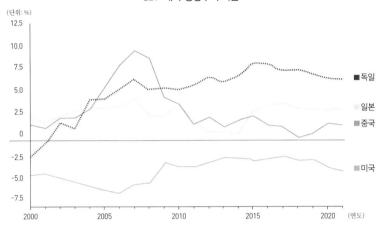

GDP 대비 경상수지 비율

(단위: %)

■독일

■일본

■중국

■미국

2000 2005 2010 2015 2020 (연도)

자료: International Monetary Fund

상에 그칠 정도였다. 아무리 기준금리를 올려도 시장금리, 특히 장기 채권금리가 오르지 않는 현상을 당시 연준 의장이었던 그린스펀의 이름을 따 '그린스펀의 수수께끼'(Greenspan's Conundrum)라고 부르기도 했다. 금리를 올려도 해외에서 유입되는 자금 때문에 자산시장의 버블은 꺼지지 않고 장기화됐다고 보는 것이 버냉키를 비롯한 미국 관변학자들이 지목하는 글로벌 금융위기의 원인이다.

이같은 시각은 비판을 받을 소지가 다분하다. 기축통화국이 느슨한 금융규제와 감독 실패로 글로벌 금융위기를 유발해놓고 힘들게 수출로 돈을 벌어서 수익률이 낮은 선진국 채권에 투자한 흑자국을 탓하는 것은 어불성설이라는 반론이 신흥국 중심으로 제기되었다.

민스키 모먼트

민스키(Hyman Minsky)라는 경제학자는 1996년에 죽었는데 2008년 글로벌 금융위기가 나자 현대 금융자본주의의 본질을 꿰뚫어본 위기경제학의 비조로 뒤늦게 추앙받고 있다.

그가 1986년에 쓴 『불안정한 경제 안정시키기』(*Stabilizing an Unstable Economy*)라는 책은 그가 죽은 후 절판된 처지였는데 글로벌 위기가 나자 이 책을 밤새워 읽어가며 칠흑 같은 불확실성의 바다를 건넜다는 대가들의 고백이 줄을 이으면서 새로운 판이 나와 전문가들 사이에 필독서로 읽히고 있다. 경제학자들은 버블이 꺼지면서 위기가 닥치는 순간을 일컬어 '민스키 모먼트'(Minsky Moment)라고 하는데 이는 민스키가 한 말이 아니라 그의 사후에 만들어진 신조어다.

'금융 불안정성 가설'이라는 민스키 이론의 핵심은 다음과 같다.

①안정이 불안정을 낳는다. 경제학은 균형을 좋아한다. 일단 경제가 균형상태에 이르면 안정이 지속된다고 본다. 민스키의 생각은 다르다. 경제가 안정되면 은행, 기업, 소비자 할 것 없이 안이해지면서 더 많은 수익을 좇아 위험을 늘린다. 위기는 좋은 시절에 잉태된다.

②부채에는 세가지 유형이 있다. 대출은 다음 3단계 사이클을 거친다.

헤지 금융: 위기 이후 조심성이 커진 은행과 차입자는 원금과 이

자 모두를 갚을 수 있을 정도로만 빚을 진다.

투기 금융: 위기가 상당히 진정되면 금융회사들은 차츰 차입자가 이자만 내도 되는 대출을 늘려간다. 원금은 대출해서 산 자산의 가격이 오르면 그걸로 갚으면 된다고 생각한다.

폰지 금융: 이 단계가 되면 금융회사들은 기업이나 가계가 초기 몇 년 동안 원금과 이자를 갚을 능력이 있는지 따져 보지 않고 (거치기간을 충분히 주면서) 앞다투어 대출을 해준다. 자산가격 상승 추세를 믿어 의심치 않기 때문이다. 투기금융의 비중이 커질수록 위기가 잉태되고 폰지 금융이 만연하면 금융시스템은 매우 불안해진다.

③민스키 모먼트가 온다. 폰지 금융을 떠받들고 있는 자산가격 상승기대감이 꺼지면 바람 빠진 풍선처럼 사상누각이 무너지는 순간이 온다. 공포감이 엄습하면 서로 먼저 비상구를 찾느라 허둥대면서 혼란이 더 커진다.

④금융이 중요하다. 금융회사는 저축을 대출로 이어주는 파이프라인이 아니다. 금융회사는 수익을 좇아 다양한 대출상품을 만들어 공급하는 펌프와 같다. 금융이 잘못되면 경제가 불안정해진다.

⑤말로 하는 경제학이 중요하다. 수리모형을 쓰는 경제학에 못지않게 말로 하는 경제학도 중요하다. 특히 불확실성이나 투자심리, 비이성적 집단광기 등 복잡한 경제현상일수록 수리모형보다는 말로 설명하는 편이 더 낫다.

일본의 불균형과 자산거품 붕괴

일본은 1985년 미일 간 플라자 합의(Plaza Agreement)에 따른 엔고 충격 등으로 버블이 붕괴되며 그 후유증으로 90년대 이후 장기간의 경기침체를 겪었다(1부 4장 3절 참조). 2차대전 이후 전후복구에 나서면서 일본은 1970년대부터 기록적인 경상수지 흑자를 기록했다. 국내로 수출 대금이 쏟아져 들어오면서 1980년대 일본 부동산과 주식시장의 버블현상이 점점 더 심해졌다. 부동산은 일본의 지형과 부동산 규제의 특성상 공급이 수요를 뒤따르지 못한 특성이 문제를 더 악화시켰다.

주식의 경우 선단식 기업집단을 형성하기 위해 널리 활용된 상호출자관행 역시 주가 버블을 더 키우는 요인으로 작용했다. 상호출자관행은 기업집단의 문어발식 확장을 용이하게 하고, 외국 기업으로부터의 적대적 인수합병을 방어하는 기제로 작동한다. 이 때문에 경영권 유지 목적으로 잠기는 주식이 많아져서 시장에서 자유롭게 유통되는 주식 수가 많지 않다. 거래량이 적은 상황에서 대규모 자금이 유입되면 주가가 급등하고 버블이 형성되기 쉽다.

1980년대 중후반 일본경제의 버블이 최고조에 달한 시기에는 일본 천황이 거주하는 도쿄의 황궁 지역을 팔면 미국의 캘리포니아를 살 수 있을 거라는 말이 회자될 정도로 주식과 부동산 시장의 거품이 대단했다.

한국의 불균형과 외환위기

한국은 1997년 외환위기를 경험했다. 우리나라는 1980년대 중반 이후 경상수지 흑자를 기록하며 부채 확대와 버블 형성의 초기 형태를 보이기 시작했다. 그런데 1990년대 초에 주택 200만호 건설 등 국내투자 수요가 급증하고 원화 환율의 절상이 지나치게 빨라지며 짧게 찾아온 경상수지 흑자 기조가 약화되었다. 국내로 유입되는 자금이 줄어든 것이다. 그런데 경상수지 흑자 시기에 시동이 걸린 과잉투자와 기업팽창의 수요는 멈춰지지 않았다. 정부는 기업의 투자 수요를 적절히 감속하는 대신 금융자율화로 단기 해외 차입을 용이하게 했다. 장기적으로 사용해야 할 기업 자금을 해외 단기 자금으로 조달하다보니 대외 부문의 건전성과 방어력이 급격히 나빠졌다. 한국은 개발도상국에서 추격형 산업화를 이룩하는 모범적인 성과를 보여주었다. 하지만 아쉽게도 경제가 본격적인 대외 개방 단계에 들어서면서 국내와 대외 부문의 불균형을 적절히 인식하고 관리할 역량을 갖추지 못해 외환위기라는 뼈아픈 좌절을 겪었다.

우리가 겪은 1997년 외환위기는 과도한 단기 차입에 따른 과잉투자가 국내적 요인이었다. 이와 함께 대외적인 글로벌 강달러의 충격을 받은 측면도 있다. 달러 강세는 글로벌 시장에서 풀린 달러가 미국으로 회귀하는 것을 의미한다. 달러가 미국으로 돌아가면 전 세계는 달러 유동성 부족에 직면하게 된다. 국제 경제활동의 핵심적인 지급수단이 되는 달러의 양이 줄어들면 그만큼 교역이 위축되고 글로벌 성장에도 부정적이다. 외환위기의 외부적 요인이 됐던 강달러에 대해 좀더 집중적으로 알아보자.

과거에는 세계경제 성장률보다 국제무역의 성장률이 두배 이상 높았다. 그런데 최근 몇년 사이에 두 지표의 격차가 줄어들었고 급기야 교역 성장률이 세계경제 성장률에도 미치지 못하는 이례적인 현상까지 나타나고 있다. 교역이 역사적 추세보다 크게 위축된 원인인 글로벌 공급망의 변화가 지목되고 있다. 선진국 제조업 설비들은 값싼 인건비를 따라 개발도상국으로 이전됐다. 개도국에서 만들어진 상품은 미국으로 수출되고, 미국의 달러는 전 세계로 퍼진다. IT 기술의 발달로 제품 생산이 경량화되면서 제조 설비를 개도국에 설치하는 경향이 둔화되고 있다. 또 일자리 문제 등에 따라 자국 내 생산 (리쇼어링)을 독려하는 미국과 유럽 등 선진국의 정책도 이같은 흐름에 영향을 주고 있다. 미국에서 생산해 미국에서 소비를 하면 달러가 해외로 퍼지지 않는다. 국제무역금융의 대종을 이루는 달러 유동성이 축소되는 것이다.

달러가 부족해지면 신흥국이 택할 수 있는 옵션은 크게 두가지다. 우선 자본유출이 불러올 국내 신용위축을 감내하는 것이다. 달러 유출에 따른 경기침체를 감수하면 환율에 미치는 영향은 중립적이다. 대신 달러 유동성이 풍부한 시기에 형성된 국내 자산시장 버블이 꺼질 수 있고 부채가 많은 기업이나 가계는 어려움에 처할 수 있다. 자연히 경제성장률은 떨어진다.

다른 대안은 달러 유출의 충격을 환율절하로 흡수하는 방식이다. 달러가 유출되면(달러 강세) 상대적으로 해당국의 환율(우리로 치면 원화)이 올라간다(원화 약세). 국내 수출 기업들의 가격 경쟁력이 높아지고 국내 자산의 매력도가 높아진다. 이 경우 국내 성장여력이 보존되는 장점이 있다. 하지만 과다부채 등 불균형은 해소되지 않고 문제가 계속 미래로 미루어지게 된다. 그리고 과도한 환율절하는 자

첫 환율전쟁이라는 비난을 불러올 수 있다.

1971년에 닉슨 쇼크로 달러와 금의 교환비율을 일정하게 유지하던 브레턴우즈 고정환율 체제가 붕괴된 이후 국제금융 질서에 큰 영향을 미친 두드러진 강달러 사이클은 두차례 있었다.

1980년부터 1985년까지 폴 볼커(Paul Volcker) 전 미국 연준 의장은 1970년대 말 오일 쇼크에 따른 고공 인플레이션을 잡기 위해 강도 높은 통화긴축 정책을 폈다. 달러 환율이 몇년 사이에 60% 이상 상승하는 제1차 수퍼달러 시대가 열렸다. 이 시기 강력한 달러 절상은 미국의 기록적인 무역수지 악화와 글로벌 자산 불균형을 낳았다.

레이건 행정부 출범시기와 겹친 제1차 강달러 사이클은 1985년의 플라자 합의라는 인위적인 주요국간 환율 재조정으로 결말을 맺었다. 플라자 합의 이후 2년여에 걸쳐 미 달러 환율(달러 인덱스)은 약 25% 가까이 하락하였다. 엔화의 강세는 이보다 훨씬 가파른 속도로 이루어졌다. 이러한 엔화 강세 기조로의 급격한 전환은 이후 일본 버블경제 붕괴의 단초를 제공한 것으로 평가된다.

두번째 강달러 시기는 1995년부터 2002년까지 장장 7년이나 지속되었다. 1980년대 제1차 강달러 시대는 미국과 일본 독일 등 선진국간의 경제성장 격차 해소와 환율 불균형 조정이 주된 관심사였다. 이와 달리 1990년대의 제2차 강달러 시대에는 선진국과의 격차를 빠르게 좁히면서 부상한 신흥국들이 강달러 태풍이 불러온 조정의 후유증을 크게 겪었다. 1995년의 멕시코 데킬라 위기, 1997년 아시아 외환위기, 1998년 러시아 위기가 연달아 터지면서 이 시기는 우리나라에도 국제자본의 흐름과 개방경제시대 경제정책 운영의 중요성을 깊이 각인시켜주었다.

독일이 위기를 피한 비결

독일은 일본과 비슷하게 튼튼한 제조업 경쟁력을 기반으로 국민경제에서 수출이 차지하는 비중이 크고 경상수지 흑자 기조가 견조(堅調)하다. 전후 복구 또한 기록적인 회복세를 보여 세계경제의 강국으로 군림하고 있다. 탄탄한 제조업 기반과 수출과 근검·절약을 숭상하는 경제철학, 그리고 빠른 고령화 추세도 일본과 닮았다.

그런데 독일은 일본과 달리 주택공급에서 공공부문의 비중이 커서 민간주택에 대한 투기가 제한되었다. 기업부문도 기술력이 뛰어난 중소기업(mittelstand)과 대기업이 조화를 이루고 있고 일본과 같은 주식시장 과열도 두드러지지 않았다. 자본시장을 통한 기업금융 비중이 큰 영미식 모델에 비해 독일 모델에서는 지역연고 은행과 기업 간 관계형 금융을 중시한다. 자본시장 발전이 상대적으로 더뎌 자사주 매입이나 경영진에 대한 과도한 스톡옵션 등 주가 버블로 이어질 수 있는 소지가 적다. 독일 경상수지 흑자의 절반 이상은 유로동맹 역내 국가들을 대상으로 발생하는데 이들 국가와 독일이 유로동맹으로 결합되어 있는 점도 독일의 불균형이 독일이라는 한 나라의 위기가 아니라 유로동맹의 문제로 희석되고 확장된다.

『파이낸셜 타임즈』의 마틴 울프(Martin Wolf)는 그가 애용하는 국민계정 분석 틀을 빌어 독일과 일본 경제의 특징과 차이점을 명쾌하게 설명한다. 일본은 통상마찰과 엔화 강세 부담 때문에 경상수지 흑자와 재정적자의 결합을 택한다(민간저축+재정적자=투자+경상수지 흑자). 탄탄한 해외수요로 경상수지 흑자가 충분히 발생했음에도 불구하고 민간 경제활동 위축이 지속되고 엔화 강세 효과가 겹치면서 일본은 1990년대 이후 디플레이션과 마이너스 금리의 질곡을 한참 동안 벗어나지 못했다. 반면 독일은 유로라는 통화동맹 덕분에 환율부담(절상 압력)이 없는 가운데 유로존 내 견실한 해외수요라는 확실한 버팀목으로 인해 정부 재정마저 건전하게 운용할 수 있었다 (민간저축+재정흑자＝투자+경상수지 흑자).

마틴 울프는 독일과 일본이 유사한 경제구조와 인구구조 등을 지녔음에도 불구하고 독일이 디플레이션과 마이너스 금리, 그리고 장기 저성장이라는 일본화(Japanification)의 함정을 피할 수 있었던 것은 유로체제의 혜택 때문이라고 본다. 독일의 재정건전성도 유로체제의 울타리가 있었기 때문에 가능했다는 분석이다. 이 분석은 독일이 유로체제를 통해 강건한 경제를 유지할 수 있었던 만큼 유럽경제가 어려움을 겪는 상황에서는 독일 정부가 과감한 재정확대를 도모해야 한다는 결론으로 이어진다.

중국의 불균형과 불안한 미래

중국은 사회주의 계획경제에서 자본주의 시장경제로 이행하면서 일본이나 한국과 비슷한 불균형 발전전략을 택하고 있다. 다만 사회주의에서 체제 이행을 하는 국가라는 경로상 특수성으로 일본이나 한국보다 국가자본주의적인 성격이 더 강하다.

이런 중국 경제정책 기조는 경제학적으로 분류하면 신중상주의로 볼 수 있다. 애덤 스미스(Adam Smith)는 『국부론』 제4편 정치경제학의 학설체계에서 18세기 당시의 주된 경제사상이었던 중상주의 (mercantilism)를 집중 해부한다. 중상주의는 한 나라의 부가 금은으로 구성된다고 철석같이 믿는다. 금은 광산이 부족한 국가는 수입을 억제하고 수출을 늘려 무역차액을 확보하는 수출지상주의가 경제정책의 주된 목적이다. 한국, 일본, 중국의 경제노선과 유사하다.

애덤 스미스는 부와 화폐는 다른 것이며 "한 국가의 부는 금은뿐만 아니라 토지, 가옥 및 소비 가능한 재화로 이루어진다"고 설파하여 중상주의의 이론적 토대와 허상을 허물었다. 또 중상주의로 인해 "공업과 상업의 목적이 소비가 아니라 생산이라고 잘못 생각하여 언제나 생산자의 이익을 위해 소비자의 이익을 희생시킨다"고 날카롭게 지적한다. 애덤 스미스의 중상주의 비판으로 새로운 경제사상인 자유주의(liberalism)와 자유무역이론이 등장했다. 자유주의 경제학은 "소비야말로 모든 생산활동의 유일한 목표이자 목적이며, 생산자의 이익은 소비자의 이익을 증진시키는 데 필요한 한에서만 고려되어야 한다"고 본다.

하버드 대학 대니 로드릭(Dani Rodrik) 교수는 중상주의가 과거의 유물이 아니며 수출주도형 경제개발 모델을 기반으로 이루어진 아시아의 경제기적의 이론적 토대로서 현대에도 여전히 강력한 영향력을 발휘하고 있음을 상기시킨다. '국가와 산업의 협업관계'로 대표되는 신중상주의는 국가자본주의(state capitalism)라고도 불린다. 중국의 경제정책을 이해하는 유용한 분석 도구이다. 우리나라 역시 수출이냐 내수냐, 생산이냐 소비냐 하는 경제논쟁에서 신중상주의의 사고와 습속이 아직도 짙게 남아 있다.

불균형 성장전략을 통해 추격형 산업화를 이룬 중국은 불균형이 장기간 지속되면서 버블경제를 낳고 중국에는 위기를 겪은 과거 일본이나 한국과 비슷한 경로를 밟을 수 있다. 이 경우 중국경제뿐 아니라 세계경제에 미치는 여파도 여느 위기 못지않을 것이다.

중국은 국가가 금융과 실물의 상당부분을 아직도 직접 소유하거나 통제하고 있는 이른바 '중국 특색의 사회주의'를 유지하고 있다. 금융위기 징후가 나타나면 대규모 위기로 전이될 위험을 적극적으로 차단하고 초기에 관리할 수도 있을 것이다. 지금까지 중국 정부는 개혁개방정책을 추진하는 과정에서 몇차례 크고 작은 위기를 겪었다. 그때마다 대외 개방이 제한적이고 대형은행을 정부가 직접 소유하고 있는 통제경제의 이점을 살려 중국 방식으로 대처하여 전면적인 위기국면으로 번지지 않게 관리했다. 그러나 이는 문제를 근본적으로 해결하기보다 뒤로 이연해놓은 것으로 보인다. 시간이 갈수록 불균형 성장방식에 내재된 경제적 어려움은 커진다.

기축통화가 '이지스 방패'는 아니다

통화를 직접 찍어낼 수 있는 기축통화국은 경제위기에서 자유로운가? 기축통화국은 신흥국에 비해 외환위기를 겪을 위험이 현저하게 줄어들어 위기관리 측면에서 강점이 있다. 그렇지만 기축통화국도 경상수지와 재정수지의 적자 문제가 장기간 누적되거나 부동산과 금융의 결합이 느슨한 규제 아래 버블 국면에 진입하면 대내외적인 경제 충격으로 금융위기를 겪을 수 있다. 경상수지 흑자국의 저축 과잉에 미국은 수입을 늘리는 형태로 균형을 잡아줬다. 글로벌 소비

부족을 과잉수입으로 수용해주더라도 기축통화를 공급하는 미국과 유럽은 어지간해서는 위기를 겪지 않는다고 방심했다. 그러다가 갑자기 들이닥친 2008년 글로벌 금융위기는 기축통화국에 1929년 대공황 이후 가장 심각한 수준의 충격과 고통을 몰고 왔다.

글로벌 금융위기가 경제학을 잠에서 깨우다

2008년 글로벌 금융위기가 발생하기 전까지 경제학은 거시경제 모델에 은행 등 금융회사를 포함하지 않았다. 설령 금융회사를 모델에 포함하더라도 실물개념의 저축과 투자를 연계하는 중개기관(the intermediation of loanable funds)으로만 작용한다고 인식했다. 실물의 그림자인 금융은 부가가치 창출과 변동에 무관하다고 보았다.

금융위기가 실물경제 침체를 초래하는 것을 경험한 후 사정이 달라졌다. 위기를 예측하지 못했던 학계에서는 금융회사를 모델에 편입시키기 위한 다양한 논의를 진행했다.[4] 은행을 중개기관으로만 인식해서 갑자기 발생하는 금융위기를 설명하지 못했다는 반성이 뒤따랐다.

이후 금융회사를 신용창출기관(financing through money creation)으로 모델에 편입하는 경향이 뚜렷해지기 시작했다.[5] 신용창출이 실물경제 펀더멘털과 무관하게 수익률 추구 과정에서의 위험선호나 자산시장 관련 심리적 기대 등에 의해 결정될 수 있고, 이 과정에서 실물과 금융의 괴리가 확대되고 궁극적으로 빈번한 금융위기가 초래된다는 새로운 인식이 퍼졌다.

신용은 돈의 확장이다. 신용은 경제의 활력을 높여 빠르게 성장하게 한다. 하지만 신용으로 인해 발생한 과도한 빚이 일정 수준 이상 축적되면 다시 실물 수준으로 돌아가는 과정을 겪게 되고, 이것을 우리는 위기라 부른다. 결국 경제위기는 금융위기고 신용위기다.

은행을 통해서만 이뤄지던 신용창출은 이제 다양한 금융상품 (NBFIs)을 통해 이뤄진다. 국가 안에서 조절하던 신용창출의 균형은 전 세계적인 균형을 잡아야 하는 것으로 확장됐다. 국가간 성장 단계의 차이, 주요 산업의 특성 때문에 글로벌 불균형은 고착화됐고 언제든 위기로 번질 위험이 도사리고 있다.

이 장에서 살펴본 대로 은행과 비은행금융중개기관이라는 쌍발엔진으로 구동되는 현대 금융자본주의가 은행을 기반으로 한 전통적인 자본주의보다 얼마나 더 변화무쌍하고 불안정한지를 절감하게 해준 사건이 2008년 9월 월가의 대형 투자은행 리먼 브라더스의 갑작스러운 파산과 함께 찾아왔다.

2장
팬데믹 전야

팬데믹 이전 21세기 초반 세계경제를 뒤흔든 가장 중요한 사건은 2008년 글로벌 금융위기다. 우리는 지금도 그 영향에서 자유롭지 않다. 팬데믹을 맞닥뜨리고 각국이 취한 정책도 글로벌 금융위기 대응의 경험과 교훈이 근저에 깔려 있다. 팬데믹을 거치며 집행된 경제정책을 살펴보고 이후를 전망하려면 2008년 위기를 회고해볼 필요가 있다. 통화정책의 미래와 재정 건전성을 둘러싼 논쟁 등에 대해 지금도 여전히 유효한 포인트를 중심으로 살펴보자.

글로벌 금융위기: 미국은 문제를 해결했고 유럽은 미뤘다

미국은 글로벌 금융위기의 진앙지였고 초기 충격이 가장 큰 곳이었다. 굴지의 대형 금융기관이 연이어 파산했고 시스템 붕괴를 막기 위해 막대한 규모의 공적자금이 투입됐다. 자금은 부실 금융기관을 정리하고 자본을 대대적으로 확충하는 데 쓰였다. 연준은 '헬리콥터 머니'라는 비난을 받을 정도로 대규모 양적완화(quantitative easing, QE)정책을 실시했다. 비교적 빠른 기간 내에 위기의 충격을 딛고 실물경제와 금융시장은 반등했다. 이후 금융회사의 지나친 레버리지를 방지하기 위해 도드-프랭크법(Dodd-Frank Wall Street Reform and Consumer Protection Act) 제정 등을 통해 금융규제를 대폭 강화했다.

유럽은 초기에 미국 위기를 강 건너 불 보듯 하다 2009년부터 급속히 위기가 전염되며 대혼란에 빠졌다. 유럽의 대응책은 모든 면에서 미국보다 훨씬 늦게 시늉에 그쳤다. 유럽 금융회사의 자본확충은 미미했고 유럽중앙은행(ECB) 양적완화 규모도 연준과 비교가 되지 않았다. 부실 금융기관을 청산하거나 공적자금을 투입하여 경영권을 인수하고 자본확충에 나선 미국에 비해 유럽은 유동성 공급에 치중하고 부실 금융기관의 자본확충은 미봉에 그쳤다. 금융시장과 실물경제 회복도 미미했다. 미국은 문제를 해결했고 유럽은 문제를 미뤘다.

성급한 출구전략: 오바마 정부의 재정건전화 조치

2010년 들어 미국경제는 서서히 위기의 초기 충격에서 벗어나 회복 기미를 보였다. 그러자 위기 대응 과정에서 단기간에 급격히 악화된 재정건전성에 대한 시장의 신뢰를 조기에 회복해야 한다는 국채경보론(bond vigilantes) 주장이 오바마 행정부 경제팀 내에서 대두됐다. 국채경보론은 국가채무비율이 일정 수준을 넘으면 시장의 신뢰가 무너져 국채의 이자율이 급등하고 투자자들이 국채를 투매할 것이라는 재정긴축의 논리다. 개인의 가계부와 국가재정은 같지 않다. 그런데 개인이 가계부를 쓸 때 빚을 최소화해야 하듯 재정적자도 최소화해야 한다는 주장이 의외로 꽤 지지를 받는다. 독일 같은 나라는 재정건전성이 국가 경제철학으로 잠재의식화되어 있다. 남유럽 정치위기로 확장재정이 필요한 순간에도 유럽연합 국가들은 재정긴축을 완화하지 않아 위기를 장기화시켰다.

'시장신뢰(market confidence)'는 현대 금융자본주의 체제에서 무척 중요하다. 그런데 시장신뢰는 객관적 수치로 정해지는 것이 아니다. 오히려 매우 가변적이고 상황 의존적이다. 구제금융과 재정긴축, 그리고 양적완화가 글로벌 금융위기 이후 정책대응의 핵심이다. 그리고 그 근저에는 금융시스템 안정과 투자자 신뢰 유지가 자리 잡고 있다. 시장의 신뢰를 잃으면 현대 금융자본주의에서 기업이든 국가든 생존이 쉽지 않다. 문제는 그런 상황에서 예금주와 투자자가 과하게 보호를 받고 일반 국민은 위험에 노출되는 비대칭성이 정치적으로 공정하지 않다는 반향이 커지고 있다는 점이다. 시장과 민주주의는 오랫동안 둘도 없는 친구처럼 커왔는데 이제 둘 사이에 상당한 불화와 긴장이 조성되고 있다.

미국이 긴축재정 정책을 폈던 다른 이유도 있다. 당시 오바마 행정부 최대 정책과제는 의료보험 개혁이었다. 의료보험의 적용 범위를 넓히려면 많은 재정이 필요하다. 이를 위해서 오바마 행정부는 재정건전성의 조기 회복에 큰 비중을 두었다. 여기에는 시대적 배경이 있다. 전통적으로 미국 공화당은 재정에 대해 보수적(작은 정부 선호)이고 민주당은 상대적으로 큰 정부를 선호한다. 그런데 의외로 클린턴 행정부 이후 백악관을 놓친 민주당은 재집권 계획으로 동반성장, 글로벌 경쟁력 회복과 함께 재정규율을 중시하는 해밀턴 프로젝트(The Hamilton Project)를 입안했다. 이런 시대적 특수성으로 부시 행정부에 이어 출범한 오바마 행정부는 자연스레 민주당의 오랜 전통과는 사뭇 다르게 재정건전성을 중시하는 긴축정책 기조를 채택했다. 미국 주도로 열린 2010년 6월 G20 토론토 정상회의에서 G20 국가들은 향후 3년간 재정적자를 절반 이하로 축소(fiscal consolidation)하기로 합의했다. 글로벌 위기가 발생한 지 2년도 채 지나지 않은 상황에서 갑자기 긴축재정으로 급선회를 한 것이다. 시장이 아직 회복에 대한 자신감을 갖지 못한 상황에서 너무 빠른 재정건전화 시도였다는 사후 평가가 지배적이다.

때 이른 긴축조치에 대한 대중의 반감

금융위기 당시 대규모 양적완화와 자본확충 모두 금융시스템이 붕괴되어 대공황과 같은 장기침체에 빠지는 것을 방지하려는 목적으로 시행됐다. 다만, 재정건전성을 주장하는 측은 최악의 상황에서 벗어나면 악화된 재정건전성을 조기 회복하기 위해 노력해야 한다고 생각했다. 그렇지 않으면 시장의 불신이 커져 금융시스템이 다시 불안해진다고 보았다. 그러나 실물경제의 회복이 충분하지 않은 상태에서 때 이른 재정건전화 정책은 복지 축소와 함께 고용 불안으로 이어졌다. 사람들의 불만이 쌓여갔다. 그 결과 글로벌 금융위기 이후 각국에서 엘리트 그룹에 대한 중산층의 실망과 분노가 커졌다. 사고를 친 것은 금융부문인데, 정작 금융권과 투자자들은 구제금융 덕분에 손실을 입지 않았다는 인식이 퍼졌다. 반면 경제위기의 가장 큰 피해는 일반 국민이 입고, 재정긴축으로 복지 프로그램까지 축소되자 불만이 높아져만 갔다.

그 결과 기득권 해체와 반엘리트주의를 표방하며 극단적인 주장을 하는 포퓰리즘이 득세하는 나라가 늘고 있다. 미국에서는 '월가를 점령하라'는 시위가 벌어졌고 결국 트럼프 대통령의 당선으로 이어졌다. 영국에서는 유럽연합에서 탈퇴하는 브렉시트(Brexit)가 이뤄졌다. 이탈리아에서도 극우정당 연합이 최대 정당이 됐다.

자유민주주의가 이룩한 중산층 혁명과 복지국가를 지키고 반엘리트주의 포퓰리즘의 광풍에 대처하려면 시장의 역설을 잘 이겨내야 한다. 시장을 피할 순 없다. 시장과 개방, 그리고 금융이 현대경제의 번영을 낳았다. 알라딘 램프의 요정 지니처럼 온갖 번영의 마법을 가져다준 현대금융의 혜택을 온전히 누리되, 금융이 고삐 풀린 야수처럼 폭주하지 않으려면 거시건전성 규제 같은 적절한 제어장치가 긴요하다.

고조되는 유럽 재정위기

각국이 재정긴축 기조로 전환하며 시장이 불안해지자 자본확충이 충분하게 이루어지지 못한 유럽은행의 재무상태에 대한 시장의 신뢰가 급격히 약화되기 시작했다. 특히 원래 국가채무비율이 높은 이탈리아(I)와 공적자금 투입으로 재정상태가 단기간에 급격히 악화된 포르투갈(P), 그리스(G), 스페인(S) 등 남유럽 국가의 재정건전성에 대한 우려가 커졌다. 국가들의 앞 글자를 따서 'PIGS'라고도 불렀다. 돼지를 연상케 하는 비하적인 표현이다. 재정건전성에 대한 우려가 높아지자 해당 국가의 국채 발행 가산금리(spread)가 급등했다. 유럽은행은 미국에 비해 정부의 국채를 많이 보유하고 있다. 남유럽 국가의 재정 취약성이 해당 국채를 많이 보유한 자국 은행에 대한 우려로 이어졌다. 2011년 유럽은 재정-은행 축(sovereign-bank nexus)이 한꺼번에 흔들리는 격랑, 이른바 그리스발 유럽 재정위기 속으로 빠져들었다.

유럽이 은행권 자본확충을 충분하게 하지 못한 이유와 2011년 유럽 재정위기를 겪은 배경에는 유럽통합의 태생적인 한계가 자리 잡고 있다.

1장에서 살펴본 대로 민간부문의 부채문제에서 시작된 금융위기는 정부부채 증가로 귀결된다. 금융위기에 대한 주요 대응 수단은 대부분 상당한 재정부담을 수반하기 때문이다. 금융기관의 부실자산을 정리하고 파산한 은행의 예금을 대지급하는 한편, 영업을 계속해야 할 부실 금융회사의 자본을 확충해 신용창출이 다시 작동하도록 하는 것 모두 '신뢰의 위기 상황'에서 재정이 최종 보루(last resort)로서 담당할 역할이다. 금융시스템에 대한 신뢰가 무너진 상황에서 시장의 자체적인 복원력에 맡겨두어서는 충격의 크기와 기간이 걷잡을 수 없이 확대되고 현대 신용기반경제의 근본이 흔들린다. 따라서 제대로 작동하는 정부라면 가용 정책수단을 총동원해 금융위기를 예방하기 위해 노력하고, 위기가 발생하면 최대한 신속히 해결해야 한다. 그것이 결국 재정의 지속가능성, 나아가 자본주의의 지속가능성을 담보하는 길이다.

그런데 유럽연합(EU)은 기본적으로 통화동맹이지 재정통합 체제가 아니다. 여기에서 금융위기의 예방과 뒷수습에 큰 사각지대가 발생한다. 통화동맹은 단순히 공동의 중앙은행을 설립한 것을 넘어서서, 은행을 중심으로 역내의 금융회사들을 '단일 신용창출 시스템'

으로 묶게 된다. 제1장에서 다룬 현대 신용기반경제의 특성과 '돈', '신용'의 의미를 상기하자. 그렇다면 EU 역내 금융회사들, 특히 통화 금융기관들에는 공통의 금융규제, 그리고 그 규제를 실효성 있게 담보하기 위한 정책적 지원도 병행될 수 있어야 한다. 이 정책적 지원은 통화당국의 기본적 역할 외에도 사실상의 '준재정'(quasi-fiscal) 지원, 재정당국의 직간접 지원 등을 포함한다. 따라서 '단순한 통화동맹'과 재정부문까지 포함한 '완전한 경제통합'은 이분법적으로 나뉘지 않는다. 그 사이에 금융부문을 매개로 다양한 통합의 스펙트럼이 가능하다. 글로벌 금융위기 전후 EU의 통합 수준은 이 스펙트럼상에서 매우 낮은 단계에 머물러 있었다.

한국은행을 포함해 주요국 중앙은행은 필요한 경우 국채를 무제한 매입할 수 있다. 국채 발행시장에 중앙은행이 직접 참여하는 것은 정부부채를 직접적으로 통화부문이 흡수(debt magnetization)하는 것이어서 대부분의 나라에서 경계한다. 국채 유통시장에서는 중앙은행이 적극적으로 개입하는 경우가 많다. 중요 통화정책 수단인 공개시장조작(open market operation) 자체가 국채를 대상 자산으로 하는 경우가 대부분이다. 양적완화도 넓은 의미에서 만기를 두지 않는 공개시장조작이라 말할 수 있다. 중앙은행의 독립성은 여러 제도적 장치를 통해 보장하고 있지만, 경제가 어려울 때에 중앙은행이 적극적인 통화정책을 수행하는 과정에서 그 주요 수단인 '국채'를 매개로 사실상의 준재정 지원이 이뤄지고 있다.

유럽중앙은행은 유로존 국가의 국채를 무제한 매입할 수 없다. 특정 국가에 대한 직접 신용 제공을 금지하고 있기 때문이다. 유럽중앙은행은 개별국가의 국채를 사들일 수 있는 한도가 엄격한 EU 재정 룰(EU Fiscal rules)에 따라 제한된다.

유럽중앙은행이 국채를 충분히 매입하지 못하니 남유럽 국가의 국채 금리가 폭등했다. 그리스를 시작으로 국채발행 금리 폭등 → 재정위험 고조 → 뱅크런 발생의 악순환 고리(negative feedback loop)가 작동하기 시작했다. 불길은 인접한 포르투갈, 스페인으로 번졌다. 급기야 유럽연합에서 세번째로 큰 이탈리아까지 그 소용돌이 속으로 빨려 들어갔다. 유럽연합이 와해될지 모른다는 위기감이 최고조에 달하며 국제금융시장 또한 급속히 얼어붙었다.

파국을 막은 수퍼 마리오: Whatever It Takes

EU 국가들은 기존의 룰을 유지하다가는 유럽연합이 깨질 수 있다는 절체절명의 위기의식을 절감했다. 2012년 6월 마리오 드라기(Mario Draghi) ECB 총재는 "유럽중앙은행은 유로화를 지키기 위해 필요한 일이라면 무엇이든(whatever it takes) 할 준비가 되어 있다"는 세계 중앙은행사에 길이 남을 명연설을 했다. "the ECB is ready to do whatever it takes to preserve the Euro." 줄여서 "whatever it takes"로 회자되는 이 문장은 카이사르의 "왔노라 보았노라 이겼노라" 이후 가장 유명한 세마디라는 평을 들을 정도다.

시장은 이 문장을 유럽중앙은행이 이탈리아나 스페인 등의 국채를 무제한으로 매입한다는 뜻으로 해석하고 급속히 안정되었다. 예상대로 ECB는 남유럽 국가 발행 국채를 한도 없이 사들이는 획기적인 조치를 취했다.

모든 유럽연합 국가들이 흔쾌히 이 조치를 수용한 것은 아니었다. 유럽은 독일·네덜란드 등 북유럽 재정건전파 대 프랑스와 남유럽의 재정통합파 간의 갈등이 심각하다. 남유럽 국가들을 지원하기 위해 유럽통합의 최대 경제적 수혜국가로 평가받는 독일의 메르켈(Angela Merkel) 총리가 중재에 나섰다. 메르켈은 그리스로부터 적정 수준의 연금개혁조치 등을 약속받고 북유럽 재정건전파 국가들의 양보를 얻어냈다.

『파이낸셜 타임즈』가 그후 3회에 걸쳐 당시 사정을 심층 분석한 기사를 읽어보면 역사적인 발표는 드라기 총재가 했지만 막후에서 6개월 이상 숨 가쁘게 협상을 진행하고 최종적으로 이같은 과감한 발언을 할 수 있도록 추인해준 진짜 영웅은 메르켈 총리였다. 그는 과거 독일 바이마르 공화국 시절 하이퍼인플레이션의 트라우마로 중앙은행이 국채를 사는 것을 목숨을 걸고 막아야 한다고 믿고 사는 독일중앙은행(분데스방크) 핵심 간부들의 극심한 반대를 무릅쓰고 (뒤로 은밀하게) 유럽중앙은행의 손을 들어주었다.

2011년 하반기에 분데스방크 악셀 베버(Axel Weber) 총재, ECB에 독일대표로 파견된 위르겐 슈타르크(Jürgen Stark) 집행위원이 국채 매입에 반대하며 잇따라 사임했다. 악셀 베버의 후임으로 임명된 옌스 바이트만(Jens Weidmann) 총재도 전의를 가다듬고 있었다. 그런데 메르켈은 슈타르크 후임으로 중앙은행 출신이 아닌 재무차관 요르그 아스무센(Jörg Asmussen)을 ECB 집행위원으로 지명했다. 그리고 그가 드라기와 세기의 딜을 하도록 전권을 주었다.

『파이낸셜 타임즈』를 비롯한 주요 경제지는 평시와 전시를 구분하여 인재를 쓴 메르켈의 용인술에 주목한다. 평시라면 문장 표현 하나 하나에 신중에 신중을 기하도록 훈련받고 원칙에 충실한 중앙은행 전문가가 유용하나, 유로동맹이 무너지느냐 마느냐가 달린 절체절명의 전시상황에서는 전략적 유연성과 정무감각을 지닌 재무 관료가 더 낫다고 본 것이다.

메르켈은 자국 내 민심과 분데스방크 총재의 공공연한 반대 목소리를 잘 알고 있었다. 하지만 "유로화가 붕괴되면 유럽연합도 없다"는 것을 확신하고 정치적 결단을 내려 유로 위기를 극적으로 수습했다. 유럽중앙은행의 결정으로 시장이 안정되자 독일 국민들도 시대의 통념을 거스른 메르켈의 과감한 결단을 수긍하게 되었고, 그는 2013년 총선에서 크게 승리하였다.

버냉키가 불러온 위기: 테이퍼 탠트럼

2013년 5월 이후 세계 금융시장에 또다시 한바탕 격랑이 불었다. 먼저 외환시장에서 각국 통화가 달러에 비해 일제히 약세를 보이더니 이내 채권 값이 떨어지고(채권금리 상승), 마지막에는 잘 버티던 주식까지 약세를 보였다. 통상 자산가격에 급변동이 올 때 몇주간의 시차를 두고 외환-채권-주식 순서로 시장에 반응이 오는데 이 시기에 그 패턴이 두드러졌다.

국제금융시장 불안의 결정타는 5월 22일 벤 버냉키 미국 연준 의장의 의회연설이었다. 대단한 말을 한 것도 아니었다. 대규모로 돈을 푸는 정책을 점차 축소(tapering)할 수도 있다고 증언했을 뿐이다.

그런데 시장의 반응은 격렬했다. 중앙은행이 돈을 거둬들이면 장차 채권, 주식 등 자산가격이 폭락할 것이라고 예상하고 재빨리 움직였다. 채권시장의 반응이 제일 두드러졌다. 5월 이후 주요국 채권금리 상승치를 보면 서방 언론에서 중점적으로 보도하는 일본과 미국 등 선진국의 금리상승폭은 35bp 내외 수준인데 신흥국 중에는 금리 상승폭이 100bp를 넘어서는 나라들이 많았다. 정정(政情)이 불안한 터키(150bp), 토빈세를 폐지한 브라질(90bp), 러시아(120bp) 등이 가장 변동이 큰 국가군에 속하고 인도네시아(110bp), 태국(65bp)도 변동폭이 컸다. 우리나라(40bp)는 상대적으로 안정적이었다.

버냉키는 왜 2013년 5월 시점에 그런 증언을 해서 세계를 놀라게 했을까? 당시 미국 경제지표가 상대적으로 좋긴 했다. 그러나 그것만으론 설명이 안 된다. 나는 당시에 버냉키의 임기가 2014년 1월에 끝난다는 점에 주목했다. 그는 2006년에 중앙은행(연준) 총재에 올라 2008년 글로벌 금융위기가 닥쳐오자 대공황 전문가답게 과감하고 창의적인 통화정책을 펼쳐서 글로벌 금융위기가 제2의 대공황으로 번지지 않도록 막은 일등공신으로 추앙받고 있었다. 그렇지만 한편으로 너무 돈을 많이 뿌려 '헬리콥터 벤(버냉키의 이름)'이라는 별명이 붙은 데서 알 수 있듯, 그의 통화정책이 제2의 금융위기를 잉태하고 있다는 비난도 일부에서 했다.

떠날 때가 되면 사람들은 늘 자기가 어떻게 기억될 것인가에 대해 고민하게 마련이다. 버냉키는 자리에서 물러나기 전에 '나는 내가 뿌린 정책의 부작용에 유의하고 예방책도 마련해놓았다'라는 말을 하고 싶지 않았을까? 버냉키 자신의 출구전략인 셈이다.

버냉키의 말 한마디로 시작된 글로벌 '미니' 금융위기는 연준과 미국을 당혹스러운 처지로 몰고 갔다. 2013년 9월 초 상트페테르부르크 G20 정상회의에서 각국은 앞다투어 미국의 통화정책이 신흥시장과 세계경제에 엄청난 영향을 미친다는 사실을 직시해줄 것을 촉구하는 정상 발언과 항의를 쏟아냈다. 결국 미국은 9월 중순에 '경제가 안정되고 있다는 더 많은 증거가 나올 때까지' 자산매입을 계속하겠다며 종전의 테이퍼링 추진 입장에서 한발 후퇴했다.

2013년 5월 이후 신흥국 위기는 나중에 '테이퍼 탠트럼(taper tantrum)'이라 불리게 된다. 이 경험을 통해 연준은 미국의 통화정책을 결정하면서 미국 국내 사정뿐 아니라 신흥국을 포함한 국제금융시장에 미칠 영향도 명시적으로 고려해야 한다는 사실을 실감했다. 연준이 이런 새로운 인식을 대외에 공표한 점에서 2013년의 테이퍼 탠트럼 위기는 통화정책 역사에서 의미가 큰 사건이다.

미국 연준의 통화정책 정상화

연준은 그후 시장 및 신흥국과의 소통을 한층 강화했다. 2014년 1월부터 자산매입 축소(테이퍼링)를 시작해 마침내 그해 10월에 자산매입 조치(QE)를 종료했다. 국채를 더이상 매입하지 않고 연준의 자산규모를 현상 유지하는 통화정책의 '1단계' 정상화다.

연준은 2017년 10월부터는 연준이 보유한 국채를 매각하여 연준의 자산규모를 점차 축소하는 '2단계' 통화정책 정상화 조치를 시작했다. 2019년 8월까지 자산을 조금씩 줄여나갔다. 같은 기간 연준의 보유자산은 4조 5000억 달러에서 3조 8000억 달러로 7000억 달러 줄어들었다

'3단계' 정상화라 할 수 있는 정책금리 인상은 2015년 12월부터 시작했다. 글로벌 위기 이후 무려 7년 만에 정책금리 인상에 나선 것이다. 연준은 이후 2018년 12월까지 3년에 걸쳐 정책금리를 8차례, 총 2.25%p 인상했다.

연준이 보유한 자산규모 축소 조치는 더 늦게(2017년 10월) 시작하고 축소 규모도 미미한 데 비해, 정책금리 인상은 더 일찍(2015년 12월) 시작되어 3년간 꾸준히 이어졌다. 그렇지만 연준은 글로벌 금융위기 이전 수준에 한참 못 미치는 선에서 정책금리 인상을 마무리했다. 절반 정도 수준에 그친 통화정책 정상화라고 평가할 만하다.

아베노믹스

미국과 달리 유럽과 일본은 글로벌 금융위기 이후 취한 확장적 통화정책을 정상화할 엄두를 내지 못했다. 연이은 유럽발 재정위기, 디플레 우려 등으로 금리를 인상할 타이밍을 잡지 못하고 장기간 저금리 기조를 유지했다. 일본은 정상화는커녕 2013년부터 아베노믹스라는 이름으로 중앙은행이 국채 등 유가증권을 더 적극적으로 사들였다.

2013년에 새로 일본은행 총재로 임명된 구로다 하루히코(黑田東彦)가 내놓은 정책은 그야말로 통화 빅뱅이었다. 매달 7.5조 엔(약 90조원)씩 쏟아붓는 계획인데 이는 당시 일본 장기국채의 70%를 사들일 수 있는 규모다. 믿기 어려운 수준의 통화 쓰나미다. 이렇게 막대한 돈을 풀어 기필코 2% 수준의 물가상승률을 만들어 내겠다는 각오다.

신중한 일본이 무슨 생각으로 이런 도박에 가까운 정책 '올인'에 나섰을까? 당시 일본 거시지표를 살펴보니 내 눈에는 일본을 짓누르고 있는 두개의 경제 중력이 들어왔다.

먼저 임계점에 이른 국가부채 중력이다. 일본 국가부채가 GDP의 260%로 세계 최고 수준이라는 말로는 그 심각성을 느끼기 어렵다. 일본은 매년 국가예산의 절반만을 세금으로 충당하고 나머지 절반은 국채 발행으로 조달한다. 매년 국채이자로 나갈 돈이 조세수입의 22%에 달한다. 달리 말하면 매년 정부 지출의 11%가 국채이자를 갚는 데 쓰인다.

다른 하나는 인구 고령화 중력이다. 일본은 2005년에 인구 고점을 지나 생산가능 인구가 매년 눈에 띄게 줄어들었다. 2011년부터는 태어난 사람보다 죽는 사람의 수가 더 많아졌다. 인구 고령화는 두가지 측면에서 국가부채에 치명적이다. 먼저 사람이 줄면 조세수입이 줄어들고 GDP가 감소한다. 그러면 GDP 대비 국가부채가 더 늘어난다. 그리고 은퇴자가 늘어날수록 저축이 줄어들어 국채 소화가 어려워진다. 지금까지 일본 국채는 90% 이상 국내에서 소화되었다. 그동안 일본이 천문학적인 국가부채에도 불구하고 국채이자율을 낮게 유지하고 별 어려움 없이 매년 국채를 새로 발행했던 기반이다.

그런데 2010년대부터 일본 가계의 국채 보유 규모가 줄어들기 시작하면서 국채 소화에 빨간 불이 들어왔다. 그러면서 중앙은행이 슬며시 소화가 안된 국채를 민간 대신 사들이기 시작했다. 2011년 회계연도에 일본은 44.3조 엔의 재정적자를 기록했는데 일본은행이 9.9조 엔의 국채를 사들였다. 약 25% 수준이다. 2013년 당시 일본은 국

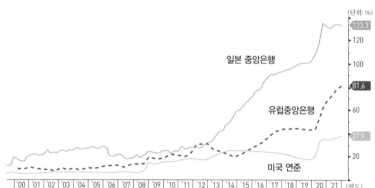

GDP 대비 중앙은행 자산 비중

(단위: %)

133.3

120

100

일본 중앙은행

81.6

유럽중앙은행

60

37.9

20

미국 연준

'00 '01 '02 '03 '04 '05 '06 '07 '08 '09 '10 '11 '12 '13 '14 '15 '16 '17 '18 '19 '20 '21 (연도)

자료: Bloomberg

가 재정의 지속가능성(fiscal sustainability)에 심각한 문제가 발생한 상태가 됐다. 중앙은행을 본격적으로 동원하지 않고서는 정상적인 국채 소화가 어려워지는 국면에 이르렀다.

이런 엄중한 재정위기 상황을 타개하기 위해 대외적으로는 마치 일본은행이 디플레이션이라는 망령에서 일본을 탈출시키기 위해 대량의 국채를 사들이는 통화정책을 펴는 양 주장했던 것은 아닐까? 내게는 아베노믹스가 일종의 성동격서 전략으로 보였다.

이런 과정을 거쳐 일본은행의 대차대조표는 다른 나라와 비교할 수 없을 정도로 커졌다. 일본은 GDP 대비 중앙은행의 자산 비중이 2021년 말 기준 133%에 달해 유럽중앙은행의 82%, 미국 연준의 38%에 비해 월등히 높다.

중국의 미니 위기(2014~15)

중국은 2014~15년에 자체 미니 위기를 겪었다. 중국은 2008년 글로벌 위기에 따른 충격을 완화하기 위해 4조 달러 규모의 대규모 재정지출 프로그램을 마련해 실행했다. 다년에 걸친 기록적인 재정확장 정책으로 중국경제는 글로벌 금융위기라는 역풍에도 고속 성장세를 이어갔다. 수요 축소에 신음하던 당시 세계경제에도 상당한 완충 역할을 수행했다.

2012년부터 재정정책의 효과가 약화되며 중국의 분기별 성장률이 빠르게 하강했다. 반면에 미국 경기는 살아나면서 2013년 중반기부터 미국 연준이 국채 매입물량을 줄이겠다는 방침을 발표했다. 미국이 통화정책 정상화에 나서자 중국에서 본격적인 자본유출 흐름이 나타났다.

2015년 들어 중국경제 성장세가 더 약화되고 중국 증시의 불안(2015년 2분기)이 더해졌다. 인민은행은 돌연 위안화 고시환율을 달러당 6.2위안에서 6.9위안으로 급격히 절하했다. 위안화 일별 변동폭도 대폭 확대했다. 중국 정부의 긴급조치로 외환시장은 더욱 불안해졌다. 게다가 중국 정부의 거시정책 운용상의 미숙함까지 겹치면서 투자심리가 급속히 냉각됐고, 이전에 중국이 경험하지 못한 수준의 대규모 자본유출 사태가 발생했다. 2014년 6월부터 2016년 초까지 1년 반 동안 중국에서 1조 달러 정도의 자본이 대외 유출된 것으로 추정된다. 그 결과 중국의 외환보유액이 4조 달러대에서 3조 달러대로 급감했다.

2015년 중국의 갑작스런 환율절하는 세계경제에 지진과 같은 충격을 주었다. 왜 그런 경제적인 지진이 일어났는지 이해하는 데 '불가능한 삼위일체론'(Impossible Trinity)이라는 좀 생소한 경제학 이론이 도움이 된다. 이는 독자적인 통화정책, 환율안정, 자유로운 자본이동 중 어느 것이든 두 조합만 가능하지 셋을 동시에 달성할 수 없다는 국제경제 분야의 이론이다. 트릴레마(trilemma)라고도 한다.

중국은 그때까지 위안화 환율을 달러에 고정(peg)시켜두고 자본이동의 변동성은 외환보유고 조정을 통해 대응하면서 통화정책의 독자성을 확보해왔다. 그런데 지속적인 달러 강세(pull)와 중국 내부의 사정(push)이 겹치면서 2014년 중반 이후 자본유출이 이전에 경험해보지 못한 규모로 커지면서 이에 대응하느라 외환보유고가 빠른 속도로 줄어들기 시작했다.

외환보유고를 소모하지 않고 자본유출로 인한 국내통화 수축을 감내(통화정책의 독자성 일시 포기)할 수도 있겠으나 구조조정 부담이 현재화되어 있는 중국의 국내경제 사정상 통화의 갑작스런 수축은 자칫 디레버리징을 본격화하는 방아쇠가 될 수 있다. 중국은 사실 거꾸로 2014년 중반 이후 지속적으로 금리를 인하하는 통화확장정책을 펴왔다. 그리고 이는 다시 자본유출을 부추기는 부작용을 낳았다. 대내균형과 대외균형이 충돌하는 난감한 상황에서 중국은 결국 오랫동안 건드리지 않았던 환율을 조정하는 제3의 옵션을 택하게 된 것이다.

중국은 제12차 5개년 계획(2011~15)부터 성장방식을 제조업 중심에서 서비스업 중심으로, 투자 중심에서 소비 중심으로 전환하겠다고 발표했다. 기업과 부동산 부문의 부실을 정리하고 인프라 투자 의존도를 축소하는 노력도 기울여왔다. 기존의 양적 투입 위주 성장에서 생산성 향상과 내수시장 확대 전략으로 선회한 것이다. 이렇게 전환한 배경에는 중국경제가 임금 상승 없이도 막대한 유휴 노동력을 산업화·도시화에 값싸게 활용할 수 있는 이른바 '루이스 전환점'을 지나면서 기업들이 임금 상승 압박을 받기 시작했기 때문이다.

공급 측면의 개혁, 3대 균형성장 전략 등 시기별로 구호를 바꾸어 노력해도 투자와 수출 위주의 불균형 성장전략으로 고착화된 기존의 성장경로를 단기간에 변경하기란 쉽지 않다. 금융억압체제(financial repression)에서 국유은행들은 기업 활동을 지원하기 위해 명목금리를 기초체력에 비해 낮게 유지한다. 실질금리가 마이너스가 된다. 은행차입 기회를 선점한 공기업과 지방정부가 최대 수혜자다. 민간기업과 가계 부문은 후순위로 밀린다.

투자가 압도적인 비중을 차지하는 경제구조를 소비와 투자가 균형을 이루는 체제로 바꾸려면 공기업 개혁(SOE reform)과 지방재정 개혁이 필수적이다. 이는 근본적으로 정부에서 민간부문으로의 권한 이양과 정치적 민주화를 의미한다. 강한 관성을 띄는 국가권력을 구호만으로 민간으로 이동시킬 수는 없다. 성장 모델과 경로의 변경은 단순한 경제정책 차원을 넘어선다.

2015년 중국의 미니 위기는 국제금융시장을 뒤흔들어놓았다. 더블딥 침체와 같은 경기 사이클 상의 어려움이 국내외 금융시장의 불균형과 겹치자 자본시장 개방 정도가 낮고 통제경제 성격이 강한 중국도 대규모 자본유출 압력에서 벗어나지 못했다. 2015년 위기는 중국과 국제금융시장 양쪽에 묵직한 경고(wake-up call)가 된 셈이다.

2016년 들어 중국은 외환제도 개혁과 강화된 자본통제 조치를 시행했다. 그러자 대외부문 불안은 점차 진정됐다. 하지만 근저에 깔린 위험요인은 여전하다. 2015년의 위기는 앞으로 미중 간의 경쟁과 갈등 국면에서 언제든지 다시 반복되거나 변주될 수 있다.

미중 무역갈등

2016~18년에는 미국 연준이 비교적 무난하게 통화정책 정상화 행보를 보여주었다. 2018~19년 국제금융시장에 드리운 먹구름은 상호 보복관세 조치 등 미중 간의 무역 갈등이었다.

미국 트럼프 대통령은 2018년 3월 지적재산권 침해 관련 대중 무역조치 행정명령에 서명함으로써 500억 달러 규모의 수입품에 대해 25%의 관세 부과를 예고했다. 7월 미국과 중국은 서로 340억 달러 규모의 수입품에 대해 관세를 부과했다. 8월에 160억 달러어치 품목을 추가했다. 9월에 미국은 2,000억 달러, 중국은 600억 달러 규모 수입품에 관세를 매겼다. 마치 게임을 하듯 점점 더 베팅액을 키워갔다. 여기서 멈추지 않고 미국은 추가로 3,000억 달러 규모 상품에 관세를 부과하겠다고 발표하고 중국은 750억 달러 규모의 상품에 대한 관세부과를 예고했다.

미중 간 상호 보복관세 부과, 미국의 중국 환율조작국 지정 등 양국 간 갈등이 국지적으로 고조되는 시기에는 위안화 절하 압력이 고개를 들었다. 실제로 중국에서 상당규모의 자본유출 흐름이 재현되었다. 중국 정부는 2015년의 경험을 교훈 삼아 그후 거시경제 운영을 신중하게 했고 중국발 뉴스가 국제금융시장을 뒤흔들 정도의 동요는 없었다. 이 시기 유럽도 한결 안정되었고 미국의 금리인상도 일 단락되어 국제금융시장은 2011년 유럽 재정위기, 2013년 테이퍼 탠 트럼, 2015년 중국 미니 위기 시기에 비해서는 상대적으로 평온했다. 그러나 한시적인 평화의 시기는 2020년 초에 불어닥친 팬데믹 광풍 으로 조기에 막을 내렸다.

3장
팬데믹의 내습: A Crisis Like No Other

2020년 3월 11일. 세계보건기구(WHO)가 코로나19를 공식적으로 팬데믹(전 세계적인 유행병)으로 선언한 날이다. 백신도 치료제도 없는 상황에서 인류가 바이러스에 대응할 수 있는 유일한 방법은 바이러스 이동의 차단이었다. 바이러스는 사람을 통해 이동한다. 즉, 사람의 이동을 막는 수밖에 없다는 의미다. 각국 정부들은 이동을 멈추는 락다운(봉쇄조치) 정책을 시행했다.

국제통화기금(IMF)이 연 2회 발간하는 『세계경제전망』(WEO)이 2020년 4월에 발표됐다. 전 세계 경제에 대한 가장 종합적인 진단과 전망이다. "이번 위기는 다른 어떤 위기와도 다르다(This Crisis Is Like No Other)." 당시 IMF 『세계경제전망』의 표지 제목이다.

IMF는 매년 10월 하순 연차총회 때 다음 해 세계경제전망치를 발표하고 4월 춘계 모임에 맞추어 직전년 10월에 한 전망치를 수정한다. 6개월의 시차가 있으니 10월과 4월 전망은 늘 어느 정도 차이가 나게 마련이다. 그런데 20년 4월 WEO 전망은 19년 10월 전망과 비교 자체가 무의미할 정도로 완전히 달랐다. 팬데믹이 당대에 경험하지 못한 불황을 불러올 수 있음을 의미하는 숫자로 가득했다. 코로나가 불러온 충격이 이 정도일까 고개를 갸우뚱할 정도였다. IMF가 당시 내놓은 주요국 성장 전망치들은 보고도 쉬이 믿기 어려운 수준이었다.

IMF는 셧다운에 따른 공급충격과 노동시간 상실을 가장 직접적인 하락요인으로 꼽았다. IMF 4월 발표는 팬데믹 위기의 스산한 현실을 알리는 첫 보고서라는 역사적인 의미가 있다. 당시 IMF가 제시한 전망치는 투자은행들 예상치보다 훨씬 낮았다. 주요 투자은행들이 3월 27일 이후 예상한 세계경제 성장률 평균치가 −1.4%였다. IMF 전망치는 −3.0%로 2배 이상 나빴다. 보통은 투자은행들이 더 비관적으로 보고 IMF가 신중한데 그때는 거꾸로였다. 2020년 최종치는 투자은행보다 2배 이상 비관적으로 보았던 IMF 전망치에 근접한 −3.1%였다. 팬데믹이 막 시작되던 시기에 내놓은 전망 치고는 IMF의 4월 보고서가 다가올 팬데믹 위기의 깊이와 충격을 비교적 정확하게 잡아냈다는 평가를 받을 만하다.

보건위기-경제위기-금융위기, 세 마리 토끼를 잡아라

팬데믹이 초래한 위기는 보건·경제·금융이라는 세 개의 축을 가지고 있다. 보건위기와 실물경제위기는 서로 상충하는 관계다. 보건위기에 대한 대응이 실물경제위기를 초래한다. 경제위기를 막기 위해서는 보건위기를 감수해야 한다. 가만히 두면 둘 다 무너진다. 그 뒤에는 금융위기가 언제든 무대 위로 등장할 채비를 하고 있다.

팬데믹 초기 각국 정부가 바이러스 확산을 막을 수 있는 유일한 대응법은 거리두기뿐이었다. 처음 코로나19가 발생하자 중국 정부는 1,100만명이 살고 있는 우한시를 봉쇄(lockdown)해버렸다. 우한시와 연결된 모든 도로에 군인들을 배치해 사람이 다른 도시로 이동할 수 없도록 막았다. 다른 지역으로 코로나19가 번질 때마다 도시 봉쇄도 더 많아졌다. 도시 내부에서도 사람들이 밖으로 나오지 못하게 현관문에 봉인지를 붙이고 CCTV를 설치하는 등 철저하게 이동을 막았다.

대부분 국가들은 코로나19가 상륙하자 곧장 락다운에 들어갔다. 보건위기는 사람의 생명을 구하기 위해 반드시 대응해야 할 위험이다. 이론적으로 생각해보면 바이러스 잠복기인 2주 동안 완벽하게 사람의 이동을 멈추면 코로나19의 확산을 현저히 줄일 수 있다. 모두가 그런 기대를 가지고 강력한 봉쇄조치를 시행했을 게다.

보건위기에 대응하면 경제위기가 찾아온다. 경제는 사람과 사람이 만나 상품과 서비스를 주고받으며 작동한다. 보건위기 대응을 위해 사람의 이동과 만남을 제한하면 경제 시스템은 멈춰버린다. 보건위기 대응을 강화할수록 경제위기는 더욱 커지는 딜레마적 상황이다. 과연 완벽하게 멈출 수 있을까? 인류 역사상 모든 사람이 멈춘 적은 없었다. 전쟁을 할 때도 전장의 경제는 멈췄지만 후방에서는 공장을 돌리고 상품을 공급했다.

바이러스는 전쟁보다 더 무섭다. 대부분의 국가들은 경제를 희생하더라도 사람의 목숨을 살려야 한다는 보건위기 대응을 선택했다. 철두철미하고 단기간의(deep and short) 멈춤으로 보건위기를 먼저 해결하고 이로 인해 발생한 경제위기를 뒤이어 대응하면 될 것으로 기대했다. 보건위기 대응은 단기에 끝나지 않았다. 길어진 방역은 더 큰 경제위기를 초래했다. 유럽, 미국 등 국가에서는 경제적 타격을 입은 사람들이 보건위기 대응에 저항하는 상황도 벌어졌다. 보건위기와 경제위기가 동시에 확대되는 양상도 나타났다.

보건위기와 경제위기가 길게 이어지면 그만큼 금융위기 가능성이 커진다. 실업과 도산이 줄을 이어 금융기관이 부실해지고 신용이 경색되면 다시 멀쩡한 기업과 가계도 파산하는 악순환에 빠진다. 금융위기가 엄습하면 '깊고 짧은 충격 후 빠른 회복'의 기대는 물 건너가고, '깊고 넓으며 오랜 경기침체'의 고통이 뒤따른다. 어떤 일이 있어도 피해야 할 최악의 시나리오다.

수요와 공급을 동시에 타격한 팬데믹 경제위기

활동을 멈춤으로써 촉발된 경제위기는 그 자체로도 특이한 경로로 확산이 됐다. 일반적으로 경제위기는 수요의 위축으로 촉발된다. 어떤 이유로든 돈이 없어서 물건을 못 사고, 물건을 못 사니 기업이 어려워지고 이자를 못 갚아 은행이 부실해지고 신용위기로 통화가 마르는 그런 양상을 보였다. 대공황, 블랙 먼데이, 글로벌 금융위기 등을 보면 위기가 발생한 이유는 다르지만 수요 위축이 경제공황으로 이어지는 양상은 유사하다. 1970년대 오일쇼크처럼 공급 측면에서의 위기로 촉발되는 경우도 있긴 하지만, 수요 위축으로 인한 경제위기가 대부분이다. 이때 정부는 재정을 확대하고 중앙은행은 통화량을 늘려 수요를 촉진함으로써 경제위기에 대응한다. 수요 촉진을 위한 정책은 많은 연구가 이뤄져 있고 경험도 풍부하다.

팬데믹은 수요와 공급 모두를 직접적으로 타격하며 경제위기를 촉발했다. 사람의 이동과 접촉을 제한하다보니 생산과 소비 모두가 제한됐다. 사람의 이동을 제한하면 여행, 도소매, 요식업 등 서비스업이 즉각적인 타격을 입는다. 자영업자들의 매출이 급감하고, 종사자들은 일자리를 잃는다. 휴직을 하거나 일자리를 잃은 노동자들의 소비여력이 축소된다. 수요 위축과 기업의 매출 감소, 금융회사 건전성 훼손 등 수요발 경제위기가 나타난다.

보건위기 대응을 위한 락다운은 공급에도 직접적인 타격을 줬다. 노동자들이 아예 출근을 못하니 공장도 멈춰버렸다. 한 예로 단순한 전선뭉치(와이어링 하네스)가 한국 자동차 산업을 모두 정지시켜버린 일도 발생했다. 자동차는 약 3만여개의 부품을 조립해 만들어지며, 하나라도 없으면 차를 완성할 수 없다. 수많은 부품들에 전기를 공급하고 전자적 명령을 내리는 부품이 전선뭉치다. 전선뭉치는 여러개의 전선을 묶고 설계에 따라 구부리는 단순 부품이라 인건비가 원가에서 차지하는 비중이 크다. 그래서 인건비가 저렴한 중국에서 생산돼 한국으로 수입된다. 코로나19의 발원지로 지목되는 우한이 위치한 허베이성은 대규모 자동차 부품 제조 기지가 형성돼 있다. 중국 정부의 조치로 이 지역이 봉쇄되다보니 한국 자동차 회사가 필요로 하는 전선뭉치가 예정대로 공급되지 않았다. 전선뭉치 때문에 직간접적으로 200만명이 일하고 있는 자동차 산업이 멈춰버렸다. 어떻게든 부품을 만든다고 해도 트럭 기사가 없어서 육상 운송을 할 수 없고, 항만이 폐쇄돼 해상 운송도 할 수 없는 상황이 됐다.

팬데믹이 촉발한 경제위기는 수요 위축과 공급 위축을 동시에 초래했다. 이같은 실물경제의 충격이 금융시장으로 번지면 신용위험을 촉발한다. 신용위험이 확산되면 유동성이 마르고 금융회사들이 부실해진다. 금융회사들이 유동성을 확보하기 위해 자금을 빨아들이면 실물경제에도 타격을 준다.

구글 이동성 지수로 본 코로나19 충격

팬데믹이 실물경제에 미친 충격은 구글이 공개하는 이동성 지수 보고서를 통해서도 여실히 드러났다. 2020년 5월 구글은 "코로나19 확산 방지를 위한 중대한 결정을 내리는 데 도움이 됐으면 한다"며 「코로나19 지역사회 이동성 보고서」를 발표했다. 이동성 지수는 구글이 전 세계 안드로이드 모바일기기 이용자의 위치 데이터를 바탕으로 인구의 이동을 나타낸 것이다. 산업활동 지표가 한달 정도 시차를 두고 집계가 된다는 점을 고려하면 이동 빅데이터를 토대로 분석한 이동 보고서는 좀더 빠르게 경제 상황을 유추할 수 있게 해준다.

비교 시점은 코로나19가 확산되기 전인 2020년 1월과 확산이 시작된 3월 말이다. 장소는 소매점, 식품점, 공원, 교통 환승역, 일터, 주거지 등 여섯가지로 분류했다. 초기에 코로나19로 인한 사망자가 가장 많이 발생한 이탈리아와 스페인은 모든 곳에서 이동지수가 85~97% 급감했다. 유럽(프랑스 -56%, 영국 -55%, 독일 -39%), 미국(-38%) 등 서구권 국가들은 일터로의 이동이 거의 절반으로 줄었다. 반면 동아시아 국가(대만 -1%, 일본 -9%, 한국 -12%)들은 변화가 상대적으로 적었다. 아무래도 서비스업 비중이 높은 유럽, 미국의 이동성이 확연히 감소했고 제조업 비중이 높은 동아시아의 이동성이 상대적으로 덜 감소했다.

팬데믹 충격은 보건위기를 방역대책으로 막고, 경제위기를 통화·재정정책으로 막으며 균형을 잡는 것이 최선이다. 복합적인 경제위기에 대처하기 위해서는 재정정책의 역할이 직접적이어야 한다. 방역 대책으로 경제에 직격탄을 맞은 사람에게 보상을 제대로 해주지 않으면 방역대책을 거부하는 사회적 압력이 생긴다. 사람들이 방역대책을 거부해 코로나19의 확산이 국내 의료 시스템이 감당할 수 있는 수준을 넘어서게 되면 엄청난 사망자가 발생하는 방역 실패에 이르게 된다. 방역을 제대로 못하면 경제도 함께 무너진다. 팬데믹 위기는 이처럼 다층적 위기라는 특징이 있다.

글로벌 금융위기와 다를 수밖에 없는 해결책

글로벌 금융위기는 금융의 위기였기 때문에 미국 정부와 연준은 통화정책 위주로 대응했다. 금융시스템이 붕괴됐기 때문에 연준은 금융기관을 중심으로 유동성을 공급했다. 미국 재무부는 국민들을 직접 지원하기보다는 TARP(Troubled Asset Relief Program) 등을 통해 금융회사의 부실자산을 정리하고 자본을 확충하는 방식으로 재정정책을 시행했다.

트럼프 대통령의 팬데믹 선언 이후 미국에서는 락다운이 시행됐다. 락다운이 시행된 후 미국의 경제 상황을 가장 직관적으로 보여준 지표는 실업급여 청구건수다. 락다운이 시행되자 곧장 대규모 실업이 발생했다. 일자리를 잃은 사람들이 실업급여를 신청하면서 주당 신규 실업급여 청구(initial claims) 건수는 가파르게 상승했다. 봉

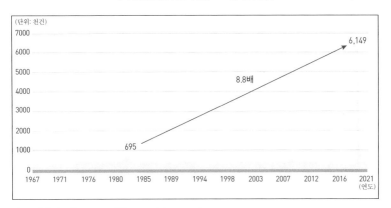

미국 신규실업수당 주당(weekly) 청구건수

(단위: 천건)

- 7000
- 6000 — 6,149
- 5000
- 4000 — 8.8배
- 3000
- 2000
- 1000 — 695
- 0

1967 1971 1976 1980 1985 1989 1994 1998 2003 2007 2012 2016 2021
(연도)

자료: U. S. Employment and Training Administration

쇄 직전까지 주당 20~25만명 선이던 신규 청구건수가 단 한주 만에
292만건으로 10배 넘게 치솟았다. 4월 첫주 고점에는 615만명이 새
로 실업자가 되었다. 이전까지 한주에 가장 많은 사람이 실업급여를
신청한 경우는 2차 오일쇼크와 통화긴축으로 인한 경기침체가 심각
했던 1982년의 약 70만명이었다. 이 고용지표만 본다면 팬데믹이 불
러온 단기적인 충격의 크기가 역사적 최고치의 9배 가까이 되었다.

　미국 실업급여 청구건수가 팬데믹 개시 후 6주간 3천만명을 초과
했다. 전체 경제활동인구의 18.4%가 한달 반 만에 일자리를 잃었다
는 뜻이다. 우리나라로 환산해보면 실업자 510만명에 해당하는 무시
무시한 숫자다.

미국이 재정지원에 더 적극적이었던 이유

미국에서 유독 실업자가 크게 늘어난 것은 고용 문화와 제도가 크

게 다르기 때문이다. 미국은 경영상 어려움이 발생하면 고용주에게 무급휴직(furlough) 또는 일시해고(layoff)를 활용할 권리가 폭넓게 허용된다. 대신, 자영업자 비중이 전체 취업자의 6% 내외로 매우 낮고, 경제활동인구의 90% 가까이[1]가 고용보험에 가입되어 있다. 사실상 거의 모든 임금근로자가 고용보험의 보호를 받고 있다. 또한, 무급휴직 또는 일시해고 등으로 급여가 중단되면 실업급여 수급 대상자가 된다. 우리나라나 독일이었으면 고용유지지원금 등의 지원 대상자가 되었을 노동자가 미국에서는 일시해고 등으로 실직자가 되어 실업급여를 받게 될 가능성이 높다.

유럽은 불경기가 닥치면 해고 대신 독일의 '쿠르츠아르바이트'(Kurzarbeit)나 프랑스의 '쇼마주 파르시엘'(chomage partiel) 같은 일자리 나누기 프로그램을 통해 고용유지에 방점을 둔다. 유럽고용제도의 표준국가인 독일은 노동시간단축제도가 고용유지의 핵심장치다. 쿠르츠아르바이트는 경영사정이 악화되면 노사가 합의하여 해고 대신 노동시간을 단축하고, 단축된 시간에 해당하는 줄어든 임금 일부를 정부가 기업에 보전해주는 제도다. 우리나라 고용유지지원금이 유급이나 무급 '휴직' 상태일 때 지원하는데 독일은 계속 '근무'하고 근로시간만 줄어든다.

코로나 이후 독일의 노동시간단축제도 청구자는 무려 750만명으로 폭증했다. 이 수치는 독일 경제활동인구의 17%에 해당한다. 제도가 다를 뿐 미국의 실업급여청구건수 비율 18.4%와 큰 차이가 없다. 이렇게 정평있는 고용유지지원제도가 대규모로 작동하는데도 독일의 실업자 또한 37만명이나 늘었다. 이에 따라 독일은 쿠르츠아르바이트 외에 2020년 추경에 중소기업, 소상공인 대상 직접 비용보조 예산 500억 유로를 반영했다. 사실상의 임시 임금보조 프로그램이다. 독일 사례는 유럽 주요국가와 미국이 비슷한 정도의 고용충격을 겪고 있다는 걸 보여준다.

팬데믹 상황에서 미국은 유럽보다 훨씬 더 기민하고 적극적으로 정책대응에 나섰다. 일주일에 수백만명씩 쏟아져 나오는 실업자를 돕기 위해 미국은 기존 실업보험의 지급기간과 지급금액을 대폭 늘렸다. 2020년 7월 말까지 일인당 600불씩 특별추가수당을 지급했고, 이후에도 금액을 300불로 낮춰서 2021년 3월까지 지속했다. 그리고 유럽 모델을 참고하여 '급여보호 프로그램'(Paycheck Protection Program, PPP)으로 명명된 한시적인 고용유지제도까지 도입했다. GDP 대비 고용대응 패키지 규모를 비교하면 미국(6.3%)이 프랑스(3.4%) 보다 두배 정도 크다. 미국 연방 노동부는 2020년 4월 초부터 7월 말까지 실업급여를 지급하는 데만 무려 300조원을 썼다.

미국이 도입한 PPP는 일견 전례없이 파격적인 지원 프로그램이다. 그러나 이는 미국 정부가 실시한 여타 코로나19 고용대응 패키지와 같은 맥락에서 이뤄진 조치일 뿐 '특별히 파격적인' 정책으로 보기는 어렵다. 미국 임금근로자는 대부분 고용보험에 가입되어 있다. PPP를 통해 중소기업과 자영업자의 임금을 보전해주지 않으면 팬데믹 피해를 받은 분야의 피고용원은 대부분 급여가 끊기고 특별추가수당까지 포함된 실업급여의 수급자가 될 가능성이 높다. PPP를 통해 고용이 유지되건 아니건 간에 미국 정부의 재정부담은 크게 달라지지 않는다. PPP가 미국 코로나19 대응 패키지 중 가장 주목을 많이 받은 프로그램이고 이를 따라하려는 시도도 많다. 다만, 이 제도의 특징과 의미를 미국 고용시장의 특징과 미국 정부의 코로나19 대응 전체 맥락을 감안하여 정확히 이해할 필요가 있다.

비슷한 경제 충격에도 미국의 실업자가 많았던 이유는 고용의 유연성 외에 산업구조와도 관련이 있다. 미국경제에서 서비스업이 차지하는 비중은 60~70% 가량 된다. 제조업은 대부분 아시아 등 미국 외 지역에서 이뤄진다. 팬데믹 대응은 대면 활동을 줄이는 건데, 서비스업은 대부분 대면으로 이뤄진다. 팬데믹은 경제 전체에 영향을 주지만 특히 서비스업에 더 치명적인 충격을 줬다. 제조업 비중이 높은 나라보다 서비스업 비중이 높은 나라가 더 큰 충격을 받았다.

미국의 의료보험 체계도 직접적인 재정지원의 한 요인이다. 미국은 유럽과 달리 의료보험이 전 국민에게 적용되지 않는다. 저소득층의 경우 의료보험의 사각지대에 있다. 날로 코로나19 확진자가 늘고 있는데 의료보험이 없는 사람들은 병원에도 가지 못하고 거리에서 죽음을 맞아야 했다. 이들의 생명을 구해야 했고 이들을 통해 코로나19가 더 확산되는 것을 막아야 했다. 의료보험이 없어도 병원에 갈 수 있게 하려면 직접 돈을 줘야 한다.

팬데믹의 경제위기는 보건위기에 대응하기 위해 정부가 선택한 대책에서 비롯했다. 정부가 인위적으로 경제 활동을 멈추도록 한 것이기 때문에 그로 인해 피해를 본 사람에게 보상을 해야 한다. 도의적으로도 그렇고 정책 실효성을 높이기 위해서도 그렇다. 만약 보상을 제대로 하지 않으면 사람들은 생존을 위해 멈춤 지시에 저항할 것이고, 방역도 경제도 모두 실패하는 결과를 초래할 수밖에 없다. 그래서 금융시장의 신용위험을 관리했던 글로벌 금융위기 대응과는 다른 정책 패키지를 적용할 수밖에 없다.

전 국민 대상 대규모 직접지원에 나선 미국

이런 연유로 미국은 코로나19 대응을 위해 엄청나게 큰 규모의 재정 패키지를 국민들에게 직접 지원하는 방식으로 마련했다. 팬데믹 초기 보건위기 충격은 국가별로 그다지 큰 차이가 없다. 인구 100만 명당 확진자를 비교해보면 2022년 1월 현재 미국은 16만 5천명으로 영국 19만 2천명보다 적다. 프랑스 14만 5천명, 이탈리아 10만 3천 명, 독일 8만 6천명 등 유럽 국가들도 피해가 만만치 않다. 그럼에도 미국이 전체 가구에 대한 직접지원 규모가 컸던 이유는 서비스업 비중이 높다는 점, 고용의 유연성이 높아 실직한 사람이 많다는 점, 의료보험 체계가 저소득층에까지 적용되지 못했다는 점 등이 영향을 미쳤다.

2020년에만 미국에서는 4조 달러의 재난지원금이 풀렸고, 바이든 행정부가 들어선 이후에도 2조 달러 가까운 재정이 집행됐다. 재정을 통한 직접 지원뿐 아니라 금융·통화정책 측면에서도 파격적인 지원이 이뤄졌다. 이 부분은 재무부와의 협업 하에 미국 연준이 주도적인 역할을 맡았다. 우리나라의 산업은행이나 독일의 재건은행(KfW)과 같은 대형 정책금융기관이 없는 미국 금융시장의 특성상 통화정책뿐 아니라 정책금융 지원 부분도 연준이 상당부분 담당할 수밖에 없기 때문이다.

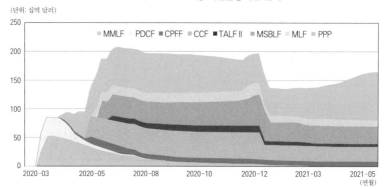

미국 연준 코로나19 대응 특별금융지원 잔액

(단위: 십억 달러)

MMLF   PDCF   CPFF   CCF   TALF II   MSBLF   MLF   PPP

자료: Federal Reserve Bank of St. Louis

연준의 특별 금융지원 프로그램

2020년 3월 연준은 연준법 13조 3항에 근거하여 재정의 리스크 부담 하에 다양한 특별 금융지원 프로그램을 도입하였다. 각 프로그램별 특성에 따른 신용위험을 감안하여 정부 예산으로 완충자본을 제공하고 연준이 유동성 공급을 맡는 구조를 기본으로 하였다. 재무부는 코로나19 대응 재정지원을 담은 CARES Act에 금융지원의 종자돈 용도로 5천억 달러를 반영하여, 금융지원으로 인한 신용위험을 10% 내외로 가정할 경우 약 5조원의 특별 금융지원 프로그램을 가동할 수 있는 여건을 마련하였다. 다만, 실제 유동성 지원 규모는 코로나19 위기 초반 최대 2천억 달러를 다소 상회하는 수준이었으며 2021년 6월 말에 모든 프로그램의 신규 지원이 종료되었다.

연준의 초강력 양적완화정책

통화정책 측면에서는 제로 정책금리와 함께 또 한번의 천문학적인

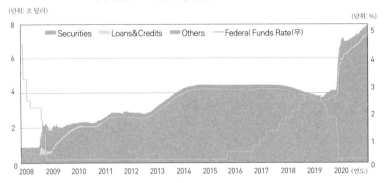

미국 연준 주요 자산과 정책금리(Federal Funds Rate)

(단위: 조 달러)   (단위: %)

■ Securities ■ Loans&Credits ■ Others — Federal Funds Rate(우)

자료: Federal Reserve Bank of St. Louis

양적완화가 단행되었다. 연준은 팬데믹 초기 2조 달러 수준의 자산
을 매입한 이후 매월 1,200억 달러 규모의 국채, 공사채 등을 추가 매
입하였다. 연준의 자산규모는 글로벌 금융위기 대응을 위하여 단행
된 양적완화로 급격히 증가하였다가 2018년에 들어서야 감소 국면
에 들어섰으나, 코로나19에 대응한 양적완화는 글로벌 금융위기 초
기의 자산매입 규모를 크게 상회하는 수준으로 강력하게 이뤄졌다.

이로 인해 팬데믹 이전 4조 달러 수준이던 연준 자산은 2021년 말
까지 두배 가까이 급증했고, 장기 실질 시장금리의 지표로 사용되는
10년물 물가연동국채(Treasury Inflation-Protected Securities)의 시
장수익률은 −1% 안팎을 유지하는 등 마이너스 실질금리 상황이 지
속되고 있다.

재정·금융·통화 모든 부문에 걸친 천문학적 대응은 코로나19 위
기 초기 미국의 경제·금융지표 악화와 이로 인한 패닉을 감안했을
때 충분히 용납되는 수준이었다. 방역위기가 실물경제 위기를, 나아

가 금융시스템의 위기를 불러오고 그 끝이 언제가 될지 가늠하기 어려운 상황이었기 때문이다.

V자형 경기회복의 기적

그러나 팬데믹으로 인한 실물경제, 금융·자본시장의 충격은 당초 우려했던 것보다 크지도, 오래 지속되지도 않았다. 우선 실물경제의 회복이 빨랐다. 미국 GDP가 잠재성장경로로 복귀한 것은 글로벌 금융위기 발생 후 거의 10년이 지나서였다. 그러나 이번에는 위기 초기의 비관적 분위기가 놀랄 만큼 빠른 속도로 반전되었다(가파른 V자형 회복). 미국경제는 2021년 중에 이미 잠재성장경로에 근접한 것으로 보인다. 가장 큰 성공 요인은 당초 예상시점에 비해 크게 앞당겨진 백신 개발과 보급이었다.

금융시스템도 거의 타격받지 않았다. 팬데믹 위기는 애당초 글로벌 금융위기와 같은 금융기관의 부실로 인해 발생한 위기가 아니었다. 실물경제 어려움이 빠르게 회복되는 가운데 정부도 과도할 정도로 적극적으로 지원했기 때문에 금융기관의 부실과 금융시스템 위기로 전이될 수 있는 상황도 아니었다.

이처럼 미국을 중심으로 초확장적 국면에 놓인 글로벌 거시경제 정책 기조는, 예상보다 빠른 V자형 회복이라는 거시경제 환경을 목도하고도 신속히 방향을 전환하지 못했다. 방역 관련 불확실성이 상존하는 상황에서 거시경제 여건이 바뀌었다고 해서 미국의 정책기조와 크게 벗어나는 과감한 정책 결정을 빠르게 내릴 수 있는 정부는 많지 않은 것이 현실이다.

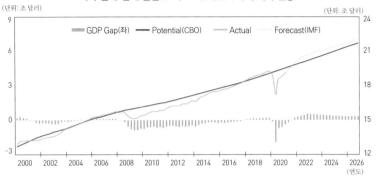

미국 실제·잠재 실질GDP(2012년 불변가격) 추이와 전망

(단위: 조 달러)

자료: Federal Reserve Bank of St. Louis, Congressional Budget Office, International Monetary Fund

경기회복에도 정책 전환이 어려운 이유

미국이 정책 전환 결정을 주저한 데에는 여러 요인이 복합적으로 작용했다. 방역위기의 한복판인 2020년 11월에 대통령 선거가 치러졌다. 글로벌 금융위기 당시 때 이른 긴축기조 전환이 미국경제에 부작용이 컸다는 반성 아래 바이든 정부의 정책기조가 정해졌다.

연준 역시 2018년의 긴축기조를 1년여 만에 급선회한 것에 대한 부담이 있었다. 연준은 2018년 초부터 2019년 초까지 1년여간 정책금리를 다섯차례에 걸쳐 125bp 인상했다. 그러다 2019년 하반기부터 코로나19 발생 전까지 반년간 세번 연속 인하했다. 이에 더해 2020년 8월에 평균인플레이션목표제(Average Inflation Targeting)를 갓 도입하는 등 통화정책 기조를 빠르게 전환하기 어려운 몇가지 제약이 있었다. 이런 제약이 2021년에 연준이 '인플레이션 압력이 일시적(transitory)'이라고 상황을 오판하는 데 직간접적으로 영향을 미쳤다.

미국 사례를 집중적으로 들여다본 이유

국가별로 다양한 방식으로 코로나19 팬데믹에 대응했다. 이 장에서 미국의 사례를 집중적으로 들여다본 이유가 있다. 우선 미국 정부가 가동한 경제정책이 재정·금융·통화 부문에서 활용할 수 있는 세부 정책수단을 총망라하고 있다. 미국의 사례만으로도 주요 선진국의 다양한 대응 방식을 엿볼 수 있다. 아울러 그 대응 규모도 파격적이어서 정책대응이 경제에 불러온 파급효과도 선명하게 드러난다. 그 파급효과 또한 미국경제에 국한되지 않고 우리를 포함하여 글로벌 경제와 금융·자본시장에도 즉각적인 영향을 미친다. 미국 정부의 정책대응은 곧 코로나19에 대한 인류 공동의 대응이라 부를 만하다.

4장

팬데믹이 불러온 구조적 변화

팬데믹이 불러온 보건·경제·금융 위기를 극복하는 과정에서 다양한 구조적 변화가 생겼다. 팬데믹 초기에는 위기를 극복하고 일상을 회복하기 위해 다양한 노력을 했다. 하지만 그 노력의 결과 우리는 달라진 일상을 살게 됐다. 우리는 이제 구조적으로 달라진 세상에서 다른 방식으로 살아가야 할 고민을 해야 한다.

우선 첫번째 구조적 변화는 거시경제 운영상의 변화다. 미국을 비롯한 각국 정부들은 보건위기가 경제위기로 번지지 않도록 대규모 자금을 투입했다. 이중삼중 충격이 오는 것을 방어한 적절한 조치였다. 하지만 2008년 글로벌 금융위기 이후 정상화의 진척도가 낮은 상황에서 또다시 대규모 자금이 시장에 풀림으로써 과연 우리는 '정상'이라는 상태로 돌아갈 수 있을지 의문을 가지게 되었다.

팬데믹 신용 팽창은 거시경제 전반에 광범위한 영향을 미치고 있다. 시장은 스스로 작동하지 못하고 중앙은행에 의존하면서 통화정책의 향방에만 관심을 두고 있다. 미국은 2009년 이후 7~8년간 양적완화로 2조 5천억 달러를 풀었다. 그런데 팬데믹 선언이 이뤄진

2020년 3월 이후 8주 만에 이 8년 동안 푼 만큼의 양적완화가 이뤄졌다. 훨씬 짧은 기간에 압축적으로 자금을 뿜어냈다.

이제 '정상화'는 팬데믹 이전, 글로벌 금융위기 이전 수준으로 거시경제 상황을 되돌리는 것을 의미하지는 않는다. 그렇다고 비상조치로 풀려 나간 돈이 그대로 계속 시장에 풀려 있는 상태를 언제까지고 방치할 수는 없다.

1. 인플레이션의 등장

이번 팬데믹 위기에는 글로벌 금융위기 때와 달리 인플레이션이 고개를 들었다. 방역위기로 인한 충격을 넘어서려는 재정지원으로 미국인들의 주머니는 풍족해졌다. 마이너스 실질금리 상황이 지속되며 소비여력도 그 어느 때보다 높아졌다. 그런데 TV, 가구, 자동차 등 내구재 품목들은 코로나19가 공급에 미친 충격 때문에 생산 차질, 운송 차질을 빚고 있다. 수요 폭발, 공급 차질이 겹치면서 미국 소비자물가지수(CPI)는 2021년 10월 6.1% 상승했다. 31년 만에 최고치다.

연준은 공급 차질로 인한 일시적인 현상이라며 일단 시장을 진정시켰다. 한달이 지나 미국 노동부는 2021년 11월 소비자물가지수를 발표했다. 6.8% 상승. 1982년 6월 이후 40년 만에 최고치를 기록했다. 에너지 가격이 33.3% 급등했고 이 중 휘발유는 58.1%나 올랐다. 변동성이 큰 에너지 식품을 제외한 근원 소비자물가지수도 4.9%나 올랐다. 생산 차질로 신차를 살 수 없으니 당장 구매가 가능한 중고차 가격이 31% 상승했다. 주거비(3.8%)는 2007년 이후 가장 큰 폭의 상승을 기록했고 사람들이 직접적으로 물가를 체감하는 식음료(6.1%) 역시 2008년 12월 이후 최대폭으로 올랐다. 방역으로 인한 경기침체의 여파에서 완전히 회복되지 못한 상황에서 물가라는 짐이 더해졌다.

주머니에 돈을 넣어주자 소비가 폭발했다

중앙은행이 금리를 낮추거나 양적완화를 한다고 통화량이 곧장 늘어나는 것은 아니다. 개인, 기업 등 경제주체가 은행을 통해 대출을 받아야 통화량이 늘어나게 된다. 이 대출받은 자금이 소비, 투자 등의 형태로 회전되어 다시 누군가의 예금이 되어 새로운 대출을 일으킨다면 통화량은 더욱 늘어날 수 있다. 글로벌 금융위기 당시 재정. 통화정책을 통해 풀려 나간 돈은 은행들의 막대한 부실자산을 정리하는 과정에서 줄어든 은행의 대차대조표 감소로 인해 상당부분 상쇄되었다. 돈은 풀렸는데 시중 유동성은 크게 늘지 않았다.

2008년 이후 미국 은행들의 대출 증가율은 빠른 속도로 줄어들어 2009년 중반부터는 상당기간 감소 상태가 지속되었다. 금융회사들은 대출을 꺼렸고 자금은 소비, 투자 등 실물경제로 풀리지 않았다. 즉, 본원통화는 늘었지만 대출을 통해 발생하는 광의의 통화는 늘어나지 않은 것이다. 그랬기에 통화가 과하게 풀린 듯 보였지만 실물경제를 자극하진 않았다. 그러나 이번에는 글로벌 금융위기 당시와 같은 은행의 대차대조표 축소가 나타나지 않았고 연준이 양적완화로 풀어낸 자금은 대부분 통화량의 증가로 이어졌다.

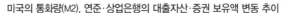

미국의 통화량(M2), 연준·상업은행의 대출자산·증권 보유액 변동 추이

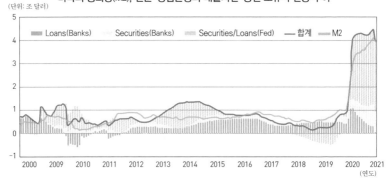

자료: Federal Reserve Bank of St. Louis

    또한, 팬데믹 이후 재정지출은 금융회사가 아니라 소비자에게 바로 지원되었다. 주머니에 돈은 들어오는데 거리두기로 소비를 할 수 없으니 미국의 가계 저축률이 급상승했다. 미국경제분석국(BEA)에 따르면 팬데믹 이전인 2019년 하반기 개인저축률은 7.3% 수준이었다. 팬데믹 이후 미국 정부가 재난지원금을 지급하기 시작하자 2020년 2분기 26%로 높아졌다. 3분기 15.7%, 4분기 13.6%로 높은 수준을 유지하다가 다시 재정지출을 늘리자 2021년 1분기 21.5%로 높아졌다.

    누적된 개인저축률은 이른바 '보복적 소비'로 이어졌다. 여행, 외식을 할 수 없게 된 개인들은 특히 집을 꾸미거나 TV, 자동차 등 내구재를 구매하는 데 열중했다. 개인 소비가 극적인 V자 반등을 이뤘다. 코로나19가 본격적으로 확산된 2020년 2분기 미국 개인 소비 증감률은 전기 대비 -9.7%로 떨어졌다. 하지만 3분기에 9.1%로 반등했고 산업생산 증감률 역시 2분기 -12.9%에서 3분기 9.6%로 급등했다.

똑같은 규모의 돈이 풀렸어도 금융회사에 머물러 있는 것과 국민들에게 직접 지급하는 것은 소비를 자극하는 효과가 다르다. 글로벌 금융위기 당시 그렇게 많은 자금을 풀었는데도 자취를 찾아볼 수 없었던 인플레이션이 팬데믹 시기에는 강한 폭풍으로 등장했다.

미국이 주문한 물건, 중국에서 오기는 힘들다

이번 인플레이션에는 공급 측면 요인도 상당하다. 수요는 많은데 공급이 부족하면 가격은 오른다. 글로벌 제조공장인 중국이 코로나19로 봉쇄조치를 시행하며 상품 생산에 차질을 빚었다. 코로나19에 직격탄을 맞았던 2020년 3월 중국의 산업생산지수는 -13.5%를 기록했다. 이후 빠른 회복세를 보이기는 했지만 위축된 심리를 회복하기에는 역부족이었다.

그리고 예상치 못한 해운 대란이 발생했다. 팬데믹 초기 글로벌 해운사들은 당연히 물동량이 줄어들 것으로 예측했다. 그래서 지나친 운임 하락을 막기 위해 선복량을 줄였다. 프랑스 해운분석기관 알파라이너에 따르면 2020년 6월 말 기준 20대 선사의 선복량은 전년 대비 1.2% 증가한 2,090만 5천 TEU를 기록했다. 지난해 같은 기간 3.3% 늘어난 것에 비하면 증가율이 둔화됐다. 상위 7개 선사의 선복량은 0.9% 증가하는 데 그쳤다.

코로나19가 팬데믹으로 번지며 물동량이 줄자 해운사들은 선박 운항을 중단했다. 계선(운항을 중단하고 정박중인 선박) 규모는 272만 TEU, 전체 선복량의 11.6%에 달했다. 해운사들이 보유하고 있는 선박 10대 중 1대가 놀고 있다는 의미다. 선사들은 어차피 옮길 화물도 없다고 판단해 선박 운항을 중단하고 환경규제 대응을 위한 스크러버(탈황장치) 설치 공사를 했다. 대형 해운사의 대응은 더욱 빨랐다. 세계 1위 해운사인 머스크의 선복량은 2020년 6월 말 기준 396만 TEU로 1월에 비해 5.5% 줄었다. 아시아의 해운사인 완하이(10.7%), 양밍(7.3%), 에버그린(3.6%)도 선복량을 축소했다.

예외적으로 한국의 국적해운사 HMM의 선복량은 6개월 만에 49% 증가했다. 2년 전에 주문한 배가 완성돼 선복량이 늘어난 것이다. HMM은 2018년 정부의 '해운재건 5개년 계획'을 통해 2만 4천 TEU급 12척, 1만 6천 TEU급 8척 등 총 20척의 초대형 컨테이너선을 발주했다. 초대형 컨테이너선이 투입되는 시점에 팬데믹이 올 거라고는 상상조차 하지 못했다. 실제로 글로벌 해상무역량 증감률은 1월 3%(클락슨)에서 4월 -4.7%로 급감했다. 머스크의 쇠렌 스코우(Søren Skou) CEO는 "올해 전 세계 교역량이 사상 최대폭으로 감소할 것이며, 글로벌 금융위기 때보다 더 심각한 상황이라 판단된다"고 말했다.

해운사들은 선복량을 줄였는데 물동량이 늘어나자 해상 운임이 폭등했다. 상하이컨테이너운임지수(SCFI)는 2020년 1분기 931달러에서 4분기 1,975달러로 두배 넘게 올랐다. 화물을 선적할 선박을 구하지 못해 기업들은 발을 동동 굴렀다. 항만은 코로나19 확진자 발생으로 주기적으로 폐쇄됐고 선박들이 정상운항을 하지 못했다. 수요가 폭발적으로 늘어나는 국면에 공급 교란이라는 최악의 조합이 더해지니 인플레이션 압력은 더욱 강해졌다. 미국 로스앤젤레스 롱비치항에는 항만에 들어서지 못한 선박 100여척이 둥둥 떠 있었다.

녹색전환, 에너지 가격을 밀어올리다

에너지 가격 역시 인플레이션 압력을 높이는 데 영향을 미쳤다. 코로나19 초기 모든 이동이 멈추자 이동에 동력이 되는 에너지 가격은 폭락했다. 2020년 초 60달러 선을 유지하던 서부 텍사스산 원유 (WTI)는 코로나19 확산과 함께 20달러까지 추락했다. 2020년 4월 사상 초유의 마이너스 유가 사태가 발생했다. 뉴욕상업거래소에서 5월 인도분 WTI는 배럴당 -37.63달러로 거래를 마쳤다. 원유 재고를 사면 37.63달러를 준다는 의미다. 항공과 선박, 자동차 이동이 줄고 공장마저 가동 중단이 되니 원유는 남아돌았다. 원유를 보관할 창고조차 부족해지자 사상 유례없는 마이너스 유가가 나타난 것이다.

하지만 생각보다 강한 경기 반등에 힘입어 원유 가격은 빠르게 정상화됐다. 그 와중에 기후변화 대응을 위한 탄소중립 선언이 전 세계적으로 이뤄지면서 화석연료에 대한 투자가 급감했다. 국제에너지기구(IEA)에 따르면 2021년 원유·가스에 대한 투자는 코로나19 확산 이전보다 26% 감소했다. 화석연료에서 친환경 에너지로의 전환이 빠르게 이뤄지면서 투자자들은 화석연료에 대한 투자를 금기시 했다. 예상치 못한 반등과 투자 감소는 에너지 가격을 빠른 속도로 상승시켰다. 여기에 석탄 최대 생산국인 호주와 최대 소비국인 중국이 갈등을 빚으면서 석탄 가격이 급등했다. 유럽의 풍력 발전량이 줄어 천연가스 가격이 급등하는 등 각종 악재들이 에너지 가격 상승을 부추겼다.

팬데믹 때문에 떠난 노동자는 돌아오지 않았다

고용시장의 변화가 나타나며 임금이 상승했다. 미국 같은 선진 경제에서 노동시장 교섭을 통해 임금이 대폭 올랐던 것은 1970년대 이후 처음이다. 2021년 3분기 미국 민간부문의 임금 상승률은 20년 만에 최고치를 기록했다. 미국 노동부는 3분기 민간부문 노동자 임금지수[1]가 전년보다 4.2% 상승했다고 발표했다. 조사가 시작된 2001년 이후 가장 높은 수치이며 상승 속도가 매우 가파르다. 여러 일자리에서 사람을 구하기 위해 임금을 올리다보니 임금 인상을 위해 직장을 옮기는 사람도 많았다. 애틀랜타 연준은 미국 전체 노동자의 3% 가량이 이직을 했고 직장을 옮긴 노동자들의 임금은 1년 전보다 평균 5.4% 상승했다고 발표했다.

임금 상승은 인플레이션 압력을 더욱 가중시킨다. 물가가 올라 구매력이 약해지면 노동자들은 임금 인상을 요구한다. 임금 인상은 곧 상품과 서비스의 원가 인상을 뜻한다. 이는 결국 추가적인 거래 가격 상승, 인플레이션으로 연결된다. 최근 미국의 상황은 높은 인플레이션에 따른 임금 상승 압력 외에도 고용시장 자체 요인으로 인한 임금 인상 요인이 겹쳐있는 상황이다. '임금과 물가의 나쁜 상호작용'(wage-price spiral)이 더욱 염려되는 이유다.

이같은 임금과 물가의 상승 작용은 1970~80년대 이후 찾아보기 힘든 현상이다. 인플레이션 중 가장 잡기 힘든 상황이다. 이같은 상황이 지속되면 기대인플레이션이 상승한다. 경제주체의 의식 속에 기대심리가 자리 잡으면 어지간해서는 인플레이션을 잡을 수 없다.

뉴욕 연준이 발표한 2021년 6월 기준 향후 1년 소비자 기대인플레이션 전망치는 4.8%였다. 2013년 관련 조사를 시작한 이후 최고치다.

팬데믹이 고용시장의 성격을 바꿨다. 우선 많은 사람이 세상을 떠났다. 전 세계에서 2억 9,300만명(2022년 1월 기준)이 코로나19에 확진됐고 545만명이 사망했다. 적지 않은 숫자다. 코로나19 확진자가 발생하면 그 가족들도 일자리에 투입될 수 없다. 노동력의 양적 측면에서 큰 충격이 있었다. 또 팬데믹을 겪으면서 사람들의 일자리에 대한 생각도 달라졌다. 락다운으로 인한 휴업, 실업을 겪으면서 일터에서 벗어나 지내는 동안 많은 사람들은 좋아하는 일을 하면서, 의미있게 살아야 한다는 자각을 하게 됐다. 많은 사람들이 거리두기가 완화된 이후에도 일자리에 복귀하지 않았다.

미국 노동통계국(BLS)에 따르면 팬데믹이 발생하기 전인 2020년 1월에 비해 2021년 8월 미국의 노동자 총수는 497만명이 줄었다. 사람들이 일터로 복귀하지 않으니 기업들은 구인난에 시달렸다. 미국 구인 건수는 2021년 6월 이후 3개월 연속 1,000만건을 넘어섰다. 『월스트리트 저널』(*The Wall Street Journal*)은 우선 아동 돌봄 인력 부족으로 사람들이 일터로 돌아오지 않는다고 분석했다. 2020년 2월에 비해 2021년 아동 돌봄 인력은 10.4% 감소했고 임금은 10% 증가했다. 아이 돌보미를 구할 수 없고, 인건비 부담이 커지자 부모들은 직장에 돌아가지 않고 아이를 돌봤다.

또 트럼프 행정부에서 멕시코 등으로부터의 이민자를 막은 것도 미국 노동시장 인력난의 원인이 됐다. 안 그래도 이주노동자들이 부족한 상황에서 코로나19로 국경이 폐쇄되자 이들이 주로 근무했던 노동집약적인 사업장에 인력난이 심각한 수준에 이르렀다. 정부가 지급한 넉넉한 재난지원금으로 생활을 하거나, 주식, 부동산 등에 대한 투자로 돈을 번 사람들도 조기은퇴 행렬에 합류했다.

폴 크루그먼(Paul Krugman)은 『뉴욕 타임스』(*The New York Times*)에 기고한 「미국 노동자의 반란」("The Revolt of the American Worker")이라는 칼럼에서 "대사직"(Great Resignation)이라는 단어를 썼다. 크루그먼은 "오랫동안 적정 임금을 받지 못하고 과로에 시달려온 미국의 노동자들이 한계점에 도달했다"며 "한가지 분명한 사실은 많은 노동자가 원치 않은 직장을 계속 다닐 것인지, 자신의 일이 그만한 가치가 있는 것인지를 생각하게 됐다"고 분석했다. 실질임금이 40년 전과 동일하고 들쭉날쭉한 업무시간으로 가정생활을 챙길 수 없는 열악한 노동환경은 노동자들이 일터로 복귀하지 않는 이유가 됐다.

일자리의 구성도 바뀌었다. 사회적 거리두기로 사람들이 만나던 공간의 디지털화가 이뤄졌다. 식당에서 주문을 받던 종업원이 있던 자리에 디지털 키오스크가 자리 잡고, 마트에서 장바구니를 채우던 일을 도와주던 종업원이 있던 자리는 모바일 이커머스가 대체했다. 기존 영역의 일자리가 없어지고 새로운 일자리가 생기면서 불일치가 생긴다. 전환 과정에서의 마찰적 요인도 신규 취업자 수 증가에 장애물이 됐다.

부동산 가격의 상승과 임대료 부담

물가를 끌어올린 또다른 중요한 요인은 부동산이다. 주거비

(Owners' Equivalent Rent)는 미국 소비자물가지수(CPI)에서 23.5% 의 비중을 차지한다. 2021년 12월 미국 소비자물가지수는 지난해보 다 7% 급등했다. 약 40년 만에 최고치다. 주거비는 4.1%나 올랐다. 주택버블이 금융위기로 이어졌던 2007년 이후 최고치다. 미국 노동 통계국(BLS)은 "주거비와 중고차 가격지수의 증가가 모든 항목 상 승세에 가장 크게 기여했다"고 설명했다.

미국 20개 도시 평균 집값을 측정하는 'S&P 코어로직 케이스쉴 러'는 매달 고공행진이다. 2021년 8월 20%(전년 동기 대비), 9월 19.7%, 10월 19.1%가 올랐다. 역대 월 기준 상승률은 모두 경신됐다. 지역별 차이를 감안할 필요도 없었다. 애리조나주 피닉스(33.1%), 플로리다 주 탬파(27.7%), 마이애미(25.2%)로 상승률이 높긴 하지만 모집단 에 속한 20개 도시 모두 두자릿수 상승세를 보였다.

해당 지수를 만든 로버트 실러(Robert Shiller) 교수는 2021년 5월 CNBC와의 인터뷰에서 "지난 100년간 자료를 봐도 지금처럼 주택 가격이 상승한 적은 없다"며 "서부개척 시대의 무법천지(Wild West) 같은 사고방식이 나타나고 있다"고 우려했다. 2022년 1월에는 '전미 경제학회 연례총회'에 참석해 "저금리만으로는 집값 변동을 많이 설 명하지 못한다"며 "연구로 입증하기는 어렵지만 대중심리나 집단 자 신감도 영향을 미쳤을 것이라고 본다"고 말했다.

2022년 전망도 만만치 않다. 미국의 부동산테크 기업 질로는 2021 년(19.5%)에 비해서는 덜 오르겠지만 2022년에도 집값이 11% 오를 것이라고 전망했다. 주택공급 부족, 원격근로 확대, 주택수요 증가 등을 요인으로 꼽았다.

수십년 만에 찾아온 이번 인플레이션 현상은 매우 당황스러운 주제다. 이론적으로 설명하는 경제학자나 정책을 실행해야 하는 관료들에게도 낯선 인플레이션이 등장했다는 것 자체가 정책적 부담이다. 미국 연준 역시 인플레이션이 일시적인 현상인지, 추세적인 현상인지 단정적으로 이야기하지 못했다. 인플레이션은 거시경제 운영을 훨씬 어렵게 만든다. 인플레이션이 없다면 경기 회복세를 지켜보며 양적완화를 축소하고 금리를 인상하는 등의 정책을 쓸 수 있다. 하지만 인플레이션이 강하게 나타나면 경기회복세와 상관없이 긴축정책을 강행해야 한다. 강행된 긴축정책이 경기회복세를 위축시키고, 다시 통화정책을 완화해야 하는 악순환에 빠질 수 있다.

2. 불균등한 충격과 위기의 양극화

팬데믹 위기의 두번째 구조적 변화는 불균등한 충격과 위기와 회복의 양극화다. 글로벌 금융위기 당시 통화당국의 최우선과제는 금융시스템 붕괴를 막는 것이었다. 금융시스템 구제를 중심으로 풀었던 유동성은 실물경제에 이르지 못했지만 부동산, 주식 등 자산시장에는 커다란 영향을 미쳤다. 주식, 부동산 등 자산을 가진 사람은 큰 부자가 됐고 자산을 갖고 있지 못한 사람은 소외된 자의 공포, 포모(FOMO, Fear Of Missing Out) 증후군을 느껴야 했다.

팬데믹은 충격 자체가 대단히 불균등하게 나타났다. 팬데믹 초기에는 각국 정부가 전면적인 멈춤, 락다운을 했기 때문에 제조든 서비스든 모두 타격을 입었다. 하지만 제조 분야는 보복소비에 힘입어 빠른 회복을 보인 반면, 대면을 해야 하는 서비스 분야는 여전히 언제 끝날지 모를 거리두기의 타격을 입고 있다.

제조는 날고 서비스는 추락

한국의 2021년 수출은 역대 최고치를 기록했다. 연간 수출은 6,445억 4천만 달러로 전년보다 25.8%나 늘었다. 수입도 6,150억 5천만 달러로 전년보다 31.5% 늘었다. 수출과 수입을 합한 무역액은 1조 2,596억 달러로 세계 8위를 기록했다. 반도체, 석유화학, 자동차 등 15대 주요 품목 수출 모두 두자릿수 증가율을 기록했다. 주요 15대 품목 수출이 모두 증가한 것은 2000년 이후 처음이다. 지역별로는 보복소비로 지출이 늘어난 미국에 대한 수출이 29.4% 늘었다. 미국에 주요 상품을 수출하는 중국에 대한 수출도 22.9% 늘었다. 수출품을 만드는 제조업이 호황을 누린 것은 두말할 나위가 없다.

반면 서비스업은 큰 타격을 입었다. 그중에서도 대면 서비스를 주로 하는 소상공인들에 충격이 집중됐다. 비대면으로 IT 기반에 배달, 이커머스 같은 서비스업은 언택트 열풍으로 빠른 성장을 보였다. 2020년 연간서비스업 생산지수는 −2%를 기록했다. 예술, 스포츠 및 여가관련 서비스업은 −32.2%로 가장 크게 하락했다. 왜 그렇게 낙폭이 큰지는 굳이 설명하지 않아도 대부분 체감할 수 있다. 그다음은 숙박·음식점업이 −18.4%로 낙폭이 컸고, 운수 창고업이 −14.2%

로 뒤를 이었다. 금융·보험업은 18.7% 성장했고 도소매업은 2.3% 상승했다. 2021년이 되어도 마찬가지였다. 전년도 기저효과에도 불구하고 예술, 스포츠 및 여가관련 서비스업은 1.3% 성장하는 데 그쳤다. 쿠팡의 시가총액이 100조원, 야놀자가 10조원, 배달의민족이 7조원으로 성장하는 가운데 일어난 일이다.

K자형 회복

회복 역시 K자형으로 나타났다. 여유있는 쪽은 더 빠르게 회복했고 충격을 받은 쪽은 회복 국면에서도 오히려 더 내려갔다. 어려워진 사람은 직장을 잃고 노동시장에서 퇴출되며 처지가 더 어려워졌다. 팬데믹은 충격도 차별적으로, 회복도 차별적으로 영향을 주면서 양극화를 더욱 악화시켰다. 거기에 더해 재정·통화정책 패키지는 자산가격을 급등시킴으로써 소득의 양극화뿐 아니라 자산의 양극화를 더 심화시켰다. 여기에 인플레이션이 더해졌다. 어려운 사람은 자산도 없고 일자리도 없는데 물가까지 오르게 된 것이다. 유례없이 불균등한 충격이다.

3. 미중 갈등 제2막… 이번에는 끝이 안 보인다

세번째 구조적 변화는 미중 갈등 제2막이다. 트럼프 행정부에서 벌어진 미중 갈등 제1막은 다소 감정적이고 표면적인 방식으로 이뤄졌다. 바이든 행정부에서 벌어지고 있는 제2막은 훨씬 더 구조적이고 장기화될 조짐을 보이고 있다.

개방된 민주주의 중국, 미국의 헛된 기대

미중 갈등의 배경에는 미중 간 글로벌 패권 경쟁과 중국의 국가자본주의적 발전전략이 있다. 중국은 글로벌 시장에서 경쟁할 수 있는 대기업을 육성하기 위해 국책은행을 통해 금융지원을 몰아주고 각종 정책으로 지원했다. 도시, 도로, 철도, 항만, 공항 등 대규모 토목 건설 프로젝트를 일으켜 내수 경제를 순환시켰다. 대외적으로는 해안 지역 도시를 중심으로 수출에 주력했고 이를 통해 대규모 경상수지 흑자를 만들었다. 후기 산업화 국가인 독일, 일본 그리고 아시아 네마리 용으로 불리는 한국, 대만, 싱가폴, 홍콩 등이 취했던 국가 주도형 산업정책에 기반을 둔 현대판 중상주의 정책과 유사하다.

중국은 체제 이행국가라는 특성도 가미되어 국가자본주의적 성격이 한층 더 강했다. 워낙 질량이 큰 국가이다보니 세계경제에서 차지하는 비중이 커서 중국의 불균형 발전모델이 가져오는 긴장과 갈등이 성장이 지속될수록 심대해졌다. 미국은 당초 중국의 개혁개방 정책을 환영하고 지지해줬다. 2001년 중국의 세계무역기구(WTO) 가입을 강력하게 지지해준 것도 미국이다. 미국은 중국이 개혁개방을 통해 경제가 발전하면 한국이나 대만처럼 민주주의에 대한 시민적 요구가 높아져 서구적 민주주의 가치를 받아들이게 될 것이라고 생각했다. 불공정한 무역장벽, 자국산업 보호정책, 금융시장에 대한 과도한 개입 등 미진한 개혁개방에 대해서도 눈감아줬다.

2000년대 중반이 지나도록 중국은 변하지 않았다. 경제는 빠르게 성장하는데 세계관과 국가 운영원칙은 달라지지 않았다. 오히려 시 진핑 주석 취임 이후 중국의 자세는 미국을 위협하는 패권 국가에 대한 야망을 숨기지 않았다. 그동안 중국은 발전을 내세우지 않고 조용히 힘을 키우는 도광양회의 전략을 취해왔다. 하지만 중국은 일대일로 정책을 통해 중국의 우군들을 경제적으로 연결하여 세계 양강 내지는 1강 국가가 되겠다는 굴기외교로 돌아섰다. 미국과의 수평적 관계, 중국식 강대국 외교를 통한 제 위치 찾기, 패권국가로서의 역할과 정체성 확립 등을 담은 '중국몽(中國夢)'은 시 진핑의 중국을 상징하는 단어가 됐다.

중국이 높은 경제성장률을 바탕으로 애국주의를 외치고 있을 때 미국은 소외된 자국민들로부터 비판을 받고 있었다. 신자유주의의 흐름 속에 가장 효율적인 공급망을 구축한다며 미국의 제조업 공장들은 저렴한 인건비를 따라 아시아 국가들, 특히 중국으로 빠져나갔다. 공장이 사라진 자리에는 일자리를 잃은 백인 노동자들이 남아 제조업 강국 미국을 추억하고 있었다. 녹슨 공장 설비만이 남아 있는 제조업 공업지대, 일명 러스트 벨트에는 차곡차곡 불만이 쌓여갔다. 그 사이를 파고들어 블루칼라 유권자들의 호응을 얻은 트럼프 대통령은 2016년에 예상을 깨고 미국의 제45대 대통령으로 선출된다.

시작은 무역갈등, 기술-외교안보로 확전

트럼프 대통령에게 미국인들의 일자리를 빼앗아간 중국은 지지층을 결집시킬 매우 좋은 소재였다. 2018년 3월부터 시작된 상호보복 관세 부과, 환율조작국 지정 등 2년간 으르렁거렸던 양측은 2020년

1월 극적인 합의에 도달했다. 미국은 이미 부과한 1,120억 달러 규모의 상품에 대한 관세를 인하(15% → 7.5%)하고 부과 예정이었던 1,650억 달러 규모의 상품에 대한 관세 15%는 철회했다. 중국은 미국 공산품, 농산물, 에너지 등에 대해 2017년 대비 2천억 달러 추가 구매를 약속했다. 합의 이행 점검을 위한 조직도 설치하기로 했다. 미국과 중국의 합의로 글로벌 불확실성은 완화됐지만 근본적 합의라고 보기는 힘들었다. 핵심 쟁점이었던 산업보조금, 국영기업 개혁, 첨단 기술 등에 대한 합의는 2단계 협상으로 미뤘다.

어렵사리 이루어진 불완전한 합의였지만 그 약속은 지켜지지 않았다. 양쪽 모두 합의를 이행할 겨를도 없이 팬데믹의 소용돌이에 빠져 버렸다. 코로나19에 대한 대응 문제로 국내 리더십이 흔들리자 미국과 중국은 모두 상대방에 책임을 전가했다. 코로나19는 중국에서 시작됐지만 2~3개월 동안의 강력한 봉쇄정책으로 중국은 비교적 성공적으로 방역에 대처했다. 오히려 가장 피해를 입은 건 미국이었다. 미국 사람들 사이에서는 중국에서 발생한 바이러스 때문에 미국이 제일 큰 피해를 입었다는 인식이 생겼고, 아시아인 대상 혐오범죄로 이어졌다.

트럼프 대통령은 대선전략의 일환으로 반중국 정서를 부추겼다. 일단 트럼프 대통령은 코로나19의 발원이 중국 우한이라는 점을 들어 중국이 그 책임을 지도록 해야 한다고 목소리를 높였다. 팬데믹은 안 그래도 자신들에게 도전하는 중국을 마뜩잖게 생각했던 미국이 분노를 폭발하게 하는 계기가 됐다.

무역 분쟁이 다시 발생하지는 않았다. 하지만 미중 갈등의 전선은 기술, 외교안보로 넓어졌다. 가장 먼저 타깃이 된 건 중국 4차산업혁명의 첨병 화웨이였다. 화웨이는 중국을 대표하는 IT기업으로 글로벌 스마트폰 점유율 1위, 5G 통신장비 1위를 비롯해 반도체, 인공지능 등 첨단기술 분야에서 강한 모습을 보였다. 미국은 IT 산업에서 가장 중요한 두뇌라 할 수 있는 반도체를 막았다. 일단 미국 기업이 화웨이와 거래를 하지 못하게 막고 추가로 외국 기업이라도 미국의 기술, 장비를 이용하는 업체가 화웨이와 거래를 하지 못하도록 했다. 누구도 미국의 반도체 원천설계, 특허, 기술을 사용하지 않고서는 첨단 반도체를 만들 수 없다. 또 개인정보 유출 우려를 제기하며 틱톡, 위챗 등 SNS 서비스의 미국 내 사용을 금지했다.

홍콩사태와 대만해협 문제

이 상황을 더욱 악화시킨 것은 홍콩사태를 시작으로 번진 외교안보 분쟁이다. 중국은 홍콩에서 발생하는 국가분열, 테러활동, 외국세력과의 결탁 등 국가안보 위협 행위를 최고 무기징역으로 처벌할 수 있는 국가안전법을 통과시켰다. 또한 홍콩에 국가안보처를 신설해 직접 수사를 하기로 했다. 홍콩 주민들은 모호한 규정, 초법적 독소조항 등으로 민주주의와 인권이 크게 위축될 수 있다고 반발했다. 홍콩 주민들의 시위에 대해 중국 정부는 무차별 강경 진압으로 대응했다.

미국은 홍콩자치법을 통과시켜 중국 관료의 비자를 제한했다. 홍콩에 적용하던 각종 무역 특혜를 중단하며 중국 정부를 압박했다. 또 정치적 탄압이 우려되는 홍콩 주민에게 난민 지위를 주는 홍콩 피난처 법안도 발의했다. 미국 국무부는 "중국이 홍콩을 독재화하는 것을 좌시하지 않을 것"이라며 강하게 비난했다. 미국이 캐리 람(林鄭月娥, Carrie Lam) 홍콩행정장관 등 11명에 대해 미국 내 자산 동결 등의 강경조치를 하자 중국은 바로 루비오(Marco Rubio) 공화당 상원의원 등 11명에 대해 제재를 발표했다. 그뿐 아니라 미국이 지적재산권 탈취를 이유로 휴스턴 중국 총영사관을 폐쇄하자 중국은 청두 미국 총영사관을 폐쇄했다.

대만은 외교안보, 기술이 중첩된 주제다. 홍콩 문제로 양측의 긴장감이 고조됐던 2020년 8월 미국 보건장관은 대만을 방문해 대만 총통과 면담을 했다. 이유는 코로나19로 모두가 방역에 어려움을 겪고 있는 가운데 의료 물자, 백신 및 약품 공급 등에 대한 주제를 의논하기 위해서였다. 문제는 상징성이다. 미국은 1979년 대만과 단교했다. 미국 닉슨 대통령은 핑퐁 외교로 중국과 관계가 가까워지자 대만과 단교를 선언했다. 이후 대만 주둔 미군 사령부는 해체됐고, 미중상호방위조약도 만료가 됐다. 미국 고위 관료가 대만을 방문한 것은 단교 이후 2020년 8월이 처음이다. 보건 문제로 방문을 했다고는 하지만 누구나 중국을 겨냥한 행보라는 걸 알 수 있었다. 앨릭스 에이자(Alex Azar) 미국 보건 장관은 천 스중(陳時中) 대만 위생복리부장(장관)뿐 아니라 차이 잉원(蔡英文) 총통을 만났다. 그 자리에서 차이 총통은 "트럼프 미국 대통령, 마이크 폼페이오(Mike Pompeo) 미 국무장관이 대만의 공헌을 인정하고 대만의 국제적 참여를 지지해준 것에 감사하다"고 말했다. 미국 보건 장관의 방문 목적을 확인할 수 있는 대목이다.

'하나의 중국', 즉 중국과 홍콩, 마카오, 대만은 나뉠 수 없는 하나라는 슬로건은 중국이 불가침의 영역으로 여기는 개념이다. 중국은 자국과 외교 관계를 맺는 나라들에 이 원칙을 수용할 것을 강력히 요구하고 있다. 이에 대만은 항상 중국이 침범해 병합을 시도할 수 있다는 공포를 안고 있다. 대만은 스스로의 군사력만으로는 중국의 병합 시도를 저지하기 어렵다.

대만이 가진 반도체 방패

대만에는 '반도체 방패'가 있다. 미국의 IT 전문가 크레이그 에디슨(Craig Addison)의 저서 『반도체 방패: 중국 침공에 대비한 대만의 대응』[2]을 통해 나온 말이다. 반도체 방패는 세계 1위 반도체 위탁 생산 업체 TSMC를 말한다. TSMC는 전 세계 모든 시스템 반도체의 52%를 생산한다. 역시 대만에 위치한 UMC의 점유율을 더하면 60%가 넘는 시스템 반도체가 대만에서 만들어진다. 반도체 생산 이후 이를 적정한 방식으로 포장(패키징)하는 생태계도 대만을 대체할 만한 곳이 없다. TSMC가 멈추면 전 세계 스마트폰, 노트북, 게임기, 자동차, 로봇 등을 생산하는 공장도 멈춘다. 심지어 중국도 대만 TSMC 없이 반도체를 만들 수 없다.

미국이 중국 화웨이를 제재할 때 취한 조치 중에 화웨이가 설계한 반도체를 TSMC가 생산하지 못하게 하는 조치가 있었다. 중국 화웨이는 그대로 반도체 생산을 포기할 수밖에 없었다. 만약 중국이 대만을 침공한다면 미국, 유럽 국가들이 TSMC 때문에라도 대만을 보호할 수밖에 없다는 것이 반도체 방패의 논리다. 대만을 둘러싼 미중 갈등은 동아시아의 지정학적 위험과 기술적 공급망 위험을 동시에 높이고 있다.

무역에서 시작하여 기술, 외교안보로 확대됐던 미중 갈등의 소용돌이 속에 트럼프 대통령은 재선에 실패하고 바이든 행정부가 들어섰다. 미국의 중국 때리기는 정권이 바뀌어도 달라지지 않았다. 오히려 1:1로 직접 중국을 상대했던 트럼프 대통령과 달리 바이든 대통령은 장기적인 관점에서 동맹을 중심으로 중국을 포위해 나갔다. 바이든 행정부는 중국과의 갈등 구조를 민주주의 대 독재, 시장경제 대 사회주의의 대립구도로 만들었다. 어느 편에 설 것인지 선택하라고 동맹국을 압박했다. 또 동맹국을 중심으로 반도체 등 핵심 산업에 대한 새로운 공급망 구축을 추진했다.

1990년대 이후 WTO가 출범하고 전 세계의 경제 국경은 낮아졌다. IT, 운송기술의 발전으로 국가 간 거래비용이 감소했다. 기업들은 더 효율적인 생산 환경을 찾아 전 세계로 퍼졌다. 중국 등 신흥국은 점차 생산기지화 됐고 미국 등 선진국은 연구개발, 디자인 등 고부가가치 산업으로 분화됐다. 글로벌 공급망은 효율적인 톱니바퀴처럼 굴러가며 엄청난 생산성 향상의 기반이 됐다.

코로나19 팬데믹 이전에도 글로벌 공급망의 균열은 일부 생겨났다. 선진국은 자국 내 제조업 기반이 붕괴돼 많은 사람들이 일자리를 잃게 되자 해외 나간 제조업을 다시 국내로 유치하는 정책(리쇼어링)을 시행했다. 미중 무역 분쟁으로 지정학적 위협을 느낀 기업들은 중국을 떠나 베트남, 멕시코 등으로 공급망을 이전하며 탈중국의 방식으로 공급망 재편이 이뤄졌다.

코로나19는 글로벌 공급망의 불안정성을 명백하게 보여줬다. 일국의 락다운으로 전 세계 공급망이 멈춰버릴 수 있다는 것을 눈앞에서 겪었기 때문이다. 기업들은 저비용 생산(just in time)뿐 아니라 안정적 생산(just in case)의 중요성을 체감했다.

각국 정부도 필수 산업을 국내에 둬야 할 필요성을 새삼 인식했다. 미국은 중국을 배제하고 미국 중심의 글로벌 공급망 구축 정책을 펼쳤다. 바이든 대통령은 공약으로 미국 기업이 해외에서 생산한 제품을 미국에서 판매할 경우 징벌적 과세를 부과(오프쇼어링 추징세)하겠다고 발표했다. 미국으로 돌아오는 기업에 대해서는 세액공제(리쇼어링 공제)를 해주겠다고 밝혔다.

바이든 행정부가 출범 이후 가장 우선적으로 추진한 것은 반도체, 배터리, 핵심광물, 의약품 등 4대 핵심 산업에 대한 공급망 분석이었다. 중국은 중국 자체적으로 완성품 생산이 가능한 '홍색 공급망' 구축에 나섰다. 핵심 부품, 소재의 자급률을 2025년까지 70% 이상으로 끌어올리는 것이 목표다. 또 쌍순환 정책을 통해 내수 기반을 확대해 중국산 제품의 해외 수출에 차질이 생길 경우를 대비했다. 독일은 제조업 전반의 자동화를 통해 저임금 개도국으로 떠나는 제조 공장을 붙잡는 인더스트리 4.0 정책을 시행하고 유럽을 중심으로 한 글로벌 공급망을 구축하기로 했다. 이제 효율뿐 아니라 누구 편에 서서 공급망을 구축할 것인지가 중요해졌다.

미국은 2021년 10월 G20을 계기로 '공급망 회복력 글로벌 정상회의'를 개최했다. G20 회원국 및 초청국(26개) 중 15개국이 참석했다.

미국은 입장이 비슷한 국가의 참석 행사라고 설명했는데, 물론 중국은 없었다. 바이든 대통령은 중국을 지칭하지는 않았지만 "공급망의 단일 공급원 의존을 지양하고 투명성을 높이며 강제노동 금지를 통한 지속가능성을 확보할 필요가 있다"고 강조했다.

또 2021년 12월에는 민주주의 정상회의(Summit for Democracy)를 개최해 권위주의에 대한 방어, 부패와의 싸움, 인권 존중 증진 등을 3대 의제로 제시했다. 다분히 중국을 겨냥한 아젠다로 평가된다. 예상대로 중국은 초청대상에서 빠졌다. 반면 파키스탄, 필리핀, 이라크, 헝가리 등 인권 문제에서 자유롭지 못한 국가들도 일부 포함되었다. '민주주의'가 국제정치의 명분으로 이용되고 있다는 비판이 나왔다.

글로벌 무역질서에서 미국과 중국의 거리는 점점 멀어지고 있다. 가치사슬로 촘촘하게 묶여 있어 당장 끊을 수는 없지만 미국은 동맹국을 중심으로, 중국은 내수시장을 중심으로 서로 독립적으로 경제를 유지할 수 있는 구조를 만들어가고 있다.

미국 패권에 대한 도전: 일본과 중국은 다르다

미국의 패권에 도전했던 사례는 종종 있었다. 미국은 1980년대 극심한 인플레이션에 시달렸다. 당시 폴 볼커(Paul Volcker) 연준 이사회 의장은 강력한 금리인상으로 인플레이션을 잡았다. 하지만 금리인상으로 달러 가치가 올라가다보니 수출에 치명적인 영향을 미쳤다. 미국에서 만든 물건을 해외에 수출하려면 가격 경쟁력이 없었다. 반면 수출기업 입장에서 미국은 최고의 시장이었다. 시장 규모도 엄청나게 크고 환율 때문에 수입품의 가격 경쟁력이 높았다. 미국의 무역적자는 점차 심각해졌다. 거액의 재정지출과 감세가 만든 재정적자와 강한 달러가 만들어낸 무역적자, 이른바 쌍둥이 적자의 시대가 도래한 것이다.

이때 미국 시장을 장악한 국가는 일본이었다. 일본경제는 놀라운 속도로 미국을 따라잡았다. 일본에서는 'Japan is No. 1' 'NO 라고 말할 수 있는 일본'이라는 구호가 공공연하게 나왔다. 미국에서 벌어들인 돈은 일본 국내로 유입됐고 자산가격을 올려 주식, 부동산 등 모든 자산에서 버블이 나타났다. 도쿄를 팔면 미국을 살 수 있다는 말이 공공연하게 나왔다. 일본의 성장에 위협을 느낀 미국은 처음에는 경상수지 흑자를 완화하는 정도로 압박을 했다. 하지만 일본의 성장세를 막을 수는 없었다. 그러다 1985년 플라자 합의가 이뤄졌다.

미국은 지나치게 높은 달러화의 가치를 낮추기 위해 일본 엔화와 독일 마르크화 가치를 높이기 위해 압박했다. 플라자 합의 당시 1달러에 235엔이던 달러/엔 환율은 1년 후 120엔까지 떨어졌다. 달러 가치 하락으로 미국이 수출하는 물건이 해외에서 좀더 저렴하게 거래가 됐다. 숨통이 트인 미국과 달리 일본은 급속한 엔고로 인한 부담을 떠안아야 했다. 일본 기업들은 하루아침에 다른 나라 기업에 비해 두배나 높아진 가격을 어깨에 지고 경쟁해야 했다. 여기에 일본 중앙은행의 판단 실수까지 이어지자 경제 활황에 힘입어 부풀어오를 대로 올랐던 버블은 한순간에 붕괴됐다. 일본은 이후 '잃어버린 10년'이라는 말로 회자된 깊은 경기침체에 빠져들었고 2000년대에 들어와서도 이 불황의 함정에서 벗어나지 못하다가 2013년부터 아베노믹스라는 극단적인 디플레이션 탈출 전략을 시행했다.

21세기 미중 갈등은 20세기 후반에 글로벌 경제 패권을 두고 미국에 도전한 일본과의 갈등과 유사한 측면과 다른 측면이 있다. 도전자의 빠른 경제성장과 불균등한 무역수지, 패권에 대한 위협 등이 유사한 측면이다. 결정적인 차이는 미국과 중국은 우방이 아니라는 점이다. 미국과 일본이 체결한 플라자 합의는 일본에 매우 가혹한 방식이었지만 우방인 일본은 이를 받아들였다. 미일은 자유민주주의 체제의 일원이었고 안보 동맹이었다. 중국은 다르다. 체제도 다르고 나라의 질량도 다르다. 이런 점에서 미중 간 갈등은 훨씬 장기화될 가능성이 높다.

중국은 호락호락하지 않다. 영원히 도전할 것이다. 미국이 너무 많은 것을 양보하라고 하면 중국의 권력자들은 인민을 평계로 대항할 것이다. 낙관적으로 보면 미국과 중국은 갈등을 매우 긴 시계열에서 조정하며 연착륙할 수도 있다. 반면 힘의 균형이 어느 한쪽으로 기울어지지 않아 갈등 상황이 장기간 이어지다 돌발사태가 발생하는 사태도 가능하다.

4. 디지털 전환의 가속화

디지털 전환은 이른바 4차산업혁명이라는 이름으로 팬데믹 이전부터 진행되고 있었다. 국내외 누구나 인식하고 있었다. 팬데믹은 디지털 전환을 엄청나게 가속화시켰다. 저변을 넓혔고 속도를 높였다.

팬데믹은 비대면을 할 수밖에 없는 상황을 만들었다. 원격회의, 이커머스, 재택근무. 사람이 만나 해야 할 대부분의 활동이 멈춘 상태에서 바이러스를 피해 만날 수 있는 곳은 디지털 영역이었다.

특히 개발도상국에서는 이같은 움직임이 더 빠르게 나타났다. 선진국은 어느정도 디지털화가 이뤄져 있기 때문에 상대적인 속도는 덜했다. 팬데믹에서 디지털화는 생존의 문제였다. 구매력이 부족한 개발도상국 사람들도 모바일폰을 구매하고 디지털화에 동참하게 됐다.

빅테크의 질주

디지털 전환이 가속화되며 빅테크 기업들의 영향력과 지배력이 더 커졌다. 디지털 기반이 취약한 전통 서비스업 및 중소 제조업체 등에 팬데믹 충격이 집중된 반면, 온라인·플랫폼 기업들은 오히려 매출이 증가하였다. 미국, 한국 공히 빅테크 기업의 주가는 엄청나게 상승했다. 그야말로 빅테크의 질주가 일어났다.

디지털 전환은 팬데믹 이전에도 꾸준히 진행돼왔다. 우리는 쇼핑, 영화 등 다양한 부문을 디지털 세계에서 경험했다. 팬데믹으로 시행된 물리적 거리두기는 디지털 전환의 속도를 급격하게 높였다. 사티아 나델라(Satya Nadella) 마이크로소프트 CEO는 2020년 열린 연례 개발자 컨퍼런스 '빌드2020'에서 "개발자들의 역할이 그 어느 때보다 중요한 시기로 2년이 걸릴 디지털 전환이 2개월 만에 이뤄졌다"고 말했다. 맥킨지는 코로나19 이후를 '넥스트 노멀'로 규정하고 비대면 경제의 확장을 진단했다.

디지털 커머스, 원격의료, 자동화 등 3개 분야에서 결정적인 전환이 일어났다. 미국뿐 아니라 중국을 비롯한 신흥국에서도 온라인 쇼핑 시장이 급격하게 커졌다. 또 사회적 반발이 있던 원격의료도 팬데믹이라는 불가피한 현실 속에서 빠르게 침투했다. 상품의 생산 과정도 생산 라인에서 최종 소비자까지 인간 개입이 최소화되도록 개선됐다. 이같은 현상은 팬데믹이 완전히 종결이 되더라도 다시 과거로 돌아갈 수 없는 변화다.

화상회의 서비스를 제공하는 줌(Zoom)의 성장은 상징적이다. 팬데믹 이전에도 화상회의 서비스는 있었다. 줌이 설립된 건 2011년이다. 비언어적 커뮤니케이션이 수월하지 않은 화상회의는 오프라인 회의를 대체할 수 없을 걸로 생각했다. 하지만 팬데믹으로 오프라인 공간에서 만날 수 없는 상황이 생기자 온라인이 직장에 가지 못한 직장인들, 학교에 가지 못한 학생들이 만나는 중요한 공간으로 자리매김했다. 줌의 가입자는 팬데믹 이전보다 2,500% 증가해 일일 이용자수는 3억 5천만명에 달했다. 줌의 주가는 2019년 60달러 선에서 2020년 3분기 470달러까지 680%나 급등했고 100년 전통의 IBM(110조원)의 시가총액을 추격했다. 부득이하게 화상회의를 경험하게 된 사람들은 생각보다 괜찮다는 걸 느끼게 됐다. 가트너는 "2022년 기업 10곳 중 7곳이 현장 근로자의 5% 이상을 원격 근무로 전환할 것"이라고 예측했다.

디지털 세계의 제왕 빅테크 또한 몸집을 키웠다. 미국의 '팡'(FAANG)으로 불리는 페이스북·애플·아마존·넷플릭스·구글의 주가는 끝없이 올랐다. 팬데믹이 처음 본격화된 2020년 1분기 넷플릭스의 신규 가입자는 1600만명에 달했다. 전분기 800만명의 두배나 됐다. 넷플릭스의 누적 가입자수는 2021년 3분기 기준 2억 1360만명에 달했다. 전 세계에서 가장 비싼 기업 애플의 시가총액은 2018년 8월 1조 달러를 돌파한 이후 2년 후인 2020년 8월 2조 달러를 돌파했고, 2022년 1월 1년 5개월 만에 3조 달러를 돌파했다. 세계 5위 경제대국인 영국 GDP(2.7조)보다 크다. 마이크로소프트와 아마존은 글로벌 시총 2위(2021년 3월 기준)였던 세계 최대 석유기업 아람코를 4위로 밀어냈다.

미국 빅테크 회사들만 성장한 것은 아니다. 동남아의 아마존으로 불리는 씨(SEA)는 2017년 상장 당시 시가총액이 10억 달러였는데, 2020년 8월 1년 반 만에 900%가 올라 시가총액 100조원을 돌파했다. 한국의 이커머스 회사인 쿠팡 역시 나스닥 상장 첫날 공모가에서 40% 넘게 상승하며 시가총액 100조원을 돌파했다. 코스피 상장기업 중 시가총액이 100조원을 넘는 회사는 삼성전자밖에 없다.

디지털 전환은 모든 영역에서 일어났다. 자동차를 디지털 전환 시킨 테슬라의 시가총액은 1조 달러를 넘어섰고, 중국의 배달업체 메이투안은 알리바바, 텐센트에 이어 세번째로 시가총액 1000억 달러를 돌파했다. 실내 자전거를 디지털 전환한 펠로톤도 시가총액이 50조원이 넘었다. 디지털 전환을 성공시킨 기업은 폭발적으로 성장했고, 그중에서도 빅테크 기업들은 웬만한 국가 경제보다 더 큰 규모로 성장했다.

빅테크에 불어닥친 역풍

팬데믹으로 빅테크의 지배력이 도드라지자 빅테크에 대한 사회적 반감이 표출됐다. 미국, 유럽, 한국, 중국 등에서 플랫폼 규제에 대한 논의가 동시다발적으로 나타났다.

중국 빅테크의 대표주자 BAT(바이두·알리바바·텐센트)는 자생적으로 성장한 미국 빅테크 FAANG의 성장경로와 다르다. 중국 정부는 미국 빅테크의 중국 진출을 음으로 양으로 막았다. 예를 들어 구글은 2002년 중국어 버전을 출시했고, 2004년 중국판 구글 뉴스 서비스를 시작했다. 하지만 중국은 천안문사태, 티베트 해방 등 민감한 단어의 검색을 금지시켰다. 구글은 처음에는 검열을 거부했지만 중국 정부의 방침에 따를 수밖에 없었다. 그러던 중 구글이 중국 해커에게 해킹을 당하는 일이 벌어졌다. 중국 인권 운동가들의 구글 계정 이메일이 해킹을 당한 것이다. 『파이낸셜 타임즈』는 구글 해킹 사건 배후에 중국 정부가 있는 것으로 보인다고 보도했다. 구글이 중국 정부과 갈등을 빚던 사이에 토종 검색 서비스 바이두가 성장했고 점유율(58%) 면에서도 구글(35%)보다 훨씬 앞섰다. 현재 바이두의 중국내 점유율은 78%에 달한다. 개인정보를 무분별하게 수집하는 것도 정부의 묵인이 없었다면 불가능했을 것이다.

중국 빅테크들은 기존 금융 인프라가 충분히 마련되지 않은 상황에서 단숨에 차세대 모델로 갔다. 알리바바, 텐센트, 바이두 등은 미국 기업들보다 더 큰 규모로 진보된 서비스를 제공하며 발전했다. 정부는 이들 빅테크들을 실리콘밸리에 대항하는 국가대표로 만들어 중국만의 독자적인 플랫폼을 만들고자 했다.

중국 빅테크는 정부의 비호하에 공룡이 됐다. 그렇지만 공산주의 국가인 중국에서 공산당을 넘어서는 어떤 세력도 인정될 수는 없다.

빅테크가 엄청나게 커지면서 국민들의 일상에 대한 지배력, 정보가 국가 수준을 위협하게 됐다. 중국 정부는 비대해진 빅테크를 통제 가능하지 않은 위협으로 보고 재평가를 하게 됐다.

빅테크 압박의 대표적인 사례는 앤트그룹이다. 중국 최대 핀테크 기업인 알리바바의 자회사 앤트그룹은 미국 증시 상장을 준비하고 있었다. 상장이 되면 예상 시가총액은 355조원에 달했다. 미국 최대 은행인 JP모건체이스의 시가총액보다 크다.

그런데 기업공개를 이틀 앞두고 마 윈(馬雲)을 비롯한 앤트그룹의 경영진은 중국 정부로부터 '위에탄(約談, 면담)'을 받았다. 현지 언론들은 "최근 정부를 비판하는 것 같은 마 윈의 언행이 당국의 신경을 건드린 결과"라고 분석했다. 마 윈은 한달 전 상하이에서 열린 와이탄금융서밋에서 "위대한 혁신가는 감독을 두려워하지 않지만 뒤떨어진 감독은 무서워한다"며 "과거와 같은 방식으로 미래를 관리할 수 없다"고 말했다. 중국 정부의 개입적인 금융규제를 비판한 것이다.

면담 이후 앤트그룹은 사과문을 내고 기업공개를 철회했다. 마 윈 전 회장은 한동안 종적을 감췄다가 넉달 만에 흰머리가 늘고 수척해진 모습으로 나타났다. 이를 두고 시 진핑 총서기의 분노를 사서 그렇다는 소문과, 중국 국민들의 막대한 양의 결제 정보를 보유한 앤트그룹을 자본주의 체제의 공개기업으로 만들 수 없다는 점이 반영됐다는 주장도 나왔다.

중국 방식의 문제해결이었다. 게임을 주요 비즈니스로 하는 텐센트에게는 '온라인 게임은 정신적 아편'이라는 폭탄이 떨어졌다. 아편은 중국인들이 가장 치욕스럽게 생각하는 아편전쟁을 떠올리게 하는 무시무시한 단어다. 텐센트는 곧장 미성년자의 게임 가능 시간을 평일에 1시간으로 줄이고, 12세 미만 어린이는 게임 중 유료 결제를 하지 못하도록 제한했다. 또한 정부는 배달 노동자의 권리를 강화하며 배달 앱을 압박했고, 사교육을 금지해 뉴욕증시에 상장된 중국 교육업체의 주가가 하루에 70% 넘게 폭락했다. 알리바바 1,000억 위안(18조원), 텐센트 500억 위안(9조원), 판둬둬 100억 위안(1.8조원). 시진핑 총서기의 공동부유론에 따라 인민의 삶에 보탬이 되겠다는 기업들의 기부와 고해성사가 이어졌다.

미국은 바이든 행정부가 출범한 뒤 4개월 남짓 지난 2021년 6월 연방 하원은 '플랫폼 반독점 패키지 5대 법안'을 발의했고, 그달 신속하게 통과시켰다. 대표 법안의 이름은 '플랫폼 독점종식법'이다. 데이비드 시실린(David Cicilline) 반독점 소위원회 의장은 '기술 독점 기업은 경제에 너무 많은 영향력을 가지고 있다. 그들은 승자와 패자를 가르고, 중소기업을 파괴하며, 소비자 가격을 높이고, 노동자들을 실직시킬 수 있는 독특한 위치에 있다. 우리의 의제는 가장 부유하고 강력한 기술을 보유한 독점 기업이 나머지 기업들과 동일한 규칙을 따르도록 함으로써 공정한 경쟁의 장을 만드는 것이다'라며 해당 법안을 발의한 의도를 설명했다.

이어서 바이든 대통령은 아마존 저격수라 불리던 30대 초반의 컬럼비아 대학 법대 리나 칸(Lina Khan) 교수를 연방거래위원회(FTC) 위원장으로 전격 선임했다. 미국의 반독점법은 독점 행위 자체보다 소비자 편익에 방점을 두고 규제 여부를 판단한다. 독점을 하더라도 소비자 가격 인상이 없다면 독점이 아니라는 것이다. 칸 교수는「아마존의 반독점 역설」("Amazon's Antitrust Paradox")이라는 논문을 통해 단기 가격효과로 정의되는 소비자 복리만으로는 아마존의 독점으로 인한 피해를 인식할 수 없다고 비판했다.[3] 그러면서 플랫폼 기업은 이익보다 성장을 추구해 투자자들에게 보상하는 인센티브가 있으며, 약탈적 가격 책정을 통해 성장을 얻게 된다고 지적했다. 또 플랫폼은 이용자들로부터 수집된 정보를 이용해 경쟁업체의 지위를 약화시키고 독점력을 강화한다고 강조했다. 이전과는 차원이 다른 규제의 틀을 적용하겠다는 취지다.

한국은 인앱 결제를 강제하지 못하도록 하는 법안을 세계 최초로 통과시켜 주목을 받았다. 인앱 결제는 구글, 애플이 개발한 결제 시스템으로만 유료 앱과 콘텐츠를 결제하도록 하는 행위를 말한다. 스태트카운터에 따르면 전 세계 스마트폰 운영체제 점유율 1위는 구글 안드로이드로 72%를 차지하고 있다. 2위는 애플 iOS(27%)다. 둘을 합치면 99%를 차지한다. 각 운영체제에는 앱마켓 구글 플레이스토어, 애플 앱스토어가 설치돼 있다. 앱마켓을 통해 설치된 유료 앱, 콘텐츠는 결제액의 30%를 구글과 애플에 내야 한다. 이용자들이 음악을 듣든 게임을 하든 영화를 보든. 결제를 하면 30%는 구글, 애플로 간다.

수많은 애플리케이션 개발자들은 인앱 결제를 강제하는 구글과 애플에 대해 비판의 목소리를 높여왔다. 하지만 수수료 내기 싫으면 플랫폼에서 나가라는 구글과 애플에 저항할 수 있는 개발자는 없다. 그들이 수취하는 30%는 과연 정당한 것일까? 빅테크들의 저항 때문에 미국에서도 통과하지 못한 인앱 결제 강제 금지 법안이 한국에서 통과되자 포트나이트로 유명한 에픽 게임즈의 CEO 팀 스위니(Tim Sweeny)는 트위터 계정을 통해 "나는 한국인이다"(I am a Korean)라고 외쳤다. 에픽 게임즈는 애플, 구글이 독점적인 지위를 이용해 갑질을 하고 있다고 주장하며 지난한 법정 싸움을 하고 있다. 블룸버그통신은 한국의 인앱 결제 방지법 통과에 대해 "애플과 구글의 주요 수익원이 앱마켓 사업에 중대한 변화를 일으킬 선례가 됐다"며 "다른 국가에서도 유사한 움직임을 끌어낼 것"이라고 밝혔다.

이밖에도 공정거래위원회는 온라인플랫폼 공정화법을 제정해 입법예고했고, 금융위원회는 금융소비자보호법 시행을 계기로 기존 금융회사에 비해 느슨한 소비자 보호 규제를 받던 빅테크 기업들을 차등 없이 규제를 받도록 했다. 2021년 국회 국정감사에서는 카카오와 네이버 경영진이 출석해 여러 상임위에서 진땀을 흘렸다.

동학개미와 로빈 후드, 시장 판도를 바꾸다

디지털 전환은 주식시장에도 특이한 변화를 불러왔다. 모바일로 거래하는 개인 투자자가 대거 시장에 새로이 유입됐다. 2021년 8월 기준 주식거래 활동계좌는 5,002만 6,109개로 사상 최대치를 기록했다. 1분기 4,000만개를 넘어선 지 5개월 만에 1,000만개가 더 늘었다. 2019년 말에는 약 3천만개였다.

한국, 대만, 베트남 등은 전통적으로 개인 투자자 비중이 높다. 한국은 예전 개인 투자자들을 '개미'라고 불렀다. 기관, 외국인과 달리 소규모 투자를 한다는 의미다.

하지만 코로나19로 주가가 급등할 때 진입한 이른바 '동학개미'는 스케일이 다르다. 개인 투자자들은 2020년 47조 5천억원을 순매수했다. 외국인은 24조 5,651억원, 기관은 25조 5,372억원을 팔아치웠다. 2021년에도 개인은 66조원을 순매수했다. 코스피가 1,400선까지 하락한 뒤 3,300선까지 반등할 때 수급 주체는 개인이었다.

주식시장에 뛰어든 개인 투자자들은 해외주식 투자에도 나섰다. 일명 '서학개미'다. 서학개미는 2021년 국내주식시장의 상승세가 잦아들자 해외 증시에서 26조 5,788억원을 사들였다. 서학개미는 미국 시장에서도 글로벌 큰 손 위치에 올랐다. NH투자증권에 따르면 2021년 10월 말 기준 한국 투자자의 미국 주식 보유액은 3,151억 달러(373조원)로 중국 투자자의 2,853억 달러보다 많았다. 아시아 주요국 중 미국 주식을 한국보다 많이 보유한 국가는 일본(9,082억 달러)밖에 없다.

중국에서는 개인 투자자들에게 '부추'라는 별칭이 생겼다. 부추는 생명력이 강해서 베어도 새롭게 자라는 특성이 있다. 그렇게 손해를 보고도 증시에 유입되는 개인 투자자라는 의미로 부추라고 부른다. 중국에서 1990년대생을 일컫는 주링허우(九零後)는 부추의 신규 세력이다. 중국 증시의 개인 투자자는 1억 7,000만명을 넘어섰고, 전체 시장에서 차지하는 비중은 약 80%에 달한다.

베트남에는 'F0'라는 별칭이 있다. 코로나19 방역에 있어 1차 접촉자를 F1, 2차 접촉자를 F2라고 지칭하는 데서 유래됐다. 주식을 처음 시작한 사람이라는 의미다. 베트남 언론에 따르면 2021년 베트남 신규 증권거래 계좌 개설 수는 누적으로 408만건에 달하여 한해 동안 123만건이 늘어났다. 이에 앞서 3년 동안(2018~20)의 증가폭 82만건을 압도하는 수치이다. 베트남 지수(VNI)는 2020년 3월 코로나19 저점 650에서 1,500선까지 올랐다.

미국 증시의 주요 투자자는 기관이다. 개인들은 펀드, 연금 등을 통해 주로 간접투자를 했다. 하지만 팬데믹 이후 미국에서도 '로빈후드'(Robin Hood)라 지칭되는 개인 투자자들이 대거 직접 투자에 나서면서 시장의 분위기는 훨씬 공격적으로 변했다. 이들이 증시에 유입된 이유는 많이 올랐기 때문이다. 팬데믹 충격으로 글로벌 금융 시스템 붕괴의 위협을 느낀 미국 연준이 짧은 기간 막대한 통화를 뿜어냄에 따라 증시는 가파르게 반등했다. 이같은 변동성을 보고 시장에 참여한 개인들은 게임을 하듯 투자를 했다.

이유는 다양하겠지만 다른 활동을 할 수 없게 된 점도 영향을 미쳤다. 미국은 카지노, 경매, 경륜, 스포츠 도박 등 사행성 산업 규모가 한국보다 훨씬 크다. 팬데믹 락다운으로 이같은 사행성 시장은 대폭 축소됐다. 국가가 지급한 재난지원금으로 주머니가 넉넉해진 사람들은 사행성 산업을 벗어나 디지털 주식 투자의 영역으로 대거 유입됐다. 로빈후드(Robinhood, 주식거래 앱 운영 회사)처럼 수수료가 없는 핀테크 기업들이 훨씬 더 저렴하고 편리하게 주식시장에 진입할 수 있도록 도왔다.

개인 투자자 행동주의의 명암

새롭게 등장한 젊은 온라인 투자자들은 기존 투자자들과 전혀 다른 양태를 보였다. 매우 공격적이고 소셜미디어를 통해 의견을 공유하며 집단행동을 했다. 투자에 명분을 제시하며 시민운동을 하듯 감성적으로 투자에 임했다. 개인 투자자들에게 손해를 끼친 공매도 집단을 응징하겠다며 벌인 '게임스탑(GameStop) 사태'는 월가의 전문 투자자들을 당황스럽게 했다. 게임스탑, AMC 등 이른바 '밈(meme) 주식'들은 기관 투자자들이 감히 손도 댈 수 없었다. 개인 투자자들이 집단행동으로 주가를 밀어올려 고평가가 되면, 기관 투자자들은 적정 가격까지 하락할 것을 예측해 공매도를 한다. 하지만 끊임없이 밀려드는 개인 매수세와 SNS를 통한 여론전에 공매도에 나선 기관 투자자들은 백기를 들고 퇴각했다.

젊고 공격적인 성향의 투자자들이 실시간으로 정보를 공유하며 투자문화를 만들어가는 모습은 새로운 투자 환경이다. 이런 투자자들의 등장은 기업의 IR(투자홍보) 활동에 대해 고민하게 만든다. 이 역동적이고 공격적인 주주를 어떻게 관리할 것인가? 이들은 기업을 향해 적극적으로 요구하고 의결권을 행사했다. 단기 주가 하락에 영향을 미칠 이벤트가 발생하면 거세게 항의하고 이들이 형성한 여론에 정치권은 반응한다.

한국 역시 마찬가지다. 삼성전자 주주가 100만명에서 500만명으로 5배가 늘었다. 이들은 기업뿐 아니라 정부에 대해서도 강한 목소리를 냈다. 정치인들의 자본시장 정책에는 이들이 요구하는 공매도 관련 개선책이 빠지지 않는다. LG화학의 배터리 사업부문 물적분할에서 촉발된 주가하락과 그에 따른 물적분할 금지 여론은 제도 개선 논의를 진행하게 만들었다.

그간 주주 행동주의는 소수의 전문 투자자 영역이었다. 대기업 집단 체제에 기반을 둔 한국의 독특한 기업문화는 주주 간 이해상충을 발생시킬 여지가 많다. 시장에서 영향력이 강해진 개인 투자자는 다양한 방식으로 항의한다. 다수가 된 그들의 목소리는 정치권의 변화를 유발한다. 향후 자본시장 정책의 수립과 집행과정에서 한층 세심한 고려와 의사소통이 중요해졌다.

가상자산, 새로운 투자 시장으로 재부상

주식시장보다 더 큰 변화는 가상자산시장에서 일어났다. 팬데믹 이후 거의 모든 자산가격이 전반적으로 상승했지만(everything rally) 가상자산은 가격과 규모가 다르다. 2020년 3월 600만원대이던 비트코인 가격은 2022년 기준 1월 5천만원이 넘는다. 가파르게 올랐을 뿐 아니라 변동성도 엄청나다. 1년 만에 6500만원을 넘어서더니 석 달 만에 3000만원대로 하락하고 5개월 후 7000만원대까지 갔다가 5000만원대로 내려온 것이다.

가상자산 투자자는 주식시장에 새롭게 유입된 투자자와 비슷한 구성이다. 보통은 가상자산과 주식을 함께 투자한다. 주식시장에서 게임을 하듯 투자하는 모습이 가상자산 시장에서는 더욱 짙게 나타났다.

왜 유독 2021년에 가상자산 시장이 더욱 커졌을까? 양적인 측면에서는 대규모 통화량 증대에 따라 가상자산시장으로 유입된 자금도 많았다. 질적인 측면에서 이전보다 개선된 블록체인 서비스들이 나오고 그에 기반을 둔 코인의 종류도 많아졌다. 모든 자산가격이 상승하는 와중에 더 변동성이 큰 가상자산이 공격적인 성향의 투자자에게 더 많은 관심을 받은 측면도 있다. 그와 함께 과도한 양적완화가

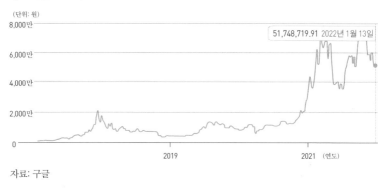

비트코인 가격 추이

5,174만원(5년간 4,663% 상승)

(단위: 원)

51,748,719.91 2022년 1월 13일

8,000만

6,000만

4,000만

2,000만

0

2019   2021 (연도)

자료: 구글

법정화폐의 가치하락(debasement)을 불러올 거라고 전망하고 법정
화폐의 대용으로 가상자산을 떠올리는 투자자도 많아졌다.

국내의 경우 너무 급하게 상승한 부동산 가격 때문에 가상자산에
투자하는 사람이 늘어난 측면도 있다. MZ세대(1980~2000년 출생한 '밀
레니얼 세대'와 'Z세대'를 통칭하는 말)는 가상자산 시장의 주요 투자자다.
디지털 기술에 익숙해서 그렇기도 하지만 집 한채를 갖고 싶어도 월
급을 모아서는 살 수 없으니 가상자산 투자로 돈을 벌어 집을 사겠다
는 의지가 강하다. 모든 자산이 오르는 시기에 자산을 확보해야 뒤처
지지 않을 수 있는데 아파트 살 돈이 없다고 발만 동동거릴 수는 없
다. 소액으로라도 투자할 수 있고 훨씬 높은 변동성을 보이는 가상자
산은 더 큰 자산시장에 도달할 수 있는 징검다리 역할을 해준다.

가상자산은 유통되는 비중이 크지 않다. 비트코인도 소수의 사람
들이 60% 이상을 갖고 있고, 다른 토큰들도 개발자가 대부분 가지고
있다. 유통되고 있는 토큰은 전체 토큰의 1/3 정도에 불과하다. 거래

량이 적으면 적은 매수세에도 가격이 많이 오른다. 주목을 끄는 블록체인 서비스를 기반으로 하는 토큰도 많이 생겼다. 최근에는 NFT나 메타버스까지 블록체인 기술을 기반으로 만들어지면 활용도가 더 넓어졌다. NFT 게임, 음악, 미술, 엔터테인먼트, 스포츠까지 1년 사이에 엄청난 속도로 확대됐다. 아날로그 현실과 다른 대체 경험을 가능하게 하는 영역을 설명하는 메타버스는 가장 뜨거운 화두가 됐다. 디지털 전환 시대의 독특한 선물이기도 하고 변동성을 키우는 요인도될 수 있다.

새롭게 열리는 디지털 세계화의 시대

바야흐로 디지털 세계화(digital globalization)의 시대가 열리고 있다. 상품과 서비스가 국제무역 통로를 통해 자유롭게 이동하면서 세계화라는 용어가 널리 통용됐다. 디지털 공간에서 세계는 훨씬 더 자유롭다. 국경과 물리적 거리에 제약이 없다. 한국도 그렇지만 개발도상국은 팬데믹 전보다 디지털 보급, 사용률이 크게 높아졌다. 글로벌 컨설팅회사 맥킨지는 팬데믹이 디지털 보급에 필요한 기간을 3~7년을 앞당겼다고 분석했다. 블록체인, 메타버스에서 전 세계적으로 주목받는 스타트업이 인도, 베트남, 아르헨티나 같은 신흥국에서 나온다. 유니콘(기업가치 1조), 데카콘(기업가치 10조) 등 글로벌 스타들이 속출하고 있다.

디지털 세계화는 많은 기회 요인이 될 수 있고, 구조적 양극화를 더 키울 수도 있다. 아직 어느 방향으로 진행될지 불분명하다. 이 자체가 상품과 교역 중심의 전통적인 세계화와 또 다른 엄청난 구조적 변화다.

투자와 교역중심의 전통적인 세계화는 달러 중심의 일극체제 성격이 짙다. 팬데믹 이후 글로벌 공급망 재편과 리쇼어링 움직임 등으로 이 방면의 세계화는 정체되거나 퇴조하는 분위기가 역력하다. 반면에 새롭게 주목받는 디지털 세계화는 가속도가 붙고 있다. 디지털 세계화는 개도국과 신흥국이 주도하는 다극체제 특성을 보여준다. BTS, 「기생충」, 「오징어 게임」의 인기로 대변되는 최근의 강력한 한류열풍은 디지털 세계에서 글로벌 문화의 중심축으로 부상하는 신흥국의 파워를 상징한다.

5. 넷 제로 사회로 가는 길

기후위기는 우리가 팬데믹을 거치면서 달라진 다섯번째 구조적 변화다. 기후위기가 팬데믹 때문에 벌어진 것은 아니다. 기후변화는 이전부터 가속화되고 있었다. 기후위기에 대응해야 한다는 목소리는 2016년 체결된 파리기후협약 등을 통해 많은 나라들이 공감하고 있었다. 우리는 산불, 홍수, 가뭄 등 이상 기후가 인류에 어떤 영향을 미치는지 체감하게 됐다. 이상기후의 빈도가 높아진다는 것도 알 수 있었다.

팬데믹이 기후위기 때문에 생긴 것은 아니지만 기후위기를 전 세계가 함께 해결해야 할 가장 중요한 시대정신으로 끌어올린 것은 팬데믹이었다. 코로나19 발생 초기 우한 바이러스 연구소의 연구원들은 코로나19의 기원이 박쥐라는 연구결과를 『네이처』(*Nature*)에 발표했다. 중국 과학자들은 코로나19가 박쥐에서 기원해 천산갑을 거쳐 인간에게 전염됐을 것으로 추정했다. 이후 실험실 유출설 등 다양한 반론이 제기되며 코로나19 기원에 대한 논란은 여전히 정리되지 않았다.

하지만 박쥐 기원설이 발표된 이후 많은 사람들은 박쥐 서식지를 인간이 파괴해 코로나19 바이러스가 인간에게까지 전파됐다는 인식을 갖게 됐다. 그리고 이같은 인식은 기후위기에 대해 제대로 대응하지 못하면 인류가 멸망할 수 있다는 인식으로 이어졌다.

이전까지만 해도 기후위기에 대한 반론도 있었다. 원래 지구는 뜨거워졌다 차가워졌다 한다는 과학자도 있고, 이산화탄소가 많아져서 지구가 뜨거워지는 것이 아니라 지구가 뜨거워져서 바닥에 녹아 있던 이산화탄소가 대기중으로 나와 농도가 높아진 것이라는 과학자도 있었다. 기후위기 대응은 전 지구적인 노력이 필요한데 반론 때문에 기후위기 대응에 대한 합의를 이루지 못했다. 하지만 팬데믹을 거치면서 이같은 반론들은 주류 무대에서 사라졌다. 기후위기 대응은 당위가 됐다. 소비자, 투자자, 유권자 모두의 인식이 바뀌었다. 팬데믹 이후 기후위기는 시대정신으로 급부상했다.

기후위기 대응의 당위성을 말하는 것과 실제 탄소배출을 줄이는 것은 완전히 다른 문제다. 얼마 전까지만 해도 기후위기 대응은 화석연료 사용을 줄이는 차원에서 이뤄졌다. 기업들은 에너지 사용을 줄여 비용을 아끼는 목적으로 친환경 산업을 바라보았다. 투자자들은 투자를 할 때 이왕이면 친환경 사업을 하라고 권유했고, 소비자들은 내가 사는 제품이 이왕이면 친환경 제품이면 좋겠다는 선호를 보이는 정도였다.

탄소중립은 차원이 다르다. 탄소중립(carbon neutral)이란 개인이나 사업체, 건물이 배출한 만큼의 탄소를 숲을 조성하거나 탄소포집 등을 통해 다시 흡수해 실질 배출량을 '0'으로 만드는 것으로 '넷 제로'(net zero) 또는 '탄소 제로'(carbon zero)라고도 한다. 여기서 탄소는 석탄, 석유, 천연가스 등 화석연료를 사용해 발생하는 이산화탄소 등 온실가스를 말한다. 탄소를 흡수하는 기술이 미미한 현실에서 탄소중립은 곧 화석연료 사용 중단을 의미한다. 인류는 목재, 석탄, 석유, 가스 등 탄소 기반의 에너지를 사용했다. 인류가 사용하는 모든 에너지를 재생 에너지로 바꾸고 플라스틱 등 석유화학 제품을 사용하지 않는 것은 상상하기 힘든 혁명적인 변화다.

'기후악당' 한국 2050년 탄소중립 선언하다

한국 정부는 2020년 10월 28일 2050년 탄소중립을 선언했다. 한국의 탄소중립 선언은 전격적으로 이뤄졌다. 여러가지 요인이 겹쳤다.

한국은 기후악당이라는 오명을 쓰고 있었다. 영국의 기후변화 전문 미디어 『클라이밋 홈 뉴스』(Climate Home News)는 2016년 '한국이 기후악당을 선도하고 있다'는 제목의 기사를 보도했다. 국제환경 단체 기후행동추적(Climate Action Tracker, CAT)의 분석 결과를 인용해 한국과 사우디아라비아, 호주, 뉴질랜드를 세계 4대 기후악당으로 지목했다. 기후행동추적은 주요 국가들의 온실가스 감축 행동을 추적해 분석 결과를 발표한다. 한국은 1인당 온실가스 배출량이 빠르게 늘고 있어서 기후악당으로 지목됐다. 석탄발전소에 대한 수출 지원을 한다는 점, 2020년 온실가스 감축 목표를 폐기한 점 등도 지적됐다.

2021년은 영국 글래스고에서 제26차 유엔기후변화협약 당사국총회(COP26)가 열렸다. 그에 앞서 유엔기후변화협약(UNFCCC)은 2020년 말까지 세계 75개 국가로부터 온실가스 감축목표를 제출받았다. 기후변화 당사국총회를 앞두고 온실가스 감축 목표가 얼마나 진전이 됐는지를 평가하기 위해서다. 한국은 2030년 배출 목표치를 2017년 대비 24.4% 감축하는 안을 제출했다. 기존 목표치와 동일한 수준이다. 유엔은 한국을 포함해 목표치를 낮게 제출한 국가들에 대해 감축 목표를 다시 설정하라고 촉구했다.

2020년대 들어 기후변화에 적극 대응하기 위해 글로벌 규제 강화 등 글로벌 경제질서가 급격히 변화되었다. EU의 탄소국경세 도입 논의가 본격화되고, 자동차 배출규제 상향, 플라스틱세 신설 등 환경규제도 강화되는 추세이다. 거기에다 IMF, BIS 등 주요 국제기구도 탄소세 인상, 기후변화위험 금융감독 관리체계 구축 등 선제적 대응을 권고하였다.

한국이 2050년 탄소중립을 선언하게 된 결정적인 계기는 중국의 2060년 탄소중립 선언이었다. 전 세계적인 탄소배출 저감 협의가 어려운 이유는 선진국과 개발도상국의 이해관계가 엇갈리기 때문이다. 탄소배출은 경제성장률과 밀접한 관련이 있다. 성숙 경제로 접어든 선진국은 성장률이 낮고, 그만큼 탄소배출도 적다. 한창 성장률을 높여가고 있는 개발도상국은 탄소배출이 많다. 역사적으로 공기 중에 배출된 이산화탄소의 70~80%는 산업혁명 이후 유럽, 미국 등 선진국이 배출했다. 기후위기를 촉발한 이산화탄소 배출의 책임이 있는 선진국과 과거 이산화탄소를 배출하지 않다가 이제 성장해가고 있는 개도국이 같은 규모로 탄소배출을 저감하는 것은 형평성에 맞지 않는다. 이런 이유로 글로벌 차원의 탄소저감 계획에 대한 국제적 합의를 이루기 어려웠다. 탄소배출 저감을 위해 선진국이 개발도상국에 기술지원을 해주고, 에너지 전환을 위한 자금 지원을 하라고 주장하는 것이 일반적인 국제회의 모습이었다.

개발도상국 중 가장 큰 목소리를 내는 것은 중국이다. 중국은 글로벌 제조공장으로 불리는 만큼 이산화탄소 배출량이 많다. 성장률도 높다. 국제사회에서 자기주장을 관철할 수 있을 정도의 무게감도 있다. 그랬던 중국이 전격적으로 탄소중립을 선언했다. 시 진핑 총서기는 2020년 9월 22일 미국에서 열린 제75차 유엔총회 화상연설에서 2030년을 정점으로 탄소배출량을 감축하고 2060년까지 탄소중립을 달성하겠다고 밝혔다. 유럽이 제시한 2050년에 비해서는 10년 늦지만 탄소중립 선언을 한 것이다. 의외였다. 중국에 탄소중립을 하라고 요구한 국제사회의 압박은 없었다. 중국이 탄소중립 선언을 할 것이라는 예고도 없었다.

오히려 중국의 탄소중립 선언은 전 세계 국가들에 큰 압박이 됐다. 탄소중립 달성이 가장 어려울 것 같은 나라가 스스로 탄소중립을 선언했는데, 누가 어떤 평계로 탄소중립을 피해갈 수 있을까? 팬데믹 전후로 탄소중립은 확고한 글로벌 아젠다로 자리 잡게 됐다.

미국의 정권 교체도 탄소중립 선언에 대한 압박으로 작용했다. 파리기후협약을 탈퇴한 트럼프 대통령과 달리 바이든 대통령은 주요 공약으로 녹색전환을 내세웠다. 바이든 대통령은 대통령 취임 첫날 파리기후협약 재가입에 대한 행정명령에 서명했다. 또한 공식 트위터 계정을 통해 "우리가 마주한 위기에 맞서는 일에 낭비할 시간이 없다"며 "대통령 집무실로 향해 곧바로 대담한 조치를 취하고 미국 가정들에 즉각적인 안심을 주려는" 것이라고 밝혔다.

주요국 및 국제사회의 탄소중립을 향한 움직임은 더욱 빨라졌다. 2020년 10월 26일 일본 스가(菅義偉) 총리가 2050년 탄소중립 목표를 선언했다. 우리도 그해 10월 28일 국회 시정연설에서 대통령이 탄소중립을 선언했다. 그후 '2050 탄소중립 추진전략' 공포(2020.12.7), '장기저탄소발전전략'(LEDS) 수립(2020.12.15), 탄소중립위원회 설치(2021.5.29), '탄소중립·녹색성장기본법' 공포(2021.9.24) 등 탄소중립을 위한 한국의 대응이 일사천리로 이뤄졌다.

중국이 탄소중립을 선언한 배경

그런데 중국은 왜 탄소중립을 선언하게 됐을까? 중국이 직접 그 배경을 설명하지는 않았다. 많은 국제 전문가들은 시 진핑 총서기가 2060년 탄소중립 선언을 한 이유로 중국 국내 상황을 꼽았다.

첫째, 중국은 대기의 질이 너무 나쁘다. 외출을 할 수 없는 지경이다. 국민의 불만이 높아져 통치에 부담을 줄 수준까지 악화됐다. 주요 원인은 석탄 발전 때문이다. 환경 개선은 중국의 정치적 안정을 위해서라도 꼭 필요한 주제다.

둘째, 지방정부에 대한 통제력을 강화하기 위해서다. 중국 중앙정부는 매우 강력한 영향력을 가지고 있다. 그렇다고 그 넓은 지역을 중앙정부가 모두 제어할 수는 없다. 지방정부는 스스로의 목표를 가지고 각개 약진을 하며 산업정책을 편다. 중앙정부가 대기질 개선을 위한 지침을 지방정부에 하달해도 잘 지켜지지 않는다. 탄소저감은 경제성장률을 누른다. 성장률이 떨어지면 국민적 저항에 부딪히게 된다. 다른 지역에 비해 낮은 경제성장률은 권력에 욕심이 있는 지방정부의 지도자들에게 부담이 된다. 중앙정부에서 탄소저감을 압박해도 저마다 지역의 고충을 언급하며 적극적인 행동에 나서지 않는다. 마치 전 세계적으로 탄소저감 합의를 이루지 못하는 것과 비슷한 맥락이다.

중국 정부는 이런 경우 국제 표준을 들여와 지방정부의 방향성을 조절하기도 한다. 예를 들어 2001년 중국이 세계무역기구(WTO)에 가입할 때도 비슷한 상황이 펼쳐졌다. 중국 내에는 과거 체제에 따른 이익집단이 많다. 아무리 중앙정부가 강한 힘을 가지고 정책을 추진해도 보수적인 가치, 보수적인 집단을 무시하기 힘들다. 중국 정부는 세계무역기구에 가입함으로써 외부 규율을 통해 내부를 개혁했다. 과거 관습에서 벗어나지 않으려 했던 공기업들은 세계무역기구 규율에 맞춰 시장경제 체제로 전환했다. 탄소중립 선언도 중국 내부적으로는 그런 효과가 있을 것으로 보인다. 대외적인 탄소중립 약속은 지방정부로 하여금 에너지 전환을 하지 않을 수 없게 만들고 있다.

셋째, 중국 내 친환경 산업을 육성하기 위해서다. 중국에는 경쟁력 있는 태양광, 풍력 기업들이 많다. 글로벌 데이터에 따르면 세계 10대 태양광 기업은 진코솔라(중국), JA솔라(중국), 트리나솔라(중국) 등으로 무려 8곳이 중국기업이다. 중국 외 기업으로는 한화큐셀(한국), 퍼스트솔라(미국)만 있다. 최종 제품인 셀, 모듈뿐 아니라 폴리실리콘, 웨이퍼 등 태양광 셀을 만드는 소재로 내려가면 대부분 중국 회사다. 중국의 태양광 제품 생산 능력은 매년 확대되고 있고, 성능 측면에서도 전혀 뒤지지 않는다. 풍력 역시 마찬가지다. 블룸버그 뉴에너지 파이낸스(BNEF)에 따르면 2020년 신규 설치 기준 풍력 제조업 순위 상위 10개 중 7개가 중국 업체다. GE(미국), 베스타스(덴마크), 지멘스 가메사(독일) 등 전통의 강자들만 순위를 유지하고 있을 뿐 나머지는 다 중국기업이다. 2020년 세계 풍력 신규 설치량은 93GW, 그중 56%인 52GW가 중국에 설치됐다. 중국 재생에너지 관련 기업들은 풍부한 내수 수요를 기반으로 성장해왔고 양적 성장은 질적 성장으로 이어졌다.

이같은 산업 환경에 비춰보면 친환경 전환은 중국에 불리하지 않다. 반면에 국제 석유공급 네트워크에서 중국의 영향력은 크지 않다. 일대일로 등을 통해 에너지 자립도를 높이려고 하지만 에너지 안보 차원에서 안심할 수는 없다. 자국 기업들의 제조 경쟁력이 높고 태양광, 풍력 발전을 할 수 있는 넓은 영토를 갖고 있기 때문에 에너지 자립 차원에서도 중국은 불리하지 않다. 단순히 국제적인 비난을 피하기 위해 일회성으로 탄소중립을 선언했다고 보기는 어렵다.

중국 정부의 2060년 탄소중립에 대한 이행계획이 하나둘 발표되고 있다. 중국 내 여러 국책 연구기관들은 부문별로 세부적인 탄소중립 계획을 내고 있다. 먼 미래 계획에 대한 선언적 의미가 아니라 5년, 10년, 40년 시기별 감축 시나리오가 만들어지고 있다.

2부

새로운 균형을
위한 과제

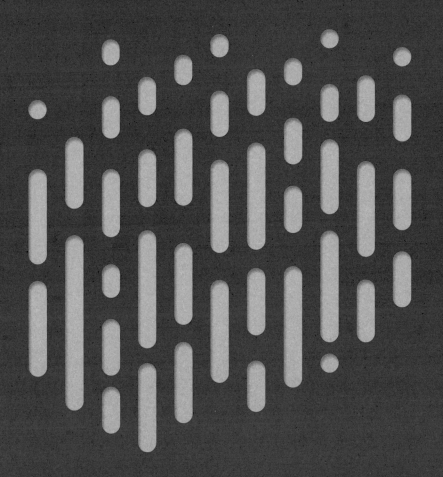

1장
복합위기 가능성에 철저히 대비하라

팬데믹은 백신, 치료제, 자연면역을 통해 언젠가는 계절병(endemic)으로 약화될 것이다. 팬데믹이 2년 이상 지속되면서 사람들이 '코로나 블루'라고 불리는 정신적인 스트레스를 호소한다. 언제쯤 거리두기가 완화되어 일상이 회복될까? 사람들은 지긋지긋한 족쇄를 벗어던지고 자기만의 버킷 리스트에 적어둔 일을 하나둘 실행하는 날을 고대하고 있다.

팬데믹은 모든 것을 바꿔놓았다. 세상이 팬데믹 이전과 이후로 나뉜다는 말이 나올 정도다. 여러 분야에서 구조적인 변화를 불러왔다. 팬데믹에 흔들린 세상은 팬데믹이 수습된 후에도 여러 분야에서 후유증에 시달릴 것이다.

여러번 언급했듯이 팬데믹은 보건위기와 경제위기의 속성을 동시에 내포하고 있다. 경제위기가 금융위기로까지 번지지 않은 것은 여간 다행스러운 일이 아니다. 다만 등산에서 올라가는 길보다 내려가는 길이 더 어려운 것처럼, 백신접종과 치료제 활용 등으로 팬데믹 회복기에 본격적으로 진입하는 전환의 시기에 역설적으로 세계경제에는 복합위기의 징후가 뚜렷하다.

주요국의 거시경제 기조가 긴축국면으로 전환되면서 국내외 금융시장이 불안하다. 여기에 동시다발적으로 벌어지고 있는 지정학적 갈등과 국제 에너지 가격 급등세, 그리고 양극화 심화에 따른 각국의 사회적 긴장이 더해지며 문제를 한층 어렵게 만들 개연성이 크다.

세계경제는 2008년에 벌어진 글로벌 금융위기의 충격을 제대로 극복하지 못한 상태에서 2020년 팬데믹 위기를 맞았다. 그리고 2008년 위기 대응 때보다 더 큰 규모로 유동성 팽창을 했다. 그만큼 이번에 정상화로 가는 길은 이전보다 더 험난하고 불확실성이 더 클 수밖에 없다.

글로벌 유동성 사정에 가장 큰 영향력을 가진 미국 연준은 2021년 12월 FOMC회의에서 2022년 3월까지 테이퍼링을 종료하고 올해 최소 세차례 이상의 금리인상을 예고했다. 시장 참가자들은 연준이 2023~24년에도 기준금리가 2%대 초반대에 다다를 때까지 몇차례 더 정책금리를 올릴 것으로 전망한다. 연준은 금리인상과 함께 곧 보유자산축소(Quantitative Tightening, QT)도 개시하겠다는 입장이다.

미국 연준의 정상화 계획이 수월하게 진행될 수 있을지는 면밀한 모니터링이 필요하다. 연준은 글로벌 금융위기 이후 통화정책 정상화에 나섰다가 2013년 테이퍼 탠트럼 사태로 호된 충격을 받고 정상화 시도를 중단한 바 있다. 이후 다시 정상화 시기를 보다가 2014~15년에는 중국 금융시장 불안을 지켜보며 정상화 계획을 미뤄야 했다. 결국 2015년 말부터 3년여에 걸쳐 2.5%까지 기준금리를 올리며 정상화 계획을 추진하다 팬데믹을 맞았다.

이번에는 팬데믹 위기가 채 마무리되지 않은 상태에서 비교적 일찍 긴축국면으로 선회하고 금리를 인상하겠다는 결정을 대외에 발표했다. 호주, 영국, 한국 중앙은행은 미국 연준과 비슷한 결정을 했다. 이번에는 여러 국가들이 자산가격 급변동과 금융시장 불안을 최소화하면서 긴축 행보를 순조롭게 진행할 수 있을까? 2022년 국내외 금융시장의 시선이 온통 각국 중앙은행을 향하고 있다. 낙관적인 의견보다 우려하는 목소리가 더 크다.

돈이 너무 많이 풀렸다

근본적으로 풀린 돈의 규모가 이전보다 훨씬 더 많고 자산가격 버블도 더 심하다. 이런 상태에서 정책금리 인상과 중앙은행의 보유자산축소가 본격화되면 그동안 한껏 부풀어올랐던 자산가격이 크게 하락하고 금융시장 변동성 또한 급격히 높아질 가능성이 크다. 다음 그래프는 미국 가계가 보유한 전체 자산의 가격이 GDP와 비교해서 어느 정도 올랐는지 보여준다. 유가증권과 주택을 포함한 전체자산의 가격은 대체로 GDP 대비 4배 수준에서 오랫동안 머물렀다가 1980년대 들어서면서 금융 자율화 등에 힘입어 상승했다. 특히 닷컴버블이 불었던 1990년대 후반부터 2008년 글로벌 금융위기 직전까지 자산가격 상승이 두드러졌다. 글로벌 금융위기로 자산가격이 큰 폭으로 하락한 후 팬데믹 위기 직전에는 2008년 위기 직전의 GDP 대비 6배 수준을 회복했다. 팬데믹 이후 2년간 미국 가계의 자산가격은 거의 수직에 가까운 기세로 상승했다. GDP 대비 역사상 가장 높은 비율인 7.5배라는 절대적인 수준도 놀랍고 그 수준까지 상승이 2

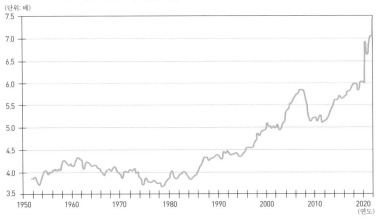

GDP 대비 가계 보유자산 비율(전체 경제 차원의 price/earning ratio)

자료: 연준 등

년이라는 짧은 기간에 이루어진 속도 또한 전례가 없다. 코브라가 머리를 쳐든 것과 비슷한 양상을 보이는 이 그래프 모양은 이 책 제4장 (100면)에서 보았던 미국 연준의 대규모 자산매입 규모 그래프 모양과 매우 흡사한 형태를 보여준다. 역사적인 평균에서 훨씬 벗어나 있는 이와 같은 자산가격의 일시적인 급등 현상은 돈의 힘으로 만들어진 것이다.

인플레이션이라는 복병이 간단치 않다

미국 연준이 팬데믹이 진행중인 상황에서 통화긴축에 나설 수밖에 없었던 이유는 인플레이션 기세가 예상보다 훨씬 강하기 때문이다.

2008년 글로벌 금융위기 이후 미국 연준은 뉴 노멀 환경에 걸맞게 통화정책 프레임을 어떻게 재설정할지 치열한 내부 논의를 진행했다. 2016년에 당시 연준 의장이었던 재닛 옐런(Janet Yellen)은 만성적인 수요부족과 장기침체 위험을 상쇄하기 위해서는 중앙은행 양적완화와 적극적인 재정지출을 통해 수요를 매우 높은 상태로 유지해야 한다는 '고압경제론'을 주창했다.

고압경제론이라는 중간 논의를 거쳐 연준은 마침내 2020년 8월에 평균물가목표제(AIT)로 명명한 디플레이션 파이팅을 정책목표로 설정한 새로운 정책 틀을 확정했다. AIT는 물가상승률이 평균 2%를 넘어도 상당기간 이를 용인하고 연준이 금리인상을 하지 않겠다는 것을 주요 내용으로 한다. 인플레이션 파이터로서 물가가 상승하면 선제적으로 금리를 인상해 물가를 잡아온 연준이 기존의 입장을 완전히 바꿔 이제는 단기적으로 물가상승을 용인하고 장려까지 하겠다는 뉴 노멀 세상이 열린 것이다.

팬데믹은 어렵게 정리해둔 이 뉴 노멀을 심하게 뒤흔들어놓았다. 미국 연준은 2021년 초부터 뚜렷해진 인플레이션 현상을 애써 '일시적'이라고 무시했다. 그러다가 2021년 11월 30일 인플레이션이 '일시적'이라는 기존 입장을 번복하고 갑자기 긴축 행보로 돌아섰다. 파월(Jay Powell) 의장이 의회에 출석해서 발언한 내용[1]은 연준의 뼈아픈 실수를 고백하는 역사적인 의미가 있다. "우리는 일시적(transitory)이라는 단어를 인플레이션이 높은 수준에 머무르며 항구적인(permanent) 흔적을 남기지는 않을 거라는 뜻으로 사용했다. 그런데 이제는 그 말을 퇴장(retire)시키고 우리가 의미하는 바를 명확히 설명하기에 적절한 시점이라고 생각한다."

수년간의 토론과 고민 끝에 뉴 노멀을 인정하고 물가상승을 용인하는 방식으로 정책 프레임을 바꾼 지 1년도 안됐다. 그런데 다시 인플레이션 잡기로 선회해야 하는가? 연준의 머뭇거림과 오판 뒤에는 이렇듯 새로운 통화정책 프레임을 시작하자마자 1년도 못 쓰고 폐기해야 할 당혹스러운 내부 사정이 있었다.

이번 인플레이션은 얼마나 오래갈까? 그리고 선진국 정책당국이 사용할 금리인상과 같은 대응 조치가 인플레이션을 효과적으로 제어할 수 있을까? 이 새로운 현상을 해석하고 전망하는 데 시장도 당국도 확신보다는 물음표가 더 많아 보인다.

2021년 중반부터 미국경제에 인플레이션 현상이 뚜렷했는데 연준이 긴축으로 전환할 타이밍을 놓쳤고 2022년 3월 금리인상 시작은 너무 늦었다는 지적[2]이 있다. 시장이 과열되기 전에 일찍 시작했다면 시장에 미치는 충격을 조절해가며 여유있게 금리를 인상할 수 있었을 텐데 뒤늦게 시작하다보니 단기간에 금리인상을 너무 자주, 과하게 할 위험이 크다는 걱정이다. 2022년 11월 미국 중간선거를 앞두고 인플레이션이 뜨거운 쟁점으로 급부상하고 있다. 이 점도 연준의 향후 정책 행보를 어렵게 하는 정치적 환경이다.

연준은 점도표를 통해 수년간에 걸쳐 정책금리를 인상하겠다는 시그널을 시장에 알리고 있다. 정책금리와 밀접하게 움직이는 2년짜리 국채금리는 자연스레 상승한다. 그런데 10년짜리 국채금리의 상승은 크지 않고 때론 오히려 하락한다. 일반적으로 채권은 만기가 길수록 금리가 높다. 돈을 빌려주는 기간이 길어질수록 위험이 크다고 보기 때문이다. 그래서 채권 만기별 수익률 차이(spread)는 우상향하는 곡선을 그린다. 그런데 장기적으로 경기가 둔화되고 금리가 인

미국 10년, 2년 국채 금리와 수익률 차이

(단위: %)

출처: Federal Reserve Bank of St. Louis

하될 거라고 전망을 할 경우 장기 채권의 금리가 내려간다. 단기물보다 장기물의 금리가 더 높아야 하는데, 장기물 금리가 낮아지다보니 비슷해진 것이다. 이럴 땐 단기물과 장기물의 금리차가 낮은 평탄한 (flattening) 곡선이 나타난다. 물가는 오르고 있는데 상승하지 않는 장기금리 때문에 실질금리(명목금리-물가)의 마이너스 정도가 아주 심한 상태가 유지되고 있다.

평탄해진 수익률 곡선의 전조

연준이 금리인상을 개시한 시기에 나타난 미국 채권시장의 이례적인 반응을 두고 일부에서는 시장 참가자들이 인플레이션이 장기에는 누그러질 것으로 보고 있다고 해석한다. 채권 투자자들이 이번

긴축국면에서 연준의 시장관리능력(orchesta a soft landing)에 의구심을 품고 있기 때문이라는 의견도 강하다. 연준이 금리를 인상하는 도중에 금융시장에 큰 충격이 발생해서 경제가 침체 국면으로 들어설 수 있다는 주장이다. 그렇다면 연준은 긴축 행보를 멈춰야 한다. 평탄한 수익률 곡선은 연준의 정책 실패를 시사하는 전조일까? 연준은 그런 우려를 일축한다. 장단기 수익률 곡선의 움직임과 해석을 두고 시장과 당국 사이의 논쟁이 계속될 전망이다.

최근 미국에서 나타나고 있는 임금인상은 인플레이션 장기화를 시사한다. 인플레이션 장기 전망과 관련하여 가장 주목해볼 영역은 팬데믹 이후 미국 고용시장의 질적 변화와 서비스 산업을 중심으로 일고 있는 임금인상 움직임이다. 임금과 물가 상승이 상당기간 지속되면 임금인상이 산업 전반으로 확산될 수 있다. 그러면 다른 물가상승 요인(공급 교란, 주택 가격, 에너지 가격 등)이 진정되더라도 물가상승은 일시적인 현상에 머물지 않을 가능성이 커진다.

기대인플레이션이 발생해 인플레이션이 장기화될 위험을 생각하면 연준은 통화긴축의 속도와 강도를 높여야 한다. 반면 채권시장이 장단기 수익률 곡선 모양을 통해 보여주는 대로 긴축조치로 시장 충격과 경기침체가 악화될 경우 연준은 금리인상 행보를 조절해야 한다.

글로벌 위기 이후 디플레이션 파이팅에 전념하다시피 한 선진국 중앙은행에게 이번 인플레이션과의 싸움은 매우 생경하고 당혹스러운 과제다. 인플레이션이 얼마나 지속될지, 어느 수준에 머물지, 그리고 금리인상에 얼마나 반응할지 많은 것이 불분명하다. 갑자기 찾아온 인플레이션 현상은 글로벌 금융위기 이후 정상화 시기

(2015.12~2018.12)보다 이번 연준의 정상화 여정을 훨씬 더 어렵게 만드는 핵심 변이요소이다. 안전벨트를 단단히 매야 한다.

변곡점에서 어려움을 겪고 있는 중국

중국은 2020년 이후 1978년 개혁개방조치 이후 40년간 이어진 고도성장의 후유증(양극화, 부채위기, 부동산 과열 등)을 중간 점검하고 위기관리와 사회통합에 주력하고 있다. 최근 중국 정부가 내건 '공동부유'라는 슬로건은 사회적 불평등 완화와 부의 공평한 재분배를 지향한다.

중국 정부는 팬데믹 충격을 상대적으로 조기에 수습하여 강대국 대비 월등히 좋은 GDP 성장률을 기록한 2020년을 고질적인 환부를 도려낼 절호의 기회로 보았다. 2020년에 모든 선진국들이 큰 폭의 마이너스 성장을 한 데 반해 중국만 유일하게 플러스 성장을 유지했고, 기저효과로 2021년 성장률 또한 중국이 마지노선으로 지켜온 6%를 훌쩍 상회할 것으로 예상되어 부동산 버블을 일부 터뜨려도 성장률에 주는 부담이 감당할 수준이라고 판단했다.

이런 배경 아래 2020년 8월에 3종의 레드라인 규제가 도입되었다. 이 조치는 과도한 차입에 의한 부동산 난개발을 억제하기 위해 부동산 개발회사의 채무가 당해 회사의 자산, 자본, 유동성의 일정 비율을 넘지 못한다는 내용이다. 또 알리바바, 텐센트 등 빅테크 규제, 게임산업과 온라인 교육업체 단속 등 그간 빠른 속도로 성장한 분야에 대한 당국 개입이 강화되고 있다.

차입을 하여 공장을 짓고 부동산을 개발하고 사회간접자본을 대대적으로 확충하는 투자형 외형성장은 개혁개방 이후 중국의 성장에 기여했다. 엄격하게 대출을 심사하고 관리하는 관행이나 규율이 약해 부실해진 사업체와 프로젝트 또한 눈덩이처럼 불어났다. 중국 기업이나 정부는 성장이 추세보다 월등히 높은 해에는 부실을 손실로 반영해 흡수하고 대부분의 부실은 뒤로 이연시킨다. 경상수입이 차입 부담액보다 더 빨리 늘어나면 부채의 실질 부담은 시간이 갈수록 가벼워진다는 것이 차입에 의한 외형성장 전략의 대전제다. 개혁개방 이후 중국경제는 마이너스 성장률을 기록할 정도로 크게 위축된 적이 없다. 마치 적정속도를 유지하면 자전거가 쉽사리 넘어지지 않듯 중국경제는 차입형 고도성장이라는 곡예를 이어오고 있다.

헝다 사태와 디레버리징의 시작

그러나 중국경제는 이제 1인당 국민소득이 중진국 수준까지 상승해 잠재성장률이 하락하기 시작했다. 거기에 글로벌 위기에 따른 대외수요의 감소, 인구 고령화 등 여러 부정적인 요인이 겹쳤다. 공기업과 지방정부, 부동산개발회사가 진 과도한 부채가 중국경제를 짓누르기 시작했다. 2021년 12월에 중국의 2위 부동산개발회사인 헝다(恒大, Evergrande)가 부도를 선언했고 자자오예(佳兆業, Kaisa) 등 다른 부동산개발회사의 연쇄부도가 이어지고 있다. 헝다가 차입한 규모만 360조원을 훌쩍 넘는다. 중국 정부와 채권단의 구조조정 노력에도 헝다 사태가 불러올 연쇄부도와 신용경색 충격은 피할 수 없어 중국경제를 상당히 위축시킬 전망이다.

헝다 사태는 정부의 선제적인 구조개혁 조치로 인한 예정된 사태다. 그럼에도 금융시장이 불안해지고 실물경제 침체가 당초 예상보다 더 두드러질 기미를 보이자 중국 정부는 2022년 들어 거시건전성 조치를 일시 유예하고 단기 부양책을 쓰는 스톱고(stop-go) 행보를 하며 구조조정보다 거시경제 안정 기조로 다시 선회하였다.

중국은 통제경제의 특성을 어느 나라보다 강하게 띠고 있어서 기업 부실 대응도 정부와 정부소유 은행 주도의 관리형 모드로 진행된다. 헝다 사태는 중국의 누적된 부실 문제가 더이상 미뤄둘 수 없는 위험으로 부상했고 부실기업 처리와 디레버리징이 중국 정부가 계획한 대로 질서있게 진행되지 않을 수 있다는 사실을 대내외 투자자들에게 각인시켰다. 헝다는 누적된 문제의 끝이 아니라 본격적인 부채감축(deleveraging)의 시작으로 보인다.

중국 GDP에서 부동산 관련 산업이 차지하는 비중은 28%로 다른 어떤 나라보다 높다. 영국과 프랑스가 20%, 미국, 독일, 한국이 15%대인데 비해 압도적으로 높은 비중이다. 케네스 로고프(Kenneth Rogoff) 교수는 위기가 없더라도 부동산 관련 부문이 20% 위축되면 중국 GDP는 5~10% 하락한다고 추정했다.[3] 중국 정부는 2022년 경제성장률 목표를 5.3%로 설정했다. IMF와 골드만삭스 등 국제 투자회사 상당수는 4%대 중후반을 전망한다.

영국의 저명한 언론사 『이코노미스트』(The Economist)는 헝다 사태의 여파로 중국이 2014~15년 수준의 경기침체를 겪는다면 2022~23년 GDP 성장률이 3.5%대로 떨어질 수 있다고 전망했다. 이에 더해 2000년대 후반의 미국, 스페인 같은 부동산 경기침체에 빠진다면 성장률이 1.5%대까지 추락하는 극단적인 시나리오까지 예

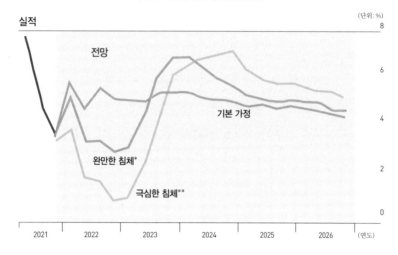

시나리오별 중국경제 성장률 전망

실적

(단위: %)

전망

기본 가정

완만한 침체*

극심한 침체**

2021   2022   2023   2024   2025   2026   (연도)

* 2014~15년의 부동산 경기 침체 경우
** 2000년대 후반의 미국, 스페인 같은 극심한 부동산 경기 침체 경우
자료: Oxford Economics

상했다.

　한 연구[4]에 따르면 2010년의 중국은 성장률에서 1968년의 일본, 1991년의 한국, 1987년의 대만과 비슷하다. 이 세 나라가 비교 시점 이후 보인 성장경로를 참고하면 중국은 2020년대 10년간 성장률이 점차 하강하여 4~5%를 기록할 것으로 전망된다. 1인당 소득, 도시화, 전력사용, 자동차 보유, 임금 등 여러 경제지표에서 중국의 성장 경로는 이웃 세 나라와 유사하다. 유독 큰 차이가 나는 게 투자가 차지하는 비중이다. 중국의 국민소득 대비 투자 비중은 이웃 나라와 비교해 압도적으로 높다. 또다른 특이점은 중국의 높은 레버리지 비율이다. 두가지 특징을 합쳐 보면 중국의 성장은 이웃 세 나라와 비교

할 때 빚을 내서 투자하여 만들어낸 비중이 더 크다. 이는 중국이 체제이행국가로서 주기적으로 대대적인 경기부양을 통해 사회와 경제 안정을 꾀해온 결과이다. 눈부신 성과에도 불구하고 투자와 빚에 과도하게 의존하는 중국의 성장모델은 향후 지속가능성과 경제안정 측면에서 상당한 부담을 안고 있다는 뜻이다.

국가자본주의인 중국경제를 외부에서 정확히 이해하고 단정적으로 전망하기는 어렵다. 중국경제가 어려워진다고 전망하고 베팅에 나섰다가 손해를 본 국제 투자자도 적지 않았다. 그러나 중국경제를 둘러싼 비우호적인 대외환경, 누적된 부실의 크기와 심각성, 감속 구간에 들어선 중국의 성장경로 상의 특성 등을 두루 고려해볼 때 중국경제는 지금 어려운 변곡점에 서 있다는 점은 분명하다. 중국과 경제적으로 긴밀하게 통합되어 있는 우리나라도 전환기 중국경제의 문제가 우리 거시경제와 금융에 미칠 영향을 깊이 연구하고 대비해야한다.

현실이 된 주요국 간 전쟁 위험

2022년 2월 23일 러시아가 우크라이나를 침공했다. 1945년 2차대전 종전 이후 유럽대륙 중심부에서 처음으로 국가간의 대규모 무력 충돌이다. 러시아와 우크라이나는 세계 원자재와 곡물시장에서 차지하는 비중이 크다. 그런 만큼 우크라이나 사태와 이어진 대 러시아 경제제재는 에너지와 식량, 국제금융시장 전반에 커다란 충격을 준다. 특히 인접한 유럽시장에 미치는 영향이 크고 장기적으로 유로화는 달러화 대비 패리티(parity, 등가 수준) 이하로 하락할 수 있다.

러시아의 우크라이나 공격은 포스트 코로나 시대에 지정학적 위험을 둘러싼 어떠한 시나리오도 배제할 수 없다는 점을 각인시켜준다. 유럽에서 대규모 재래식 전쟁이 다시 발발한 충격도 적지 않지만 세계가 이 사태를 목도하고 가지는 진정한 두려움은 미중 간 갈등과 대만을 둘러싼 무력충돌 가능성이다.

글로벌 금융위기와 팬데믹 위기를 겪으면서 기존의 국제질서와 거버넌스에 심각한 균열이 일어나면서 국제 교역망, 에너지 안보, 국제금융시장 모두 이전보다 훨씬 더 불안정해졌다.

2022년 들어서도 미중 간 갈등은 2월 동계올림픽 외교적 보이콧, 대만을 둘러싼 군사적 긴장 고조 등 완화될 기미가 보이지 않는다. 공교롭게도 미국과 중국은 각기 2022년 11월에 매우 중요한 정치 이벤트를 앞두고 있다. 시 진핑 주석은 2022년 11월에 열리는 제20차 전국대표자회의에서 3연임을 추진한다. 미국은 중간선거를 통해 하원 의석 전부, 상원의석 100석 중 34석, 주지사 50석 중 34석을 새로 뽑는다. 중간선거 결과에 따라 바이든 행정부의 앞날이 결정된다. 미중 갈등의 전선이 계속 넓어지고 양국 간에 단기간 타결을 목표로 진행되는 협상이 별로 없다. 11월의 정치 이벤트는 양국의 갈등을 해소시키는 쪽보다 각자 국내 정치적으로 도움이 되는 쪽으로 활용될 소지가 크다.

미국과 중국 간 악화 일로인 지정학적 갈등과 자체적인 공급망 구축 움직임과는 사뭇 다르게 양국 간 금융통합은 그 흐름이 더 강화되고 있다. 즉, 중국이 자본시장 개방을 조금씩 확대하고 있고, 늘어난 외국인 투자한도의 가장 많은 부분을 미국 투자자들이 사들이고 있다. 중국 또한 미국 국채에 대한 투자를 줄이거나 미국으로부터의 투자를 거절하지 않는다.

미국과 중국 간 자본거래의 실상: 가변이익실체(VIE)라는 신묘한 장치

세계화가 진전될수록 국제 자본이동의 실상을 파악하기 쉽지 않다. 국제통계는 국제 자본흐름을 국적(nationality) 기준이 아니라 거주지(residency) 기준으로 집계한다. 다국적 기업들이 조세 피난처를 통해 대규모 증권을 발행하는 경우 국제 투자흐름이 심대하게 왜곡된다. 국제통계를 거주지 대신 국적 기준으로 전환하여 국가간 투자흐름을 재평가하거나 정책적인 시사점을 찾으려는 시도가 늘고 있다. NBER 보고서[5]가 대표적이다.

이 연구는 해외 자회사 발행 채권을 본국 모회사로 귀속(reallocate)시킨다. 브라질 석유회사 페트로브라스(Petrobras)의 자회사가 버뮤다에서 발행한 채권을 그 자회사가 아닌 브라질에 있는 본사 채권으로 분류한다. 조세피난처를 독자적인 권역으로 간주하지 않고 거기서 증권을 발행한 기관이 속한 국가 또는 그 발행자금이 실제로 흘러들어간 나라로 귀속시킨다. 케이맨제도에서 발행한 증권을 이런 식으로 분류해보면 그 대종이 미국(자금의 출처) 또는 중국(자금의 종착지) 국적으로 귀속된다.

이 연구에 따르면 국적 기준으로 볼 때 선진국에서 중국 등 신흥국으로 투자된 자금의 규모가 거주지 기준으로 볼 때보다 훨씬 크다. 조세 피난처를 통한 자금 조달이 주된 통로다. 2017년 선진국의 대브라질 투자는 공식통계인 거주지 기준으로는 채권 580억 달러, 주식 1,720억 달러인데 국적 기준으로는 각각 2,010억 달러(+1,430억 달러), 1,530억 달러(-190억 달러)이다. 중국은 더 큰 차이가 난다. 2017년 선진국의 대 중국 투자는 거주지 기준으로 채권 220억 달러, 주식 2,500억 달러인데 국적 기준으로 환산하면 각각 1,630억 달러(+1,410억 달러), 1조 200억 달러(+7,700억 달러)이다.

중국 자본시장 개방이 제한적인데 선진국 투자자들이 어떻게 중국 주식을 1조 달러 이상 보유하고 있다는 걸까? 이 보고서는 가변이익실체(Variable Interest Entity, VIE)라는 회계 장치를 활용한 계약 통제 모델을 상세히 소개한다.

중국이 자랑하는 바이두, 알리바바, 텐센트 등은 VIE 구조를 통해 상당규모의 외국인 자본을 조달했다. 먼저 중국 기업이 당국의 외국인 지분 제한 규제를 회피하기 위해 역외에 지주회사를 만들고 중국에 외자법인(지주회사가 100% 지분 보유)을 설립한다. 실제로 중국 내에서 사업을 영위하는 운영회사는 중국인이 100% 소유하고 있으나, 외자법인-중국인 주주-운영회사 간의 계약관계를 통해 외자법인이 사실상 주주권을 행사한다. 해외 투자자들은 역외에 설립된 지주회사에 지분 투자를 하고 이는 포트폴리오 투자로 분류된다. 그리고 중국 내 외자법인에 대한 지주회사의 투자는 외국인직접투자(FDI)로 분류된다. 그런데 이 보고서는 후자도 그 속성이 FDI가 아닌 포트폴리오 투자라고 본다. 통상적인 거래 구조에서 외자법인은 중국인 주주에게 무이자 대출을 해주는 대신 중국인 주주들은 외자법인에 주주권 행사를 양도한다. 그리고 운영회사의 이익은 각종 수수료 명목으로 외자법인에 이전된다.

이 연구의 주장대로 VIE 투자의 실체를 FDI가 아니라 포트폴리오 투자로 재분류하면 중국의 순대외자산(NFA)은 실제보다 줄어든다(국제통계상 2.1조 달러 → NBER 보고서 추정 1.0조 달러). 공식통계는 불변이겠으나 이는 상당한 논쟁거리가 될 수 있는 주장이다.

중국과 미국 간 자본거래로 많이 회자되는 게 중국이 보유하고 있는 미국 국채 1조 달러이다. 막대한 규모라서 중국이 이를 무기 삼아 내다 팔면 미국 국채시장이 흔들릴 거라는 투의 전망이 심심치 않게 나온다. 그런데 NBER 보고서는 미국 민간 투자자들이 (거주지 기준 국제통계로는 드러나지 않지만) 이에 필적하여 0.7조 달러 규모의 중국 기업주식을 보유하고 있다는 사실도 함께 보라고 강조한다. 이렇듯 미국과 중국 간 자본거래 실상은 생각보다 훨씬 더 밀접하고 양방향으로 작용한다.

미중 간 금융통합의 역할: 양날의 칼

양국 간 정치외교적인 거친 언사와 달리 날로 더 강해지는 가운데 양국 간 금융통합은 지정학적 갈등의 미래에 어떤 의미를 가질까? 우선 중국과 미국은 글로벌 불균형과 국제통화체제를 통해 떨어질 수 없는 쌍둥이처럼 묶여 있다. 금융과 경제 측면에서 양국 간의 결합관계에 큰 변동이 생기면 서로에게 엄청난 충격을 겪을 수밖에 없는 일종의 공동운명체적 관계를 맺고 있다. 글로벌 불균형을 논할 때 살펴본 대로 중국은 부채 의존형 투자과잉 모델에 내재된 국내 소비 부족 문제를 미국에 떠넘기고, 그렇게 벌어들인 돈을 미국 국채에 투자한다.

미국이 세계경제에서 차지하는 비중은 경상 GDP 기준 25%(실질 구매력 기준 18%)이다. 그런데 달러 집중도는 오히려 해가 갈수록 강화된다. 전 세계 금융자산의 60% 이상이 달러로 보유된다. 즉 미국은 국제경제에서 실물보다 금융의 영향력이 세배 이상 크다.

통념과 달리 미국은 달러패권이 마냥 즐거운 게 아니다. 외부에 달러를 공급하면서 미국의 적자가 늘어나고 달러가 강해지면 미국의 수출 경쟁력이 떨어진다. 세계경제에서 차지하는 미국의 비중은 줄어드는데 달러에 대한 외부세계의 수요는 더 늘어나는 이 불균형이 국제금융질서가 안고 있는 근본적인 고민거리다.

유로화의 인기가 괜찮을 때는 달러와 유로가 어느정도 국제준비통화 역할을 분담했는데 유로동맹이 흔들리면서 준비자산에서 달러 쏠림 현상이 더 심해졌다. 흔히 '트리핀(Triffin)의 딜레마'로 알려진 이 국제준비통화 부족 문제의 미래는 사실 중국에 달려 있다.

중국은 세계경제에서 차지하는 비중이 경상 GDP 기준 18%이다. 실질구매력 기준으로는 16%로 18%인 미국과 큰 차이가 없다. 그런데 위안화는 국제준비자산으로서의 위상이 거의 제로에 가깝다. 준비자산을 위안화로 보유하는 나라는 거의 없고 중국마저 자국 준비자산 대부분을 달러로 보유하고 있다.

중국은 분명히 실물경제력 측면에서 G2로 불릴 만큼 성장했지만 일본, 독일, 영국 등 그보다 경제력이 작은 나라들이 스스로 준비자산국가인데 비해 중국은 여전히 달러를 기축통화(anchor currency)로 쓴다는 점에서 훨씬 미국 의존적이다.

중국이 미국 국채를 사야 하는 이유는 위안화가 기축통화가 아니기 때문이다. 한 나라의 통화가 기축통화가 되려면 그 나라의 자본 시장이 완전 개방되어 누구나 그 나라에 가서 그 나라 돈으로 채권을 발행하고 반대로 외국에서 그 나라가 발행한 채권이나 주식을 자유롭게 살 수 있어야 한다. 외국 돈이 자유롭게 들락거리니 해당국은 외국 돈의 움직임에 따라 통화량과 환율이 크게 움직이고 거시경제 정책 운용상의 부담이 그만큼 커진다.

중국은 부실 문제가 크고 시장경제를 운영해본 역사가 짧아 자본 시장 완전 개방의 위험을 감내할 준비가 덜되어 있다. 위안화가 기축 통화가 되려면 갈 길이 아주 멀다. 사정이 이러하니 중국이 미국과의 갈등에 대한 무기로 보유하고 있는 막대한 규모의 국채를 시장에 내 다 팔아 미국에 타격을 줄 것이라는 전망은 그다지 현실성이 높지 않은 주장이다.

이렇듯 미국과 중국은 국제통화체제를 통해 결속되어 있고 서로에 의존한다. 상호 교역이 제로에 가까웠던 과거 냉전체제와 달리 미중 갈등에도 금융과 투자 영역에서 양국 간 통합은 더 깊어지고 있다. 양국의 외면적인 갈등 아래에서 도도히 진행되고 있는 이와 같은 금융통합은 지정학적 갈등을 완화해주고 정치적 파국을 막는 안전 장치가 될 수 있다.

그러나 금융통합의 현실이 꼭 이렇게 긍정적인 방향으로만 작용하지는 않는다. 지정학적 갈등의 힘이 금융통합의 중력을 이기고 더 커지면 오히려 금융시장이 지정학적 갈등의 전장이 되거나 금융 제재의 통로가 될 수도 있다. 권위있는 중국 전문가로 인정받는 케빈 러드(Kevin Rudd) 전 호주 총리는 과거 한 인터뷰[6]에서 홍콩사태가 다시 악화된다면 미국이 홍콩달러와 미국달러와의 교환을 인정하지 않을 가능성은 배제하기 어렵다고 전망한 바 있다. 지정학적 현실이 어느 방향으로 전개될지 아무도 장담할 수 없다. 최악을 대비해야 하는 시장 참가자들은 미중 갈등 격화에 대한 장기 전략과 비상계획을 마련해둘 필요가 있다.

에너지 가격 급등세가 심상치 않다

2021년에 에너지 가격이 상승한 배경에는 일반적인 물가상승과 유사한 요인(수요 확대, 공급 차질, 운송비용 상승)과 에너지 시장 구조 변화에 따른 요인이 혼재되어 있다. 앞의 공통 요인은 시간이 지나면서 완화되겠지만 뒤의 구조 변화 요인은 갈수록 에너지 가격이 더 가파르게 상승하게 만드는 요인으로 작용할 가능성이 크다.

팬데믹 이후 기후위기가 확고한 시대정신으로 부상하면서 녹색전환은 거스를 수 없는 시대적인 흐름이 되었다. 문제는 녹색전환과 화석연료 퇴출이 하루아침에 이루어지지 않는다는 엄정한 현실이다. 탄소중립이 각국 정부가 약속한 2050년까지 달성되더라도 그 이행 기간 동안 인류는 필요한 에너지의 상당 부분을 석탄, 석유, 천연가스 등 화석연료에 의존해야 한다.

화석연료 사용량을 줄이는 운동이 전방위적으로 확대되면서 새로운 화석연료 개발과 운송, 활용에 필요한 대형 장기프로젝트(유정·가스전·광산 개발과 운송 시스템 구축, 화석 연료 발전소 건설)는 투자자 모집과 프로젝트 자금 조달에 심각한 어려움을 겪고 있다. 기후위기는 해결해야 하고 녹색전환도 필요하다. 하지만 기후위기를 예민하게 받아들이고 당장 행동해야 한다는 사람들의 인식과 에너지 전환에 장기간이 필요하다는 현실 사이에 엄청난 격차가 있다.

중국·인도를 비롯한 신흥국의 경제성장이 상당기간 견조하게 이루어지면 이미 확보해둔 화석연료 공급 여력도 부족할 수 있다. 새로운 화석연료 공급원 개발과 활용이 갈수록 어려워지고 신규 투자가 줄어들게 되면 지금 남아 있는 재고와 생산 가능 물량이라도 입도선매하기 위해 앞다투어 경쟁에 뛰어들 것이다.

국제 에너지 가격은 해가 갈수록 우리가 경험하지 못한 수준으로 폭등할 기세다. 각국이 부푼 꿈을 안고 넷 제로로 향해 가는 여정의 초입에서 극심한 에너지 파동을 겪을 수 있다. 그리고 이러한 에너지 가격 상승은 물가 전반에 상승 압력으로 작용하여 중앙은행 통화정책의 긴축속도를 높일 수 있다. 경기침체와 인플레이션이 함께 오는 1970년대와 유사한 스태그플레이션(stagflation) 상황으로 이어질 가능성도 배제할 수 없다. 1970년대에 이스라엘과 아랍 간의 중동전쟁은 자원민족주의를 낳아 석유파동(Oil Shock)을 불러왔다. 1970년대와 비교할 때 셰일오일(shale oil)의 생산이 늘고 대체에너지 활용이 늘어나서 전 세계적인 석유파동이 재현될 위험은 다소 줄어들었다. 이번에 문제는 전력생산과 난방연료로 널리 쓰이고 있는 액화천연가스(LNG) 수급 부담이다. 천연가스는 석탄 대비 친환경 연료로 석탄을 대체할 수 있고, 간헐성이 큰 신재생에너지 발전의 보완책으로 에너지 전환 시대에 그 중요성이 날로 커지고 있다. 글로벌 천연가스 생산과 공급에서 큰 역할을 차지하는 러시아와 우크라이나 간의 전쟁은 1970년대 석유파동과 비슷하게 천연가스파동(LNG Shock)을 불러와 세계경제에 스태그플레이션의 망령을 되살릴지 모른다.

복합위기 상황에 대한 대비가 중요하다

복합위기 요인으로 적시한 앞의 5가지 모두 우리가 적극적으로 통제하기 어렵다. 결국 여러 경우의 수를 연구해보고 우리에게 미칠 영향을 분석하고 대비하는 수밖에 없다.

한국은 팬데믹 사태를 비교적 잘 수습하고 경제적 충격 또한 상대적으로 크지 않았다. 그 점은 매우 다행스럽다. 그런데 최근 몇년간 한국경제의 매크로 레버리지[7]가 상당히 빠르게 높아졌고 부동산 등 자산시장의 가격이 크게 부풀려진 점은 경계해야 할 위험이다.

한국은행이 분석한 우리나라 매크로 레버리지 변화의 특징 (stylized facts)[8]을 보면, ①민간과 정부 레버리지가 동시에 증가하는 가운데, ②그중에서도 민간 레버리지의 증가가 두드러지며, ③저소득층과 청소년 등 취약부문의 부채가 상대적으로 빠르게 늘어나고 있다. 2020년 이후 선진국의 매크로 레버리지/GDP 비율 상승폭(직전 3개년 평균 대비)을 보면, 정부가 20%p로 제일 크고, 가계, 기업은 각각 3%p, 8%p에 그친다. 우리나라는 이 기간중에 정부 7%p로 가장 작고 가계 10%p, 기업 13%p로 민간 부문의 레버리지 비율 상승폭이 더 높았다.

한국은 코로나19 전후 매크로 레버리지 비율 상승의 77%가 민간 부문에서 일어났다. 가계와 기업부채의 수준을 비교하면 가계 레버리지 비율의 수준이 글로벌 여타 국가에 비해 높고 상승률도 빠른 반면, 기업 레버리지는 글로벌 평균 수준이다. 소득수준(일인당 GDP, 실질 기준)을 고려한 매크로 레버리지 추이를 비교해보더라도 우리나라는 일인당 GDP 2~3만 달러 구간에서부터 여타 G7 국가의 비율을 능가하여 가계 레버리지 증가가 현저한 것으로 나타났다.

이러한 사정과 한국은행의 보고서 내용[9]에 비춰볼 때 복합위기적 상황이 전개되면 한국경제에 혹한의 시기가 올 수도 있다고 생각하고 민간과 정부 모두 철저히 대비하는 게 좋다.

가계부채는 여전히 부담이다

가계부채 증가율은 2016년 11.6%에서 2019년 4.2%까지 하향 안정화되었다. 2017년 부동산 가격 안정을 위해 담보인정비율(LTV)과 총부채상환비율(DTI) 규제를 강화한 영향이다. 금융권의 평균 담보인정비율은 2020년 2분기 말 47%로 매우 안정적인 수준이다. 주택가격이 절반 이하로 떨어지지 않으면 은행이 견뎌야 할 위험이 생기지 않는다는 의미다. 질적인 측면에서도 경기변동에 취약한 만기 일시상환 대출이 줄고 대출기간 동안 꾸준히 갚아나가는 분할상환 대출 비중이 2016년 45%에서 2020년 54.2%로 높아졌다.

2020년 들어 코로나19 대응과 자산가격 상승으로 가계부채 증가율이 2020년 1~2분기에만 10.3%로 급격히 확대됐다. GDP 대비 가계부채 비중은 2020년 100%를 넘어섰다. 다른 나라와 비교해도 가계부채 증가율은 가팔랐다. 한국은 2016년 말 87.3%에서 104.2%로 높아졌다. 같은 기간 일본(57.2% → 65.8%), 독일(52.9% → 57.8%), 미국(77.5% → 79.2%)보다 빨랐다.

GDP 대비 가계부채 증가율(2016년 말 → 2021년 6월 말)

국가명	증가율	국가명	증가율
한국	87.3% → 104.2%	독일	52.9% → 57.8%
일본	57.3% → 63.9%	영국	85.3% → 89.4%
프랑스	56.2% → 65.8%	미국	77.5% → 79.2%

한국 정부는 2011년 처음 가계부채 대책을 시행한 이후 양적, 질적인 측면에서 비교적 잘 관리를 해왔다. 또 부동산시장 안정화를 위해 가계부채에 대해서는 높은 담보인정비율과 총부채상환비율을 적용해 관리했다.

그럼에도 불구하고 복합위기적 상황이 오면 가계부채가 제일 부담이 된다. 키움증권 서영수 애널리스트가 최근에 펴낸 저서 『2022 피할 수 없는 부채 위기』(에이지21, 2021)에서 언급한 가계부채의 범위에 대한 다음의 지적은 새겨들을 만하다.

국내에서 주요하게 다뤄지는 가계부채 통계는 가계신용이다. 가계신용은 은행의 가계대출금과 신용판매를 합친 것으로 2021년 3월 말 기준 1,765조원이다. 이보다 더 넓은 개념으로는 개인금융부채가 있는데, 가계신용에 소규모 개인사업자와 비영리단체 채무를 포함한 것이다. 규모는 2,052조원이다. 가계신용, 소규모 개인사업자는 모두 상환 책임이 개인에게 있기 때문에 금리가 오르고 차입 여건이 악화되면 개인 차주의 부담이 커진다. 하지만 개인사업자는 자금 목적이 '사업'이라는 이유로 가계신용에서는 빠진다.

개인금융부채도 불완전한 부분이 있다. 개인금융부채에서는 개인사업자대출 중 복식부기 대상 개인사업자는 기업으로 분류해 제외한다. 수치로 보면 2020년 3월 말 기준 1,726조원인 가계신용에는 514조원 규모의 개인사업자대출이 포함돼 있지 않다. 또 개인금융부채에는 복식부기를 적용한 개인사업자대출 254조원이 빠져 있다. 개인들은 대출, 세금 등의 규제를 회피하기 위해 법인을 만들어 주택, 상가, 빌딩, 땅 등 수익형 부동산에 투자한다. 상환 책임이 사실상 개인에 있음에도 기업대출로 분류돼 들여다보지 못한 영역이 크다는 것이다.

또 하나 중요한 부채가 빠져 있다. 바로 전세다. 한국만의 독특한 전세제도는 일종의 사금융이다. 집주인은 세입자에게 전세금을 받고 주택을 임대한다. 만기가 되면 세입자에게 돌려줘야 하는 부채다. 은행권 주택담보대출은 집값의 40%로 제한이 된다. 전세금은 사적 계약으로 한도가 없고 대체로 집값 대비 50~80%선으로 은행 대출보다 비율이 높다. 은행 대출보다 위험도가 더 높음에도 불구하고 사적 채무라는 이유로 가계부채 통계에서 빠져 있다. 개인사업자대출과 임대보증금 채무를 반영할 경우 2021년 말 기준 전체 가계부채 규모는 3,170조원, GDP의 162%에 달할 것으로 추정된다.

주택담보대출과 기타 대출이 혼재된 점도 상환위험을 높인다. 담보비율이 40%로 제한되자 사람들은 주택 구매를 위해 신용대출, 카드론 등 기타 대출을 동원했다. 주택담보대출은 만기가 10~30년으로 길지만 기타 대출은 만기가 1년 이내로 짧다. 평소라면 문제없이 만기 연장이 되겠지만 차입 여건이 악화될 경우 원금을 상환해야 할수 있다. 이같은 개인들의 대출 행태와 통계지표의 괴리로 인해 가계부채 위험이 과소평가될 수 있다.

나는 오랫동안 정부에서 가계부채 정책을 담당했고 가계부채의 구조 개선 노력도 상당한 진전이 있어 가계부채 문제가 당장 우려해야 할 수준은 아니라고 생각한다. 하지만 이같은 서영수의 경고가 과장으로 들리지 않는다. 서영수는 "더 이상 부채를 늘리지 않고 집값이 더 오르지 않도록 시간을 벌고 부채 구조조정을 체계적이고 점진적으로 진행해 경제가 감내할 수 있도록 해야 한다"고 조언한다. 주택담보대출 외에 신용대출, 개인사업자대출, 전세대출, 법인대출 등 다양한 대출이 부동산 등 자산에 투자가 돼 있다. 복합위기 상황이 오면 부동산이라는 동일한 뇌관을 가진 여러 대출이 부담이 될 수 있다. 가계부채의 범위를 넓게 잡고 그동안 정부가 면밀히 들여다보지 않은 영역에서 발생할 수 있는 위험을 관리할 필요가 있다.

장수는 늘 지난 전쟁을 싸운다

외환위기와 글로벌 금융위기를 겪은 대한민국은 기업과 가계, 정부 모두 위기에 대한 경계와 대비가 상시화되어 있다. 정부는 거시건전성 감독체계를 갖추고 금융과 외환 부문의 위험을 모니터링하는 시스템을 가동하고 있다. 충분한 외환보유액과 중장기 재정건전성은 한국경제의 대외 신인도를 높은 수준으로 유지하는 강력한 방파제라 할 만하다.

"장수는 늘 지난 전쟁을 싸운다"(Generals Always Fight the Last War)는 격언이 있다. 성공한 장수일수록 승리의 추억에 젖어 옛날 방식으로 전쟁에 나서는데 모든 전쟁은 늘 새롭기 때문에 새로운 전법이 필요하다는 말이다. 위기는 늘 익숙하지 않은 영역을 타고 들어

온다. 정부는 이미 마련해둔 감독망을 물 샐 틈 없이 가동한다고 안심하지 말고 현재 보고 있지 않거나 별거 아니라고 방심하는 영역이 없는지 다시 한번 점검하고 대비책을 세우는 게 좋다.

가계부채에서는 상가와 소규모 주택에 대한 투자, 임대보증금시장, 사인간의 투자를 더 주목해봐야 한다. 자본시장에서는 2020년 3월 위기 때와 같이 ELS 같은 파생상품과 트레이딩 계정의 위험이 지속적으로 늘고 있다. 또 팬데믹 이후 각기 반대 방향으로 크게 움직인 내국인의 해외주식투자 자금 순유출과 외국인의 국내채권투자자금 순유입 현상이 대내외 여건이 바뀔 때 외환 수급과 외환시장에 어떤 부담을 줄지 새롭게 점검해볼 일이다. 국내 가상자산 시장은 다른 나라에 비해 규모가 크고 투기적 거래 속성도 강하다. 외형적으로는 가상자산 시장과 전통 금융시장은 분리되어 있지만 양자 사이에 위험이 전이될 통로가 완벽하게 절연되어 있는지 불분명하다.

외환보유액은 보수적 접근이 필요하다

세계 9위 수준의 외환보유액(4,639억 달러, 2021년 11월 기준)은 한국경제가 어지간한 위기에도 흔들리지 않을 것이라는 믿음을 주는 버팀목이다. 그러나 복합위기에는 무엇이든 과할 정도로 준비해두는 게 좋다. 분명 한국의 외환보유액은 지표상 부족하지 않은 수준이지만 최근 들어 개선세가 둔화되고 다른 나라에 비해 '특히 안정적'이라고 평가하기 어려운 측면이 있다.

IMF는 유동외채와 부채잔액, 그리고 통화량과 수출을 두루 감안하여 산출한 기준액 대비 보유고가 100~150% 이내인 경우 적정수준으로 판단한다. 한국은 IMF가 적정수준으로 평가하는 국가 중 하나이긴 하지만 최근 범위 하단 수준에 머물고 있다(2020년 기준 실제 보유액/IMF기준 적정보유액 비율: 러시아 361%, 사우디 333%, 인도 197%, 브라질 161%, 한국 99%).

IMF 기준 외에 기타 참고지표로 살펴보아도 우리나라의 경우 외환보유액 증가 속도에 비해 부채와 통화량이 빠르게 증가하고 있어 관련지표가 다소 악화되는 추세다. 보유액/국가채무(D1)는 2010년 84%에서 2020년 57%로 하락했다. 보유액/총부채(가계+기업+정부)는 2010년 8%에서 2020년 6%로 하락했고, 보유액/M2는 2010년 20%에서 2020년 15%로 하락했다.

여러 지표를 같이 비교해보면 우리 외환보유액은 분명 대외지급 소요만 보면 부족함이 없는 수준이지만, 국내 부실도 잠재적으로 대외 부문에 부담이 될 수 있다는 점에서 복합위기 시나리오별로 외환수급 비상계획을 마련하고 적정보유액 관리에 매우 보수적인 접근이 필요해 보인다.

국가신용등급 유지에 신경을 써야 한다

매크로 레버리지에서 한국이 유일하게 OECD 등 다른 국가에 비해 양호한 부문이 정부부채와 중장기 재정건전성이다. 민간부채의 높은 레버리지에도 불구하고 한국경제에 대한 대외신뢰가 유지되는 기초에는 앞서 말한 충분한 규모의 외환보유액과 함께 상대적으로 양호한 재정건전성이 자리 잡고 있다. 그런데 지난 몇년간 우리나라 국가부채가 매우 빠른 속도로 증가하여 국제신용평가회사가 한국재정의 중장기 건전성에 주목하기 시작했다.

만약 걱정한 대로 팬데믹 회복 국면에서 복합위기적 상황이 전개된다면 한국경제가 가장 먼저 맞닥뜨릴 난관은 국가신용등급을 현 수준으로 유지하는 과제가 될 것이다. 감당하기 어려울 정도의 현격한 국가채무비율 상승은 중장기적으로 국가신용등급을 압박하는 요인이 될 수 있다. 다음 주제인 재정정책의 사회적 역할에 대한 우리 사회 구성원 간의 건강한 논의와 합의가 중요한 이유이다.

2장

재정정책의 역할에 대한 사회적 합의

2008년 글로벌 금융위기로 경제학은 위기를 맞았다. 기존 이론에 대한 많은 성찰과 반성이 뒤따랐다. 1930년대 대공황이 케인즈주의 (Keynesian)라는 새로운 경제학파를 낳았듯 글로벌 금융위기도 경제학에 커다란 패러다임 변화를 가져오고 있다. 중앙은행은 양적완화라는 비전통적인 정책을 과감하게 사용하며 금융 안정과 위기 극복의 최전선에 뛰어들었다. 재정정책에 대한 생각은 중앙은행의 변신에는 미치지 못하나 위기 전후로 극명하게 바뀌고 있다.

재정긴축과 재정건전성 신화의 뿌리가 깊다. 개인 가계부와 국가 재정은 같지 않은데 의외로 개인이 가계부 쓸 때 빚을 최소화해야 한다고 믿듯이 재정적자에 대한 두려움과 기피는 정치적으로 꽤 지지를 받는다. 독일은 재정건전성이 거의 국가경제철학으로 잠재의식화되어 있는 나라다. 이것이 남유럽 정치위기에도 불구하고 유로국가에서 재정긴축이 좀처럼 완화되지 않은 중요한 원인이다. 미국만 해도 민주당 정부가 2000년대 초에 해밀턴 프로젝트라는 재집권 계획의 핵심으로 재정적자 축소를 내세울 만큼 재정건전성은 정치적으로 인기있고 논쟁적인 주제다. 국가채무비율이 일정수준을 넘으면 시장의 신뢰가 무너져 국채시장에서 이자율이 급등하고 투자자들이 국채를 투매할 것이라는 국채경보론(bond vigilant)은 재정긴축의 또 다른 중요한 이론적 기반이다.

재정정책 다시 돌아보기: IMF의 노력

글로벌 금융위기 이후 IMF를 중심으로 국가부채와 재정건전성에 대한 기존의 입장(워싱턴 컨센서스)을 재평가하는 작업이 활발하게 일어났다. 때 이른 재정건전성 조치가 유럽과 미국은 물론 신흥국에서 국민들의 강력한 반발을 불러왔다는 자성이 재정정책 재검토의 정치적인 배경이었다. 또 위기가 오면 금리가 오르고 과다 국가채무에 대한 시장의 우려가 커진다는 국채경보론의 주장도 현실과는 달랐다. 글로벌 금융위기라는 엄청난 위기에도 불구하고 채권에 대한 수요는 견조했고, 장기금리 하락 추세는 꺾이지 않았다. 이런 점들이 재정정책의 기본 명제를 하나씩 다시 들여다보게 하는 계기가 되었다.

장기침체 시대에 적합한 새로운 재정정책 틀에 대한 국제적 논의는 글로벌 금융위기 이후 각국의 위기 대응 정책에 직간접적으로 참여하고 있던 IMF에서 가장 활발하게 이루어졌다. 연구와 토론은 2008~15년까지 IMF 수석 이코노미스트로 일했던 저명한 거시경제학자 올리비에 블랑샤르(Olivier Blanchard)가 주도했다. 블랑샤르는 IMF 은퇴 후 피터슨국제경제연구소(PIIE)로 옮겨 IMF·PIIE 공동 주관으로 '거시경제정책 다시 생각하기'(Rethinking Macroeconomic Policy) 연례 컨퍼런스[1]를 주된 장으로 관련 논의를 이어나갔다.

블랑샤르는 2019년 1월 세계 경제학계에서 제일 주목받는 행사인 미국경제학회 총회에서 회장 자격으로 특별강연을 하며 그동안의 새로운 재정정책 논의를 집대성한 내용을 발표했다. 대부분의 선진국에서 국채이자율(r)이 명목경제성장률(g)보다 낮으므로($r<g$) 국가부채의 위험성을 지나치게 걱정할 필요가 없다는 파격적인 내용이었다.

이자율보다 성장률이 높으면($r<g$) 국가는 국채를 다시 발행하여 기존 국채를 상환해나가도 GDP 대비 국가채무비율이 높아지지 않는다. 그렇다고 무작정 국가부채를 늘려도 된다는 입장은 아니었다. 그는 연설 내내 본인은 빚을 찬양하는 것은 아니며 빚은 위험하고 나쁘지만, 또 깊이 생각해보면 그렇게 나쁜 것도 아니라고 조심스러운 입장을 보였다.

성숙경제가 되면 인구가 고령화되고 연금자산은 쌓인다. 둘 다 장기금리를 하락시키는 강력한 요인이다. 일본과 독일이 대표적인 나라고 우리나라도 점차 그런 경향이 뚜렷하다. 장기금리가 명목성장률을 하회하는 상황이 지속될 때 국채를 발행하면 상환부담 때문에 재정의 역할이 제한된다는 전통재정학과 거시경제학의 기본전제가 타당성을 잃게 된다.

이론과 실무를 겸비한 블랑샤르의 대담하고 용감한 주장은 국가채무를 둘러싼 정치적인 논쟁 풍토에서 학계와 정책 결정자들 사이에 생산적인 토론의 시발점이 되고 있다. 그는 2019년 연설의 핵심주장을 이론적으로 더 보강하고 발전시킨 책[2]을 최근에 탈고하고 초안에 대한 전문가의 의견을 수렴중이다.

바이든 행정부의 경기부양책 논쟁

이렇듯 글로벌 위기와 팬데믹을 거치면서 달라진 재정정책에 대한 인식이 미국에서 어떻게 실제로 적용되는지 살펴보자. 바이든 행정부의 경기부양책 논쟁이 유의미하다. 바이든 대통령은 취임하자마자 의회와 협의하여 1.9조 달러 재정부양책을 통과시켰다. 이에 만족하지 않고 백악관은 그 직후 3조 달러의 추가 재정투자를 제안했다. 두가지를 합하면 무려 국민소득의 25%에 해당하는 막대한 규모의 확장재정 프로그램이다.

이 정책에 대한 가장 강력한 반대 목소리는 놀랍게도 같은 민주당 성향의 영향력 있는 거시경제학자 로런스 서머스(Lawrence Summers) 전 재무장관으로부터 나왔다. 서머스는 바이든 경기부양책이 '지난 40년간 미국에서 나온 경제정책 중 가장 무책임한' 수준이라고 혹평했다. 서머스는 2013년에 선진국 경제의 장기침체 가설(secular stagnation)을 제기한 바 있다. 장기침체 가설은 글로벌 금융위기 이후 발생한 전 세계적인 저성장은 일시적인 현상이 아니라 만성적인 수요부족, 투자감소 등에 의한 것이라는 진단이다. 서머스는 이를 타개하기 위해서는 대규모 양적완화 같은 비전통적인 통화정책에 더해서 적극적인 재정확장 정책이 필요하다고 줄기차게 주장해 왔다. 이런 그의 정치적·이론적 배경을 감안해보면 서머스는 바이든 정부의 확장재정정책을 누구보다 앞장서서 반겨야 할 것 같은

데 왜 그는 갑자기 맹렬한 비판자로 돌아섰을까? 서머스는 오바마 행정부 시절 백악관 정책실장(NEC 의장)으로 일할 당시 오바마 행정부가 추진한 2010년 조기 재정건전화(fiscal consolidation) 정책에 참여한 경험이 있으므로 제한적인 재정확장론자라고 평가할 수 있다.

그의 반대 요지는 경제적 손실 규모에 비해 바이든 행정부 정책 패키지가 지나치게 크고 생산적인 분야에 대한 지출이 아니라는 것이다. 재정정책이 충분한 규모로 적극적인 역할을 하는 것은 좋은데 바이든 정부의 정책 패키지는 충분한 수준을 몇배 더 넘어선 과도한 규모이며 인플레이션, 자산시장 버블 등 심각한 부작용이 우려된다는 지적이다.

그럼 바이든 정부는 왜 이렇게 같은 진영의 대가마저 후유증을 걱정할 정도로 과감한 정책을 들고 나왔을까? 여기에 대한 이론적 배경을 이해하는 데 또다른 유력 경제학자 폴 크루그먼(Paul Krugman)의 사상 편력과 2차대전 이후 거시경제 사조의 변천을 다룬 애덤 튜즈(Adam Tooze)의 글[3]이 유용하다. 크루그먼 교수는 신케인즈주의의 대표적 석학이자 미국 민주당 진영의 지치지 않는 진보 논객으로서의 지위가 확고하다.

애덤 튜즈가 보기에 2차대전 이후 경제학의 주류적 이론인 신고전파종합(neoclassical synthesis)은 글로벌 금융위기 충격을 겪으며 시장경제의 자율조정이라는 이론적 전제에 심각한 오류가 있다는 자각에 도달했다. 그리고 통상적인 거시경제 안정 정책보다 훨씬 더 비상한 수준의 프로그램을 수용하기 시작했다. 양적완화 통화정책이 적극적으로 등장한 배경이다.

바이든 정부는 재정정책 측면에서 그 적극성의 전통을 이어받았다. 그런데 오바마 정부의 한계와 트럼프 정부 시절의 정치적 혼미를 겪으며 크루그먼을 중심으로 한 민주당 계열 현실 참여 학자들은 여기서 한발 더 나아가 경제정책의 '정치적 함의(양극화와 계급간 이해의 충돌)'에 대한 반성과 통찰을 발전시켜나갔다.

이전까지 재정정책은 단순하게 경기 순환에 따른 경제적 손실을 따져 그 부족분을 채우는 것으로 족하다 생각했다. 민간 경기가 안 좋을 때 재정을 확대해 보완하고 민간 경기가 과열될 때는 재정을 축소해 대응하는 식이다. 하지만 크루그먼을 중심으로 한 현실 참여 학자들은 그에 그치지 않고 재정정책을 양극화와 노동시장 이중구조, 사회안전망의 결여 등 사회정치적인 문제점을 치유하는 적극적인 수단으로 본다. 서머스가 바이든 프로그램이 특정 연도의 경기대책에 그치지 않고 지금과는 전혀 다른 차원의 사회정책 실험이라고 언급했는데 바이든 행정부 정책 패러다임의 요체를 간파한 셈이다.

서머스와 크루그먼의 경제정책 책임 논쟁

서머스와 크루그먼은 경제정책의 책임(responsibility) 또한 다르게 이해한다. 서머스가 보기에 GDP 갭(output gap) 수준을 고려한 적정한 규모의 거시안정화 정책이 인플레이션 부담 없이 경제를 활성화하고 국가부채의 지속가능성을 보장하는 책임있는 경제정책이다.

크루그먼과 바이든 행정부에 참여중인 경제학자들은 이런 '책임 정책' 도그마가 월가 등 계급 이해를 반영하고 있으며 양극화 해소에 실패했다고 비판한다. 또 그 결과 공화당 강경파의 득세와 민주당의 정치적 입지 축소로 이어졌다는 입장이다. 그들은 불충분한 규모의 재정정책 패키지와 때 이른 재정건전화(fiscal consolidation) 조치에 나선 오바마 정부의 실패를 반면교사로 삼고자 하기 때문에 대규모 재정지출과 완화적 통화정책을 강력히 지지한다. 파월 연준 의장이나 옐런 재무장관이 누차 강조하듯이 그 과정에서 나타날 수 있는 인플레이션이나 금융시장 불안 같은 부작용은 감내해야 하며, 감내 가능한 수준으로 관리할 수 있다는 자신감을 내비친다.

두 경제학 대가들의 개인적인 라이벌 구도와 애증까지 겹쳐 치열한 공방이 이어졌다. 2021년 들어 인플레이션이 심화되면서 바이든의 2차 재정확장 패키지에 대한 지지가 줄어들었다. 최종적으로 같은 민주당 상원의원의 반대로 예산안의 의회 통과가 무산되면서 단기적으로 서머스의 입장이 강화되었다.

이 공방이 중요한 이유는 숫자를 다루고 균형을 숭상하는 경제정책의 기본원리에 대한 인식 변화다. 바이든 정책의 저변에는 경제정책을 결정하고 평가할 때 양극화 해소 등 정치적 의미를 중요한 기준으로 삼아야 한다는 새롭고 논쟁적인 인식이 깔려 있다. 양극화와 사회적 갈등이 심화되고 팬데믹 위기까지 겹친 21세기 미국 사회에서 그만큼 경제학과 경제정책의 지평이 확대된 결과이다.

재정정책을 둘러싼 유럽연합 내 전쟁

글로벌 금융위기 이후 재정정책을 두고 이론적 논쟁을 넘어 전쟁에 가까울 정도로 살벌한 대립이 일어나고 있는 곳은 유로동맹을 매개로 한 유럽권이다. 여기서도 치열한 정책 논쟁의 결과 의미있는 정책 전환과 성과가 많았다.

유럽연합은 통화는 완전하게 통합(1999.1.1)하되 재정은 마스트리흐트 조약(1993) 형태로 제한적으로 통합한 EU 프레임워크(framework)에 기초를 두고 있다. 유로 도입 당시 국가간 차이로 인해 완전한 재정동맹을 구성하는 것이 현실적으로 불가능했기 때문에 통화동맹에 역점을 둔 불가피한 선택이었다. 이런 연유로 유럽연합에서 재정은 초기부터 자동안정장치 정도의 제한적인 역할에 그칠 수밖에 없었고 위기가 발생하면 통화정책을 쥔 유럽중앙은행이 전면에 나서야 했다. 유로위기 극복과정에서 유럽연합은 재정 모니터링을 강화하고 은행동맹(banking union) 도입 등 일부 제도적인 보완을 해가며 재정통합의 수준을 조금씩 높여나갔다.

재정에 대한 생각의 차이를 프랑스와 독일의 경험의 차이로 이해할 수 있다.[4] 프랑스가 중앙집권적, 거대기업 중심, 대결적 노사문화의 나라라면 독일은 분권형 연방제, 중소기업 중심, 협력적 노사관계의 나라이다. 원래 프랑스는 경제적 자유주의 전통이 강하고 독일은 프로이센을 이은 국가주의적 성향이 강하다. 그런데 하이퍼인플레이션과 나치 경험이 두 나라의 경제철학을 송두리째 바꿔놓았다. 독일은 지독한 국가주도형 파시즘을 경험한 후 국가개입 최소화, 규칙에 기반을 둔 건전재정, 도덕적 해이 배격, 중앙은행 독립 중시로 선회했다. 반면 너무 규칙에 얽매어 군비 강화에 실패한 것이 나치에 굴복한 국가적 치욕으로 이어졌다고 생각한 프랑스는 그후 국가계획 예찬, 정부의 적극적인 경제 개입을 용인하는 입장으로 돌아섰다. 이런 경제철학의 차이는 양국 간에 자기책임원칙 대 연대주의, 지불능력(solvency) 중시 대 유동성(liquidity) 중시, 재정긴축(austerity) 대 적극재정(stimulus) 논쟁으로 확장된다.

유럽위기 해법을 둘러싸고 독일과 프랑스가 가장 첨예하게 대립한 분야는 구제금융(bail-out)이다. 남유럽 재정위기가 불거졌을 때 독일은 직접 자금을 지원하는 구제금융이 아니라 일정 부분 탕감을 해주고 스스로 갚는 채무재조정 대상이 되어야 한다고 주장했다. 구제금융은 도덕적 해이를 낳고 또다른 위기를 잉태할 것이라고 보았다. 프랑스는 해당 국가나 은행에 적극적으로 유동성을 지원하여 문제를 해결할 시간을 주자는 쪽이다. 이 주제는 결국 유럽중앙은행(ECB)이 회원국 정부의 국채를 인수하는 방식으로 유동성을 지원할 수 있는지, 즉 ECB가 최종 대부자 기능을 수행할 수 있는지로 이어진다.

유럽은 2010년에 독일 주장대로 민간부채 손실부담원칙(private sector involvement)을 호기롭게 천명했다가 남유럽 국채금리가 폭등하는 대혼란을 겪었다. 이 위기를 타개하기 위해 제2장에서 설명한 대로 드라기 ECB 총재는 2012년 7월 런던에서 '유로를 구하기 위해 무엇이든지 하겠다'는 연설을 했다. 유럽중앙은행이 회원국 국채를 매입하겠다는 선언이었다.

재정동맹의 길로 들어선 유럽연합: 유럽경제회복기금 설립

2012년 9월 6일 유럽중앙은행은 마침내 회원국의 국채를 매입하기 시작했다. ECB의 조치로 유럽은 사실상 재정 및 정치 동맹(fiscal & political union)으로 거듭나게 되었다. 독일이 자국의 경제철학에

반하는데도 ECB의 역할 강화와 구제금융 금지 조항 완화에 동의한 이유는 그러지 않으면 유로동맹이 깨진다고 보았기 때문이다. 금융시장이 유로동맹에 대해 '존속이냐 붕괴냐' 선택할 것을 수시로 압박한 것이 유럽연합 국가들이 재정동맹의 수준을 획기적으로 높이는 타협안을 도출하는 데 도움이 되었다.

2011년 남유럽 재정위기 극복 과정에서 온전한 재정통합을 향한 큰 산을 넘은 유럽연합은 2020년 팬데믹 위기를 맞아 7,500억 유로 규모의 유럽경제회복기금 설립에 합의했다. 7,500억 유로 중에서 3,900억 유로는 이탈리아, 스페인 등 코로나19 피해가 막심한 나라에 보조금(grants)을 지급하는 파격적인 내용을 담고 있다.

이 조치는 두가지 점에서 유로동맹의 미래에 신기원을 열었다고 평가된다. 먼저 이 기금의 채권이 유로 이름으로 발행됐다. 매우 상징적인 사건이다. 1790년 미국의 초대 연방 재무장관 알렉산더 해밀턴은 개별 주(state)가 가진 부채를 연방이 흡수하는 합의를 이끌어내 미합중국의 경제적 기틀을 마련했다. 이에 빗대어 유럽의 합의를 '유로판 해밀턴 모멘트'라고 비유한다.

기금의 또다른 특징은 대규모 보조금을 지급하기로 했다는 점이다. 독일, 네덜란드, 오스트리아 북구 3국 등 재정건전파와 재정적자가 큰 남부유럽 국가 간에는 경제구조와 경제철학에서 뚜렷한 차이가 있다. 경상수지 측면에서도 독일이 매년 흑자를 기록하고, 대부분의 나라, 특히 남유럽 국가는 적자국이다. 개미와 배짱이 우화처럼 흑자국 국민들은 적자국에 대한 인식이 좋지 않고 그래서 배짱이 나라를 무상으로 지원하는 정치적 합의안에 극력 반대해왔다. 그런데 그 오래된 반목과 금기(taboo)가 유럽경제회복기금 합의로 깨졌다.

대한민국 재정정책 논쟁

우리나라에서는 재정의 경기 조절 기능과 적정 국가채무 수준에 대한 논의가 본격화되고 있다. 특히 팬데믹 위기 대응 과정에서 전국민 재난지원금 지급 문제와 자영업자 손실보상 범위, 일자리 관련 지원, 의료·복지수요 등을 둘러싸고 첨예한 갈등이 벌어지는 사례가 점점 늘고 있다.

국회 그리고 피해가 집중된 국민들은 다른 나라에 비해 재정이 매우 건전하므로 지금과 같은 위기 상황에서 재정을 적극적으로 활용해야 한다고 주장한다. 반면 재정당국과 상당수의 일반 국민은 장래 복지재정 부담을 감안하면 지금의 건전성은 일시적인 현상이라는 입장을 견지한다.

양 진영 간에 중장기 재정건전성 유지 필요성과 전망에 대한 견해가 판이하다보니 재정정책을 둘러싼 갈등은 왕왕 재정당국에 대한 정치권의 성토와 질타 형태로 표출되고 있다.

"이 나라가 기재부의 나라냐"

팬데믹 위기 이후 재정의 역할과 운영방식(modus operandi)을 둘러싼 전문관료 조직과 정치인 사이의 갈등이 전례없는 수준으로 고조되었다. 재난지원금 지급범위와 손실보상금 제도 법제화 등을 둘러싼 국회와 재정당국 간의 의견충돌 과정에서 언론에 회자된 '이 나라가 기재부의 나라냐?'라는 문구는 한국에서 재정의 역할을 둘러싼 사회적 갈등을 상징하는 말이 되었다. 팬데믹 재난지원 예산안을 두고 정부와 여당 간의 정책 협의와 조율이 여러차례 난항을 겪었고 이 과정에서 대통령실이 기재부의 제안을 수용하는 일이 잦았다. 기획재정부는 예산을 편성하고 집행하는 기능을 넘어 우리나라 거시경제정책을 총괄하고 장기전략을 담당하는 부총리 부서이다. 그런데 재정정책 논쟁에서 기획재정부는 대체로 예산기능에 몰두하여 거시경제정책의 큰 틀에서 동 사안을 바라보고 외부와 소통하는 노력이 부족했다.

우리나라는 재정당국이 편성한 예산안을 국회가 대폭 수정하는 것을 어렵게 하는 법률상의 방어 장치가 다른 나라보다 더 강력하다. 헌법 제57조는 국회는 정부의 동의 없이 정부가 제출한 지출예산 각 항의 금액을 증가하거나 새 비목을 설치할 수 없다고 규정하고 있다. 예산 장관의 권한이 헌법에 이렇게 구체적으로 명문화된 사례는 국제적으로 많지 않다.

둘째, 국회법 제85조의 3(이른바 국회선진화법)에 따르면 위원회 심의 중인 예산안 등과 세입 예산 부수 법률안이 처리기한(11월 30일) 내 의결되지 않을 경우 그 다음 날에 본회의에 자동 부의(12월 1일) 된다. 법정기한 안에 국회에서 여야 간에 합의되지 않을 경우 정부 원안이 자동으로 부의된다. 이 조항도 일차적인 목적은 이른바 날치기 방지이지만 정부 원안의 협상력을 크게 높여주는 부수적인 효과를 갖는다.

헌법과 국회선진화법 해당 조항은 재정지출이나 수지를 미리 정해둔 범위 이내로 제한하는 재정준칙(fiscal rules)은 아니지만, 정치적 고려나 타협으로 특정 연도에 재정이 급팽창할 소지를 줄여준다는 점에서 비슷한 취지의 재정규율(fiscal discipline) 장치라고 볼 수 있다.

한국 재정을 바라보는 해외 시각

한국경제를 모니터링하고 정책조언을 하는 국제기구와 신용평가사의 한국 재정에 대한 입장은 단정적으로 말하기 어렵다. IMF나 OECD는 한국경제가 어느정도 추가적인 재정정책의 여지(fiscal room)를 보유하고 있다고 평가한다. 그럼에도 불구하고 국제투자자나 신용평가회사들은 지난 몇년 사이 우리나라 국가부채 증가 속도가 가파르게 증가하고 있다는 점에 주목하기 시작했다.

국제신용평가사 피치(Fitch)는 고령화에 따른 지출 압력을 감안할 때 높은 부채 부담은 한국 재정 여력에 위협이 될 것이라고 지적하였고(2021.7), 무디스(Moody's)는 역사적으로 높은 수준에 있는 국가 채무가 계속 증가할 경우 그간의 건전한 재정관리 이력(track-record)이 시험대에 오를(test) 것이라고 경고한 바 있다. 피치는 정부가 국회에 제출한 2022년 예산안에 대한 논평(2021.9)에서도 한국 정부의 재정안정화 속도가 기대보다 완만하다(only modest)고 평가하면서도, 재정안정화 속도가 현재 수준일 경우 국가채무비율 증가세가 지속될 것이고 현격한 채무비율 상승은 중장기적으로 신용등급을 압박하는 요인이 될 수 있다고 언급했다.

중장기 재정건전성에 대한 판이한 인식

시스템이 무너질 절체절명의 위기를 겪으며 재정정책 패러다임을 크게 바꿔나가는 미국, 유럽연합에 비해 우리나라는 위기의 강도나 범위가 상대적으로 작다. 그러므로 재정의 방향과 역할에 대한 사회적 논의는 조금 더 차분하고 생산적인 방식으로 이루어질 필요가 있다.

먼저, 중장기 재정건전성을 위협하는 요인과 충격의 정도에 대한 인식의 차이를 좁히는 것이 이후 논의를 위해 바람직하다. 저출생과 베이비붐 세대 대량 은퇴로 인구구조의 불균형 상태가 심화되고, 고령화의 진전 속도가 매우 빠르다는 점은 이론의 여지가 없다. 국민연금이 적게 내고 많이 받는 구조로 되어 있어 연금개혁 조치가 없다면 연금재정이 후대로 갈수록 빠르게 나빠진다는 것도 연금 수리학의 영역이라 논란의 대상이 될 수 없다.

국민연금제도 도입 후 초기 30년 정도까지는 가입자가 젊고 연금수급자가 거의 없어 연금자산이 빠른 속도로 적립되었다. 제도 도입 시에는 연금기여율(9%) 대비 소득대체율(40%)이 상당히 높게 설정되었다. 그런데 2020년대 들어서며 베이비붐 세대인 연금수급자가 늘면서 연금자산의 순적립 규모가 줄어들기 시작했다. 2030년대 들면 연금 지급액이 더욱 빠른 속도로 늘어날 전망이다. 반면 젊은 세대 인구가 줄어 연금으로 새로 들어오는 금액은 갈수록 줄어든다. 연금기여율을 높이고 지급률을 낮추지 않으면 국민연금 수지는 해가 갈수록 악화된다. 이러한 국민연금의 구조적인 부담 요인에 대한 장기수지 전망은 분석기관별로 그다지 차이가 발생하지 않는다.

구조적 요인을 대동소이하게 전망하면서도 행정부와 예산정책처의 장기 재정 전망이 현저하게 차이가 나는 이유는 금융위기나 팬데믹 발생과 같은 특별한 사유 때문에 일정 시기에 한시적으로 늘어난 대규모 재정지출(재난지원금, 손실보상금, 고용유지지원금, 소비쿠폰 등)이 장래 재정지출 추세에 항구적인 영향을 주는지 여부에 대한 가정이 다르기 때문이다. 정부는 특정 사유가 사라진 다음에는 재정지출을 일시적 재정지출 소요가 없었던 평상시 수준으로 복귀시키는 방향으로 총지출 증가율을 억제하는 노력을 경주할 것이라고 가정한다. 이에 따라 일시적으로 악화된 관리재정수지는 해가 갈수록 적자폭이 줄어든다는 전망을 제시한다.

반면 예산정책처는 장래 정부의 재량지출 증가율이 경상소득 증가율과 비슷한 수준을 유지한다고 가정한다. 이 가정 아래서는 특정 시기에 대폭 늘어난 재정지출 규모는 그 시기가 지나더라도 높아진 지출 베이스로 남아 장래 재정수지 추세에 항구적인 부담을 주게 된다. 재정준칙같이 객관적으로 인정할 만한 지출통제 장치가 새로 마련되지 않는 한 같은 구조적 요인을 두고도 중장기 재정건전성 전망에 대한 기관간 가정과 입장 차이를 좁히기가 쉽지 않다.

금융부채와 통일비용에 대한 견해차

우리나라 중장기 재정건전성을 분석할 때 앞서 말한 구조적 요인 외에 금융부채의 크기와 통일비용까지 고려해야 할지에 대해서도 의견이 분분하다. 대규모 금융위기와 급변사태에 따른 우발채무 발생 가능성을 어떻게 보느냐 하는 문제다. 해외 투자자와 신용평가사는 금융부채는 물론 통일비용까지 우발채무로 포함해서 보는 경향이 있다. 이들 기관이 다른 나라보다 한국 재정의 중장기 건전성을 보수적으로 판단한다는 뜻이다.

늘어난 복지수요 등을 감안할 때 앞으로 재정의 역할이 상당히 커져야 하는 상황인데도 우리가 유독 재정건전성 원칙을 고수해야 한다고 주장하는 목소리가 강한 배경에는 이와 같이 외환위기의 아픔과 분단 상황이 투영되어 있다.

적극재정에는 구조개혁이 필수적이다

이런 점을 감안하면 적극재정을 무리 없이 추진하기 위해서는 중장기 재정건전성에 부담을 주는 요인들에 대한 구조개혁 방안이 함께 추진돼야 한다. 장기적으로 재정건전성에 부담을 줄 요인을 직시하고 항목별로 단계적인 완화방안을 제시하면서 특정 시기에 대규모 재정확장에 나선다면 국제투자자 등 보수적인 입장을 가진 쪽도 설득하기 쉬울 것이다.

구조개혁 중에서는 현 세대에게 유리한 저부담-고복지의 국민연금제도를 단계적으로 중부담-중복지 수준으로 개혁하는 방안이 제일 중요하다. 홍순만(2021)[5]은 국민연금의 고갈을 막을 수 있는 정책 대안으로 ① 현재의 9%인 보험료를 인상하는 방안, ② 현재 40%인 소득대체율을 낮추는 방안, ③ 연금의 수급개시 연령을 상향 조정하는 방안(정년연장과 연계된 이슈), ④ 확정급여(defined benefit) 방식에서 확정기여(defined contribution) 방식으로 전환하는 네가지 옵션을 제시한다. 어느 방안을 택하든 젊은 세대의 부담을 줄이고 연금의 건전성 악화 위험을 축소할 수 있다. 다만 현재보다 혜택이 적어지는 방식의 개혁은 국민적 반발에 직면할 수 있기 때문에 지속가능성을 확보하기 위한 설득 과정이 필수적이다.

증세와 지출개혁을 통해 재정수지를 보강하고 재량지출을 통제할 수 있도록 국가재정운용계획 운영방식을 강화하는 방안도 필요하다. 현재 국가재정법상 국가재정운용계획은 당해연도 예산안이 전년도에 국회에 제출된 국가재정운용계획에 반영되었던 내용과 크게 차이가 나도 아무런 페널티가 없다. 다년도 국가재정운용계획의 신축성을 인정하되 특정연도의 예산안이 국가재정운용계획과 차이가 나는 범위를 일정 수준 이내로 제한하고 그 수준을 넘으면 페널티를 가하는 방식으로 강화하면 특정 연도에 재량지출이 급증하는 현상을 제어할 수 있다. 직무급 제도 도입과 연계한 정년연장 등 고용시장 개혁 방안이 마련될 수 있다면 국민연금 가입자들이 더 오랫동안 일하며 연금을 납입하고 연금 개시 연령은 늦출 수 있어서 통합재정수지 개선에 큰 도움이 된다.

재정준칙 도입 논의

중장기 재정건전성을 통제하는 장치로서 재정준칙 도입도 고려해볼 만하다. 다만 재정준칙 논의를 진행하되 구체적인 방식이나 수준을 조기에 확정하는 것은 신중할 필요가 있다.

마스트리흐트 조약이라는 재정준칙을 일찍 마련하여 활발히 운영해 본 유럽연합은 팬데믹 시기 재정준칙 적용을 잠정 해제한 바 있다. EU는 1992년 마스트리흐트 조약을 통해 재정준칙을 도입(국가채무 GDP 대비 60%, 재정수지 적자 3%)한 후, 그간 유연성을 높이는 방향으로 준칙을 지속적으로 개정했다. 1997년 안정 성장 협약에서는 면제요건을 신설했고, 2005년 EU 정상회의에서는 준칙의 면책

조항을 확대했다. 2020년 3월에는 팬데믹 위기 대응을 위해 준칙 적용을 면제하기로 결의하였고, 이 면제 조치는 2022년까지 지속된 후 2023년에 중단될 예정이다.

EU는 준칙의 유연성을 확보하고, 개별국가의 특수성을 반영하는 방향으로 준칙 개정을 논의[6]중이다. 그간 면책조항 발동요건이 불분명하다는 지적에 따라 면책조항을 명확하게 재설정하여 준칙의 유연성을 담보하고, 채무(60%)와 수지적자(3%) 기준은 유지하되, 위기대응 과정에서 악화된 채무비율을 단계적으로 정상화하는 재정건전화 계획에서 개별국가의 특성이 반영될 수 있는 방향이 유럽재정위원회 보고서(2021.10) 초안에 담겨 있다.

EU 재정준칙에 대한 남유럽 국가와 북유럽 국가 간의 입장과 철학이 매우 달라서 이 논의가 단기간에 끝나기는 어려워 보인다. 이런 국제적인 논의를 차분히 지켜볼 필요가 있다. 아울러 팬데믹 이후 갑자기 나타난 인플레이션 현상과 장기금리의 향방이 재정건전성에 미칠 영향에 대한 전망이 엇갈리고 있다. 이런 점을 종합적으로 살펴보지 않고 국내에서 재정준칙 방식과 범위를 확정하면 자칫 미래에 부담이 될 수도 있다.

재정준칙 방식과 관련해서는 특정채무비율 설정은 적절치 않다는 의견이 우세하다. 재정준칙의 형식은 수지준칙에 대한 선호가 높고, 구체적으로 자산을 반영한 순수지나 이자비용을 차감한 기초재정수지(primary balance)를 활용하는 방안에 대한 논의가 활발하다.

국내외적으로 국가부채에 대한 경각심의 지표로 가장 널리 인용되는 통계가 국가부채가 GDP에서 차지하는 비율이다. 일본은 이 비율이 200%를 훌쩍 넘고 그리스가 150% 이상인 반면 우리나라는 40%대 후반으로 양호하다. 재정건전성을 중시하는 사람들은 이 비율이 어느 임계수준을 넘으면 큰일 난다고 철석같이 믿는다.

미국 예일 대학의 실러(Robert Shiller)[7] 교수는 이 비율을 너무 교조적으로 생각할 필요가 없다고 주장한다. 국가부채 규모는 경제학적으로 저량(stock)인데 GDP는 유량(flow)이다. 분모로 편의상 1년 동안의 국민소득을 쓴 것일 뿐 국채의 가중평균만기가 1년보다 훨씬 더 길다는 점을 감안하면 진정한 국가부채 상환능력 지표로는 10년 동안의 GDP가 더 적당할 수도 있다. 이 경우 그리스의 국가채무/(10년)GDP는 15%에 불과하다.

실러는 예산을 펑펑 써서 국가채무비율이 높아지기보다 경기침체로 분모인 GDP가 급격히 줄어들어서 국가채무비율이 높아지는 역인과관계(reverse casuality)가 더 명백한 경우가 많다고 강조한다. 유로존 국가같이 국가채무비율을 일정수준으로 유지하겠다고 재정지출을 억제하는 재정긴축(austerity)이 국가채무비율을 더 악화시킬 수 있다는 뜻이다.

장기금리 하락이 재정정책에 주는 의미

10년 만기 미국 국채는 세계 금융시장의 지표(benchmark) 상품이다. 23조 달러에 달하는 미국 국채시장에서도 10년물은 중심적인 지

10년 만기 미국 국채금리 추이

출처: Federal Reserve Bank of St. Louis

위를 차지한다. 그래서 10년 만기 국채의 수익률은 글로벌 금융시장에서 제일 주목받는 통계치다. 위 그래프는 1962년 이후 10년물 시장수익률의 장기적인 모양이다. 재정정책을 둘러싼 논쟁에서도 제일 중요한 그래프라고 할 수 있다.

1962년부터 1981년까지 약 20년간은 시장수익률이 상승추세를 보였다(1962년 1월 4.1% → 1976년 11월 7.01% → 1981년 9월 15.84%). 그런데 1982년부터 수익률이 하락세로 돌아섰다. 무려 40년간 이어진 추세적인 하락이다. 그사이에 닷컴 버블, 글로벌 금융위기, 팬데믹 위기 등 시장이 크게 출렁이는 시기가 있었지만 채권시장 강세(수익률 하락) 흐름은 바뀌지 않았다.

수익률은 1984년 6월에 13.84%를 기록한 후 1994년 11월에는

7.91%까지 떨어졌다. 세계화가 진전되며 신흥국 저축이 미국채권 시장으로 몰려들면서 2007년 6월에는 다시 5.03%로 하락했다. 2020년 6월에는 최저점인 0.66%까지 떨어졌다. 팬데믹 충격이 극심한 시기에 안전자산으로 돈이 몰렸기 때문이다. 2022년 2월 현재 기대인플레이션이 반영되면서 1.8%대까지 상승했다.

장기금리가 이렇게 장기간 하락한 배경은 무엇일까? 첫째, 베이비붐 세대의 연금자산이 막대하게 축적되며 장기 채권 수요를 늘렸다. 둘째, 양극화가 원인이다. 기업부문은 천문학적인 이익을 거두는 초대형기업과 일반기업 간, 가계는 상위 20%와 나머지 80% 간 자산과 소득격차가 날로 커지고 있다. 주체하기 힘들 정도로 쌓이는 사내유보금과 고소득층 저축액 중 상당액이 가장 안전한 자산인 국채에 투자된다. 셋째, 세계화의 순풍이다. 중국, 인도 등이 세계의 공장으로 등장하면서 상품과 서비스의 생산비용이 대폭 낮아지면서 전반적인 물가수준이 안정되었다. 넷째, 글로벌 저축과잉(saving glut)이다. 신흥국이 외환보유액을 크게 늘리면서 달러자산 중에 수익률이 높은 미국 국채 선호가 높아졌다. 다섯째, 금융혁신의 진전이다. 1980년대 이후 금융규제 자유화 등 금융혁신에 유리한 환경이 조성되며 금융투자상품이 급팽창했다. 금융부문이 커지면서 각종 투자 포트폴리오의 기초가 되는 10년 만기 국채에 대한 수요가 새로 창출되었다. 여섯째, 양적완화정책이다. 글로벌 금융위기와 팬데믹 위기를 수습하면서 선진국 중앙은행은 양적완화 정책을 통해 장기국채를 대량으로 매입했다.

장기금리는 국채 차입비용(borrowing cost)과 직결된다. 차입비용

GDP 대비 미 연방정부 부채와 이자비용 비율

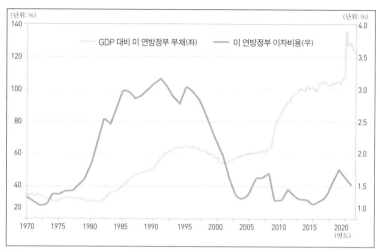

출처: Federal Reserve Bank of St. Louis

은 기초재정수지(primary balance)를 좌우하고, 이 수치는 지속가능한 국가채무(debt sustainability) 수준이 어느 정도인지 가늠하게 해준다. 장기금리가 재정정책 논쟁에서 왜 중요한지 미국의 예를 보자.

미국의 국채 이자비용/GDP 비율은 1991년에 3.2%로 최고치를 기록했다. 그해 미국의 국가채무비율은 59% 수준이었다. 미국은 당시 무역적자와 재정적자라는 쌍둥이 적자에 대한 우려가 팽배했다. 급기야 대통령으로 취임한 클린턴은 큰 정부를 선호하는 민주당의 전통과 달리 재정감축을 줄기차게 추진했고, 그의 두번째 임기 후반인 1998~2001년 미국 재정은 사상 최초로 흑자를 기록했다. 이 시기 10년물 국채 수익률은 대체로 7~8%대를 기록했다.

2000년대 들어 전술한 대로 글로벌 자금이 대거 유입되면서 미국 국채수익률이 5%대 이하로 크게 떨어지기 시작했다. 2005년 미국 국가채무비율은 61%로 소폭 상승했다. 그러나 이자비용/GDP은 1.4%로 1991년 대비 절반 이하로 떨어졌다. 글로벌 금융위기와 팬데믹 위기 극복과정에서 재정의 역할이 급격히 늘어나면서 2020년 미국의 국가채무비율은 129%로 2005년보다 두배 이상 폭등했다. 그런데 더욱 낮아진 장기국채 금리 덕택에 이자비용/GDP은 1.6%로 국가부채비율이 절반 정도에 그쳤던 2005년의 그것과 별반 차이가 없었다. 국가채무비율이 두배로 증가해도 조달금리가 하락하자 차입비용 측면에서의 재정부담은 거의 변화가 없었다!

장기금리 하락추세가 견고할 경우 재정수지와 국가채무비율에 큰 문제가 없다는 점을 새롭게 인식한 후 확장재정을 옹호하는 두 흐름이 대두되었다.

약한 버전은 앞에서 설명한 블랑샤르가 내놓은 이론으로 국채금리가 성장률보다 낮으면(r < g) 국가부채비율을 신경 쓰지 말고 적극적으로 확장재정에 나서라는 주장이다.

성장률은 대체로 큰 변화가 없다고 가정하면 결국 이 주장의 타당성은 장기금리의 미래향방을 어떻게 예상하느냐에 달려있다. 앞에 정리한 여섯가지 요인이 미래에도 작용한다고 믿는 사람은 블랑샤르의 말을 수긍할 것이다. 반대로 팬데믹 이후 새롭게 나타난 인플레이션 현상이 40년간 이어진 장기금리의 하락추세에 종언을 고하고 장기금리가 1980년대 이전의 상승세로 전환된다고 믿는 사람은 재정정책에 대해 매우 보수적인 태도를 취하게 될 것이다.

재정정책 논쟁에서 장기금리 전망이 이렇게 중요하다.

현대통화이론(MMT)의 실상

강한 버전은 화폐 발행을 통한 재원 조달을 옹호하고, 재정적자가 지속 가능하다고 주장하는 이른바 현대통화이론(MMT)이라고 지칭되는 유파다. 현대통화이론은 중앙은행이 발권력을 이용해 정부에 차입비용 없이 무제한적으로 통화를 제공하고 정부는 재정 악화를 고려하지 않고 완전고용이 달성될 수 있도록 재정지출을 확대하는 것이 바람직하다는 파격적인 주장이다.

현대통화이론은 명칭과 달리 그 자체로 정교한 내적 정합성을 갖춘 이론은 아니다. 2000년대 이후 특정 시기에 장기간 지속된 국채시장 특징과 여건(저금리)을 관찰한 후 이 현상을 사후적으로 정부가 화폐 발행을 통해 재정지출을 무한정 확대해도 문제가 없다는 주장으로 전치한 것으로 보인다. 그나마 물가가 오르지 않고 장기금리가 낮은 상태에 머무를 때는 이런 관찰과 주장이 일부 미국 정치가들의 입을 통해 매력적인 이론인 양 소개되었다.

그러나 2021년 들어 앞에서 살펴본 대로 과감한 확장재정 패키지로 인해 강력한 인플레이션 현상이 나타나면서 화폐 발행을 통해 재정지출을 확대해도 물가를 걱정할 필요가 없다는 현대통화이론의 핵심주장이 흔들리고 있다.

장기금리 전망: 금융억압 대 인구 대역전

장기금리는 40년간의 하락추세를 이어갈 것인가? 아니면 팬데믹 이후 고개를 든 인플레이션 현상이 기폭제가 되어 오랜 하락을 멈추고 상승세로 대전환될 것인가? 이 이슈는 전문 투자자, 학자, 정치가, 경제관료 모두에게 엄청나게 중요하다. 이 질문에 대해 어떤 의견을 가지느냐가 재정정책에 대한 한 사람의 성향을 좌우한다.

시장은 관성이 지배하는 경향이 있다. 2021년부터 미국에서 이례적으로 높은 물가상승률이 지속되는데 10년물 미국국채 금리는 오히려 계속 하락하여 역사적 저점수준인 1.3%대에 머물렀다. 물가상승률을 감안하면 실질금리가 마이너스 3%대에 달하는데도 사람들은 미국 국채를 앞다투어 샀다. 연준이 2021년 말 금리인상 방침을 밝히자 장기금리는 상승세로 전환되었다. 그러나 상승폭은 그다지 크지 않아 전술한 대로 10년-2년 국채 만기별 수익률 차이 곡선은 평탄하다. 시장참가자들이 여전히 지금의 높은 인플레이션이 일시적인 현상에 불과하고 미래 경제전망을 어둡게 보고 있기 때문이라는 해석이 가능하다. 40년간의 장기금리 하락추세를 불러온 힘이 일시적인 인플레이션 현상보다 강하다고 믿는 사람들이 아직은 다수라는 뜻이다.

더 그럴듯한 설명도 있다. 러셀 내피어(Russel Napier)는 팬데믹으로 정부의 직간접 채무가 천문학적으로 늘어난 이 시점이 20세기 중반에 유행했던 금융억압체제가 다시 시작되고 고착화되어가는 초입이라고 주장[8]한다. 단기간에 부채가 급격히 늘어난 정부는 중앙은행의 국채 매입을 장려하고 수익률곡선통제(YCC)정책으로 장기금리 상승을 억제한다. 금융위기 이후 도입된 여러 금융규제는 은행과 기관 투자자에게 국채를 많이 보유하도록 유도한다. 금융억압체제에서 장기금리는 물가상승률과 연동되지 않고 정부의 인위적인 지도와 정책에 좌우된다.

'단언컨대 미래는 과거와는 완전히 다를 것이다.' 찰스 굿하트 (Charles Goodhart) 등이 2019년에 펴낸 책『인구 대역전』(한국어판 백우진 옮김, 생각의힘 2021)에서 내놓은 도발적인 발언이다. 그의 논지는 인플레이션의 추세적 하락을 가져온 중국과 동구의 개방과 세계화의 물결은 이제 끝이 났고, 앞으로는 인구 고령화와 저성장으로 부채의 부담이 커지면서 세계가 40년 만에 다시 인플레이션 시대로 접어든다는 주장이다. 1970년대식 인플레이션 시대의 재림을 경고하는 셈인데 앞으로 서서히 그런다는 게 아니라 당장 2020년부터 적어도 5% 정도 물가가 오른다는 강한 전망을 담고 있다. 인구구조의 변화와 역세계화 현상은 장기적으로 물가를 포함한 거시경제와 자산시장에 커다란 지각변동을 가져올 핵심요인이다.

굿하트의 책은 팬데믹 위기 이전에 탈고되었다. 그런데 공교롭게도 2020년에 팬데믹 위기가 불어닥쳐서 굿하트가 경고한 대로 강한 인플레이션이 나타났다. 바이러스라는 다른 요인 때문에 발생한 현상이긴 하나 어쨌든 오랜만에 찾아온 인플레이션 충격은 미래가 과거의 단순한 연장이 아닐 수 있다는 점을 깨닫게 해주며 굿하트의 인플레이션 시대 재림 주장이 새삼 주목받고 있다.

외국인 국채투자 확대를 보는 상반된 시각

지금까지 세계에서 가장 선호되는 안전자산(safe asset by choice)인 10년 만기 미국 국채의 장기적인 움직임에 대해 알아보았다. 자본시장이 개방되어 있어서 주요 선진국의 국채 금리는 서로 동조되는 경향을 보인다. 그러나 국가별 신용도 등에 따라 미국 국채와 다른 나라 국채 간에는 엄연한 위험도 차이(spread)가 있다.

우리 국채는 어느 정도 안전자산에 가까운가? 최근 우리나라 국고채와 원화의 위상이 높아지고 장기금리가 낮은 상태에 머물고 있다. 그렇다면 시장 충격 없이 국채를 대량으로 발행하고 높은 수준의 재정적자를 유지할 수는 없는 걸까?

최근 몇년 사이 외국인의 국고채 투자자금이 견조하게 유입되고 있다. 선진국 수준의 안정적인 펀더멘털과 신흥국 수준의 높은 국채 수익률이 주된 호재이다. 주요국 국채 10년물 금리(2021년 12월 말)를 보면 미국 1.5%, 영국 1.0%, 호주 1.6%, 한국 2.3%으로 국고채가 월등히 높다. 양호한 재정건전성과 원화 채권의 안전자산 지위 상승 등의 요인도 작용한 결과이다.

외국인 국고채 순투자는 과거 연 10조원을 밑돌던 수준에서 2020년 23조원, 2021년 43조원 수준으로 크게 확대되었다. 외국인의 원화채 보유액은 최초로 200조원을 돌파하여 전체 원화채 시장 외국인 비중은 과거 5~6%대에서 2021년에는 10%에 근접했다.

외국인 채권자금의 견조한 유입은 팬데믹 위기 대응과정에서 국고채의 안정적인 발행과 금융시장 안정에 핵심적인 역할을 했다. 수차례 추경 편성으로 2019년 대비 2020년 국고채 발행량이 70조원 이상 늘어났다. 당시에는 갑자기 늘어난 물량을 금리 부담 없이 원활하게 소화할 수 있을지 걱정이 많았다. 때마침 외국인이 국고채 투자[9]를 크게 확대하며 수요를 견인해주어 차질 없는 정부 재원을 조달하고 국고채 금리를 안정시킬 수 있었다. 이 과정에서 종전 10%대 중

202

반 수준이었던 외국인의 국고채 보유 비중[10]은 최근 20%에 근접하게 상승했다.

외국인의 대규모 투자자금 유입이 앞으로도 계속된다는 보장은 없다. 추경 등 대규모 국채 발행과 같은 재정 이슈가 부각될 경우, 국채가격 하락 전망 형성과 함께 채권시장 불안이 가중되고, 외국인 채권자금이 유출세로 전환될 가능성을 배제할 수 없다.

우리나라는 기축통화국이 아니며 소규모 개방경제라는 점에 유의해야 한다. 대규모 국채 발행을 중앙은행 발권력에 의존하여 해결하는 데 한계가 있다. 비기축통화국이 과도한 국채발행 물량을 발권력을 동원해 소화할 경우 국가신용도 하락, 환율 불안정성 확대, 인플레이션 자극, 자본유출 가속화 등 여러가지 부작용이 발생할 수 있다.

금융위기를 연구하는 학자들은 신흥국이 자국통화로 해외 채권을 발행할 수 없어 부득이 달러 같은 외화로 해외에서 채권을 발행해야 하는 상황을 '원죄'(original sin)라고 표현한다. 해당 채권은 발행한 통화인 달러로 갚아야 한다. 국제금융시장이 불안해지고 달러 수급에 어려움이 생기면 신흥국은 당해 외화채권을 차환할 길이 막혀서 외환위기 국면으로 몰리게 될 위험이 커진다. 자국통화로 국채를 발행하고 그 국채를 외국인이 사는 것은 외화로 채권을 발행하는 이른바 원죄 상황에 비해 월등히 낫다.

자국통화로 발행한 채권이라고 해서 부담이 없는 것은 아니다. 외국인의 국채보유 비중이 지나치게 높은 나라는 외국인이 어느 순간 그 국채를 재매입하지 않고 순유출세로 전환하면 큰 고통을 겪는다. 외국인은 원화채권을 팔아 달러로 바꿔 해외로 나갈 테고 그것 또한 무시하지 못할 수준의 외환시장 불안요인이 된다.

최근의 국채시장 상황과 미래 전망을 두고 각기 다른 두가지 주장이 가능하다. 먼저 한해 70조원에 달하는 대규모 신규발행 물량을 외국인 투자자의 강한 수요로 너끈히 소화할 정도로 국고채가 국제적인 안전자산에 가까워졌다고 할 수 있다. 반면 외국인의 국고채 순투자는 이제 한계에 다다랐고 설령 그렇지 않다고 해도 국채 소화를 외국인에게 과도하게 의존하는 것은 금융안정 측면에서 경계해야 한다고도 볼 수 있다.

어느 쪽 말이 맞을까? 2022년 이후 세계경제에 복합위기가 발생할 가능성이 지평선 위에 아른거리고 외환위기를 경험한 우리로서는 보수적이고 방어적인 입장에서 신중하게 접근하는 편이 낫겠다.

3장

양극화 해소

"빈부격차는 가장 오래되고 치명적인 질병이다."

고대 그리스 철학자 플루타르코스(Plutarchos)의 유명한 말이다. 빈부격차, 양극화 등 경제적 불평등은 이미 2천년 전에도 '아주 오래된' 인류의 근심거리였다. 현재 우리는 세계화, 고령화, 디지털 전환 등 경제적 불평등을 심화시킬 수 있는 다양한 요인을 안고 살아가고 있다. 우리나라를 포함해, 대부분의 국가가 경제적 불평등을 완화하고 개선하기 위해 다양한 각도에서 고민하고 정책으로 실천하고 있다. 다만, 그 효과는 만족스럽지 못하다. 피터슨연구소(PIIE)가 발간한 보고서(*How to Fix Economic Inequality*)에서도 지적했듯이 1980년대 중반 이후 거의 모든 선진국들의 지니계수는 상승했다.

한편, 코로나19는 그 어느 때보다 불평등한 경기침체를 유발하고 있고 이 때문에 양극화 문제가 더욱 심각해질 수 있다는 우려의 목소리가 크다. 전 세계적으로 코로나19로 인한 상처는 저숙련 노동자, 영세자영업자, 의료체계 사각지대 등 사회안전망 바깥의 취약계층에게 집중되고 있다. 우리도 크게 다르지 않다. 떨어진 경제성장률은 시장의 힘만으로도 반등할 수 있을 것이다. 그러나 코로나19로 위협받고 있는 경제적 형평성을 지켜내기 위해서는 섬세한 분석과 강력한 실천이 필요하다.

우리나라의 소득 불평등도는 1997년 외환위기를 겪으며 높아졌다. 1997년 외환위기가 한국의 소득불균형에 미친 영향은 한국은행이 펴낸 보고서(「가계소득의 현황 및 시사점」, 2013)에 잘 담겨 있다. 1990년에 국민총소득에서 70%를 상회하던 가계소득이 2000년대 들어 지속적으로 하락하여 급기야 2011년에 그 비율이 61.6%에 그쳤다. 다른 나라와 비교해도 현저히 낮다(미국 76.4%, 독일 76.7%, 프랑스 73.2%). 이 기간중 가계는 줄어드는 소득을 부채로 충당하였고 그 결과 가계부채가 급증하였다. 2000년대는 한국 기업부문의 질주시기이다. 1990년에 국민소득에서 기업부문의 이익이 차지하는 비중이 16.1%에 그쳤으나 2011년에 그 비중이 24.1%로 급상승하였다.

외환위기를 거치면서 한국 기업부문의 수익력이 이전 시기와 비교가 되지 않을 정도로 개선되었다. 한국 자영업자의 최대 호황기는 1996~2000년이었다. 그 기간 자영업자의 영업이익증가율은 연 9.3%로 법인기업 증가율 7.5%를 상회하였다. 그러나 2001년 이후 자영업자의 영업이익증가율은 연 1.5% 수준으로 급락하였다. 우리나라 가계는 소득의 97.3%를 소비에 지출하는데도 가계소득의 증가세가 낮기 때문에 GDP 대비 가계소비 비중은 59.8%에 불과하여 OECD 평균 68.5%에 크게 미치지 못한다. 우리나라 기업저축은 2000년대 들어 연 11% 이상 증가하였으나 가계저축은 연 4.5% 늘어나는 데 그쳐 기업의 현금유보가 점점 더 늘고 있다.

다행히 2010년대 이후에는 소득 불평등이 점차 개선[1]되는 모습을 보인다. 이는 기초노령연금, 근로장려세제, 기초생활보장제도 등 다양한 복지제도가 정착·강화되는 데에 기인한다.

그러나 여전히 갈 길은 멀다. 정부 정책에 힘입어 분배지표가 개선되고 있는 것은 맞지만 복지 선진국과 비교하면 전반적인 소득분배 수준이나 정책의 분배개선 효과 양 측면[2] 모두 더 분발해야 한다. 또한 시장소득만을 놓고 본 분배상황은 오히려 악화[3]되고 있다는 점 역시 간과해서는 안 된다. 경제적 불평등 교정을 위한 정부의 노력이 약화되면, 분배는 또다시 빠르게 악화될 수 있다는 뜻이기 때문이다.

코로나19는 경제적 양극화 문제에 관한 우리 사회의 해결 의지와 능력을 시험하고 있다. 정부는 취약계층의 생계 고통을 덜어주기 위해 팬데믹 위기 대응과정에서 이전보다 재정을 적극적으로 운용하며 대응해왔다고 평가할 수 있다. 그러나 이같은 단기 대응보다 중요한 것은 코로나19로 인해 더 벌어질 수 있는 '시장의 경제적 불평등'이 위기 이후 구조적으로 고착화되지 않도록 막아내는 것이다.

대한민국의 경제적 불평등 문제를 해결하기 위해 우리는 어떤 선택을 해야 할 것인가? 다음 세 분야에 관한 선택이 특히 중요하다고 본다. 첫째, '산업역군들의 노후', 둘째, '고용안전망 사각지대', 셋째, '자산 격차'이다. 이것들이 우리 사회의 난제가 된 것은 문제의 원인에 관한 분석이나 현상에 대한 진단이 부족해서일 수도 있지만 우리가 과감하고 혁신적인 '선택'을 하지 못한 결과일 수도 있다.

산업역군 세대의 노인빈곤 해결 방안

2022년의 우리는 앞선 세대가 뿌리고 가꾼 기적의 씨앗으로 거둔 풍성한 열매를 누리며 살고 있다. 1960년대 이래 개발연대의 정책 결정자들은 '경제개발 5개년 계획' 등을 통해 의료, 복지 등 우리 공공 서비스의 기틀을 다졌다. 나 역시 그들이 물려준 유산을 감사해하며, 정부에서 일하는 동안 중진국을 넘어 선진국으로 도약하기 위한 경제정책 입안에 참여한 바 있다.

다만, 20년, 아니 10년만 일찍 도입되었더라면 하는 아쉬움이 크게 남는 제도가 있다. 바로 '국민연금'이다. 현대적 의미의 국민연금은 프로이센의 재상 비스마르크(Otto von Bismarck)가 원조다. 비스마르크가 연금을 도입한 것은 1889년이다. 우리보다 딱 100년 앞섰다. 미국은 1935년에, 일본은 1942년에 사회보장제도가 도입되었다. 우리가 경제개발을 늦게 시작했으니 국민연금 도입도 다른 나라보다 늦은 것은 어쩔 수 없다. 그래도 1989년은 아무리 생각해봐도 너무 늦었다. 당시에는 5년마다 정부가 경제개발정책을 세우고 장기전략을 적극적으로 모색하던 시기인데 유독 이 중요한 정책에 일찍 주목하지 않았는지 두고두고 아쉬운 대목이 아닐 수 없다.

국민연금이 1989년에 도입되었으니 은퇴 후에 국민연금을 온전히 받을 수 있는 지금의 40대가 은퇴할 즈음엔 노인빈곤 문제가 지금보다 한결 나아질 것이다. 가난한 나라에서 태어나 나라로부터 받은 도움보다 나라를 위해 바친 희생이 큰, 이제는 일선에서 물러난 산업화 시대의 역군들이 '빈곤의 공포' 앞에 놓여 있다. 우리의 노인빈곤율은 2017년 기준으로 44.0%에 달한다. OECD 회원국 평균인 14.8%

의 3배 수준이다.

일자리도 없고 연금도 없고, 도움 받을 자녀마저 없는 가난한 노인들이 선택할 수 있는 길은 많지 않다. 그 결과로 우리나라 노인 자살률은 안타깝게도 OECD 회원국 중 1위다. 보건복지부가 발간한 『2021 자살예방백서』에 따르면 2019년 기준 우리나라 65세 이상 노인 자살률은 10만명당 46.6명으로 OECD 1위다. OECD 평균 17.2명에 비해 2.7배나 높다. 2위인 슬로베니아(36.9명)에 비해서도 10명 가까이 많다. 노인빈곤 문제를 방치하는 것은 이들을 죽음으로 내모는 것과 크게 다르지 않다.

노인빈곤율과 자살률은 대한민국의 여타 경제지표와 어울리지 않는 당혹스러운 숫자이다. 우리나라에서 공식 은퇴연령은 50~60대 초반이지만 실질 은퇴연령은 70세를 상회한다. OECD 국가 중 가장 높은 수준이다. 우리 곁에는 은퇴하고 싶어도 쌓아둔 연금이 없어 살기 위해 어쩔 수 없이 뭐라도 해야 하는 사람이 그만큼 많다는 뜻이다.

한국은 세계 10위권에 드는 나라다. 경제발전, 스포츠, 문화 한류까지 못하는 게 없는 이 대단한 나라가 왜 유독 노인빈곤 문제 앞에선 이렇게 무력할까?

우리나라에 국민연금 제도가 늦게 도입된 것이 노인빈곤의 가장 직접적인 원인이다. 그나마 기초노령연금과 전 국민 건강보험이 최소한의 버팀목이 되고 있으나 그 정도로는 은퇴생활을 하기에 태부족이다. 연금 가입기간이 짧아 국민연금의 혜택을 일부밖에 또는 전혀 받을 수 없는 지금의 60대 이상 세대의 상당수가 가난 속에서 혹독한 노년을 보내고 있다.

그래서 우리나라 노인은 일이 필요하다. 경제통계에서 생산가능 인구는 15세~64세이지만 우리나라 실효 은퇴연령은 73세 언저리[4] 로 추산된다. 베이비붐 세대 노인 인구가 늘어갈수록 65세 이상 취업자가 전체 고용시장에서 차지하는 비중도 커지는 추세다. 노인 일자리는 어디에 있는가? 가사, 돌봄, 방범, 청소 등 노인형 민간 일자리도 많이 늘고 있으나 단일분야로는 공공 일자리 사업이 제일 중요하다. 우리나라 노인 공공 일자리 사업과 예산이 월등히 큰 것은 선진국에 비해 은퇴자를 위한 연금지출 예산이 그만큼 적기 때문이다. 그들은 생계를 위해 돈이 필요하고 그 돈은 임금 혹은 연금이 될 수밖에 없다.

우리나라 인구구조는 노동시장에서 퇴장하는 고령자 숫자가 새로 들어오는 청년 숫자보다 많은 인구 절벽 단계로 접어들었다. 가정이지만 우리가 선진국같이 연금제도를 갖춰 은퇴자들이 연금을 받고 일을 하지 않는다면 우리나라 취업자 수는 매년 큰 폭으로 줄어들 수밖에 없다. 경제성장률도 그만큼 낮아질 것이다. 역설적으로 연금이 없어 공공 일자리 사업 등을 통해 일을 더 해야 하는 사람이 많은 현실이 인구 구조상 불가피한 우리나라 취업자 수의 급속한 감소를 막아주는 효과도 있다.

우리나라 노인 일자리 사업은 공적 은퇴연금의 결여를 메워주고, 급격한 취업자 수 감소를 완충해주는 한시적인 정책대응으로서 불가피하다. 국민연금 의무가입제도가 1999년에 실시되었으니 대부분의 국민이 30년 정도 연금을 납입하고 은퇴하는 2030년부터는 공공 일자리 사업에 의존할 노인 인구도 현저히 줄어들 것이다.

2020~30년 10년간 지속될 심각한 노인빈곤을 해결할 방안으로 생각해볼 수 있는 정책은 사실 세가지뿐이다. ①특정 연령 이상에 한해 기초연금을 한시 인상, ②노인 일자리 사업의 지속, ③노인 일자리를 민간에 맡기고 악화될 노인빈곤의 결과 수용이다. 세번째 대안은 이른바 자유방임이다.

노인빈곤은 그들의 잘못이라기보다 자녀를 교육하고 자녀 사업을 도와주다 그렇게 된 경우가 많다. 이 문제를 민간에 맡기고 그 결과를 받아들이자는 주장은 도의적으로나 정치적으로 설득력을 갖기 어렵다. 노인빈곤 문제는 그 나이대 어른들의 고통만으로 끝나지 않는다. 경제력을 상실한 노부모는 부양의무를 질 자녀세대의 삶에도 깊은 주름을 준다. 중년 자녀세대가 노부모 부양의 무게를 이기지 못하고 무너지면 손자손녀에게도 연쇄적으로 피해가 간다.

목전의 생계를 걱정하고 있는 '은퇴 산업역군들'의 곤궁한 현실을 직시하고 이후 세대가 그들에게 합당한 예우를 표할 방법은 없을까? 65세 이상의 어르신께 매달 일정 금액을 지급하는 기초연금을 늘리면 노인빈곤 문제가 한층 완화될 수 있다. 그런데 한번 늘리면 손대기 어려운 기초연금을 섣불리 늘리자니 세계에서도 손꼽히는 인구 고령화의 속도가 무섭다. 다가올 세대까지 포함해서 항구적으로 일정 나이대 노인에게 기초연금 지급액을 높이면 재정부담이 눈덩이처럼 커질 우려가 있다.

75세 이상 노인에 대한 한시적 추가연금 지급

특정 시기를 기준으로 75세 이상인 빈곤노인을 대상으로 20년 정도 한시로 기초연금을 추가 지급하는 방안을 어떨까? 2022년 특정시기를 기준으로 75세 이상이고 소득 하위 70%인 빈곤노인에게는 현행 월 30만원의 기초연금에다 20만원의 특별연금을 추가 지급하는 아이디어다.

젊은 세대는 연금이나 각종 사회보장 측면에서 기성세대보다 젊은 세대가 불리하다고 느낀다. 청년 일자리 대책 등 더 시급한 과제가 많은데 굳이 고령층을 위해 특별연금을 지급하여 재정에 부담을 주어야 하는지 쉬이 동의하기 어려울 수 있다. 현재의 젊은 세대가 은퇴할 때는 대부분이 국민연금이라는 최소한의 안전판이 있다. 국민연금 등 사회 안전판에 접근할 기회가 제한되었던 이전 세대를 대상으로 한 한시적 맞춤형 응급조치를 생각해볼 만하다.

이 방안의 상세한 구상은 다음과 같다.

① 현 75세 이상 고령층은 기대여명을 고려[5]하여 약 10년 특별연금(월 20만원)을 지원한다.
② 현 65세 이상은 75세 전까지 재정 일자리를 통해 지원하고, 75세부터 특별연금을 지원하여 약 20년간(일자리 10년 +연금 10년) 지원한다.

이런 특별연금 지급에는 약 20년간 약 年 4~9조원이 소요[6]될 전망(총 141.5조원)이다.

① 2022~31년 기간에는 후기 고령층(75세 이상) 신규 진입 증가

한시적 특별연금 수급인원과 재원 추계

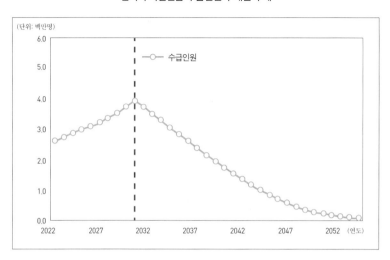

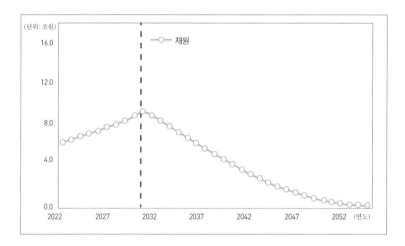

로 매년 소요액이 증가한다. 구체적으로는 年 6~9조원[7], 총 76.7
조원이 필요하다.

② 2031년 이후에는 특별연금을 수령하는 신규 진입이 없어 연간

소요재원은 감소하여 2055년경 종료된다. 2032~41년은 64.8조원이 소요되고, 이후 약 20.8조원이 필요하다.

연간 4~9조원 내외의 신규 복지지출 소요는 적지 않은 금액이다. 그러나 이 나이대 노인들의 빈곤 수준을 감안할 때 이 금액이 지급되면 대부분은 생계를 위해 바로 지출될 가능성이 크다. 그리고 그 지출액 대부분은 영세자영업자 등 수요부족에 어려움을 겪는 또다른 취약계층의 고충을 해소시켜주는 단비가 될 것이다. 가장 소득 기반이 취약한 그룹에 대한 맞춤형 소득 보전 프로그램은 지출액의 대부분이 빠르게 소비로 환류되어 국민소득 증대에 기여하는 강력한 유효수요 확대정책이 될 수 있다.

고용안전망 사각지대 해소

일자리는 소득의 기반이다. 취약계층을 실직·휴직 위험으로부터 보호하는 고용안전망을 강화함으로써 소득 안정성을 높이고, 경제의 불평등 정도를 줄일 수 있다. 평상시 고용안전망에 대한 사회적 투자가 고용위기 상황에서 어떤 힘을 발휘하는지는 이번 코로나19 위기 상황에서 여실히 입증되고 있다. 실업뿐 아니라 근무시간 단축, 휴직에 대한 보호까지 고용보험에 포함하고 있는 독일, 우리나라 등에서는 고용 감소가 상대적으로 작았다.[8]

우리는 짧은 기간에 고용안전망의 기반을 다졌다. 그러나 보완되어야 할 부분 역시 작지 않다. 내용 면에서도 내실을 다져야 하지만, 안전망의 포괄 범위도 획기적으로 넓혀야 한다. 우리의 고용보험 가입률은 전체 경제활동인구의 약 50% 수준이다. 고용보험에 포섭하기 어려운 자영업자 비중이 높기도 하지만 임금 근로자 중에서도 사각지대에 놓인 분들이 여전히 많다. 이렇듯 우리 사회 절반에 가까운 이들이 본인이나 가족의 실직 공포를 안고 살고 있다.

코로나19 고용위기에서 드러나듯이 고용시장의 충격에 먼저 직격탄을 맞은 것은 고용안전망 바깥에 있는 '취약한 절반'이다. 이번 코로나 위기를 맞아 산업안전도 그렇고 일자리 충격도 임시직과 일용직 그리고 자영업자에게 집중되었다. 그런데 현재의 산재보험이나 고용안전망은 상용 임금 근로자 중심으로 설계되어 있어 이번에 충격이 집중된 특수형태근로종사자(특고)나 프리랜서, 플랫폼 노동자, 자영업자 등을 제대로 보호하지 못했다.

팬데믹으로 실업이 쏟아지는데 대다수의 실업이 우리가 가진 대표적인 대응 프로그램인 고용보험제도 밖에서 일어났다. 실업급여로 충당이 안되는 이 난감한 상황이 우리가 처한 정책적 어려움을 상징한다. 정부는 충격이 집중된 그룹을 기존 제도로 구제하지 못하는 한계를 극복하기 위해 긴급고용안정지원금, 일용근로자 생활안정자금 지원 등 다양한 임시방편 수단으로 대응해야만 했다.

정부는 고용보험 사각지대 해소 로드맵(2020.12.23)에 따라 고용보험 가입 범위를 확대중이다. 1단계로 임금 근로자에게만 적용되던 고용보험을 예술인(2020.12), 특고(2021.7) 등 다양한 고용형태로 확대하였고, 플랫폼 종사자(2022~, 퀵서비스·대리운전 기사), 자영업자(2025년까지 단계적)도 고용보험 적용을 추진할 계획이다.

다만, 세부적으로는 여러 선택이 남아 있다. 고용보험은 전통적인 임금 근로자를 대상으로 제도의 골격이 설계되어 있다. 자영업자나 새로운 플랫폼 노동자 등으로 범위를 넓히려면, '소득의 파악'이나 '실직의 정의' 등 세부적으로 조율해야 할 부분들이 많다.

코로나 이전에도 산업구조 변화와 디지털 기술 발달에 따라 특고, 프리랜서, 플랫폼고용 등 일자리 형태는 날로 다양화되면서 임금 근로자와 특고 자영업자 간 경계도 더욱 모호해지는 현상이 뚜렷했다. 위기에 취약한 그룹을 제도화된 사회안전망 틀 안으로 편입하기 위해서는 사업주 신고에 기반을 두는 전형적인 임금 근로자 중심의 기존제도로는 부족하다. 특고 등 다양한 근로형태를 포괄할 수 있도록 임금이 아닌 소득기반 제도로 일대 혁신해야 한다.

전 국민 소득파악체계 구축 방안

고용보험을 소득기반으로 전환하기 위해서는 임금 근로자를 넘어서 어떤 형태로든 취업하고 있는 모든 사람에 대한 인별 소득 파악체계를 구축하는 일이 선결 과제이다. 이를 전담할 관계부처합동 '소득정보연계 TF' 작업반이 최근 정부에 설치되었다. 고용부의 실태 조사와 제도 운영 경험을 토대로 관련 시스템을 정비하고 있다. 소득투명성을 높일 경우 납세 부담이 증가할 수 있어 소득이 드러나는 것을 꺼리는 저항이 있을 수 있다. 조세 행정에 전문성이 있는 기재부와 국세청이 합심해 사업주와 개인의 납세협력부담이 과도하게 증가하지 않으면서 집행 가능한 시스템을 마련할 것으로 기대된다.

정부는 1단계로 사업주를 특정할 수 있는 특고 프리랜서에 대한 소득 파악 체계를 마련하고 있다. 그 경험을 기초로 사업주를 특정하기 곤란한 특고 등으로 넓혀가겠다고 발표했다. 자영업자는 더 오랜 검토와 사회적 합의가 필요하다. 자영업자 소득 파악은 임금 근로자나 특고 등에 비해 월등히 난해한 작업이다. 정부도 이런 점을 감안하여 자영업자는 충분한 실태 분석과 준비 작업을 거쳐 2025년 이후에나 고용보험 적용을 검토하겠다는 로드맵을 발표했다.

스스로 고용(self-employed)하는 자영업자를 고용보험 체계로 포섭하는 것은 실현 가능성 여부를 떠나 최선일지 더 깊은 논의가 필요하다. 자영업자는 고용안전성 측면에서 접근하는 데 근본적인 한계가 있다. 차라리 고용보험보다는 소기업과 소상공인의 폐업이나 질병, 노령 등 사유 발생 시 사업 재기와 퇴직금 마련을 지원하는 '노란우산 공제제도'가 자영업자의 폐업(실직)을 지원하는 데 더 적합할 수 있다. 또 감염법예방법에 따른 방역조치를 이행함에 따른 경영상 심각한 손실을 보상할 목적으로 소상공인법에 새로 도입된 '소상공인 손실보상금' 제도도 실효성 있는 방안이 될 수 있다. 이같은 과정을 거쳐 장기적으로 전 국민에 대한 소득파악체계가 구축된다면 사회안전망 사각지대 해소라는 직접적인 편익 외에 경제·사회 정책의 수립과 집행에 큰 도움이 될 수 있을 것이다.

'일하는 사람을 위한 기본법' 제정

고용보험 로드맵에 따라 사각지대가 점차 해소되면 다음 과제는 기존의 노동법(근로기준법, 노동조합법 등) 적용 대상에서 배제되어 있는 '비전형 노동자들'에게 적절한 노동법적인 보호 장치를 마련해 주는 것이다. 이를 위해 두가지 방법론이 제안된다. 첫째는 근로기준법을 근간으로 하되 이를 모듈화하여 분야별 특성에 맞는 법률을 개별적으로 제정하는 접근법이다. 2020년 하반기 이후 국회에서 필수노동자 보호법률, 가사근로자 등의 고용개선 등에 관한 법률, (택배노동자를 위한)생활물류법, 플랫폼종사자 보호법률 제정안이 차례로 발의되었다.

한발 더 나아가 차제에 '일하는 사람을 위한 기본법'을 제정하자는 목소리도 나온다. 현재 근로기준법은 사용자의 의무 체계로 구성돼 있다. 그래서 어떤 사용자와 어떤 형태로 계약을 맺는지에 따라 노동자가 보호받는 제도가 다르다. 일하는 사람을 위한 기본법은 사용자가 아니라 일하는 사람의 권리 체계를 중심으로 설계하는 법이다. 비전형 노동자를 비롯해 일하는 모든 사람에게 최소한의 안전망을 제공하는 대담한 제안이다.

기본법은 '일하는 사람'에 관한 통칙을 두고 그 아래 일하는 사람 유형별로 특례를 규정하는 방식으로 현행 노동법 체계를 재정립한다. 생계유지를 위해 사업주와의 거래를 통해 직접 노동을 하는 자를 노동법적 보호 대상인 '일하는 사람'으로 정의하면 전형 근로자, 비전형 노무제공자, 1인 자영업자를 모두 포괄할 수 있다. 이렇게 하면 사각지대 없이 일하는 사람별 특성에 맞는 보호와 규율이 가능해진다.

구체적으로는 노무제공을 받는 자의 특정 여부(전속성), 경영위험 부담 여부(자영업성), 일하는 방식의 통제 여부(종속성)에 따라 일하는 사람을 분류하고 유형별로 법적인 보호 이슈를 규율한다. 이 경우 전형 근로자는 지금과 같이 기존 노동법의 적용을 받고, 전속·자영·종속의 성격을 갖는 보험설계사 같은 특고 노동자는 전속 노무제공자의 특례(신설)에서, 독립·자영·종속의 성격을 갖는 배달노동자 같은 긱 워커(gig worker)는 독립 노무제공자의 특례(신설)에서 규율한다. 기타 독립·자영·자율의 성격이 짙은 프리랜서 같은 크라우드 워커(crowd worker)는 전속·종속성이 없으므로 노동법적 특례보다 민법상 계약관계를 적용하는 편이 낫다.

디지털혁명의 진전과 긱 경제의 등장으로 일하는 방식이 날로 다양해지고 노동과 기업, 그리고 시장의 경계도 해체되고 모호해진다. 이런 시대 흐름에 맞추어 노동법 체계도 근본적인 개선이 필요하다.

자산 격차를 최소화하기 위한 선택

경제적 불평등은 주로 소득을 중심으로 논의되고 있지만, 소득보다 자산의 불평등도가 훨씬 높다.[9] 자산의 불평등은 소득 불평등 이상으로 큰 해악을 야기하는 경우가 많다. 소수에 집중된 막대한 부(富)로 인한 다수의 박탈감, 경제 활동의 근간인 생산과 이로 인해 발생하는 근로·사업소득에 대한 경시, 과도한 지대추구, 투기에서 야기되는 비효율적 자원배분, 그리고 상속·증여를 통한 불평등의 대물림 등을 말한다.

글로벌 금융위기 이후 십년 만에 팬데믹이 불러온 또다른 위기를 맞고 있다. 지난번 위기 대응을 위해 풀어낸 돈을 거둬들이기 전에 또 한번 대규모 유동성 확대가 실시되면서, 거의 모든 국가에서 소득이 줄어드는 심각한 경제침체 국면에 오히려 각종 자산가격은 급등하고 있다. 코로나19로 수입이 크게 줄어 생계를 걱정하는 이들에게는 소득 감소에 더해 '급격한 자산 격차 확대로 인한 좌절'이 동시에 진행되고 있다.

포모 증후군은 무리에서 소외되거나 뒤처지는 것에 불안감을 느끼는 현상이다. 최근 회자되는 포모 증후군은 자산가격이 급등하면서 투자 대열에 동참하지 못한 사람들이 앞으로 영원히 그 격차를 좁히지 못할 거라는 공포를 느끼는 현상을 의미한다. 영원히 집 한채 가지지 못할 것이라는 공포 때문에 과도한 대출을 받아 주택구입에 나서게 되고 이같은 '패닉 바잉'은 주택 가격 급등을 부추기는 연료가 된다.

전통 거시경제이론의 유효성에 대해 근원적 질문을 던지는 자산 격차 문제 역시 그 해결을 위해 어떤 선택을 해야 할 것인지 쉽게 답하기 어렵다. 위기 극복을 위한 거시경제 처방에 관해서도 경제적 불평등, 특히 자산 격차 확대 문제까지 감안한 '최적의 선택'이 무엇인지 활발한 논의가 절실하다.

2019년 노벨경제학상 공동 수상자 바네르지(Abhijit Banerjee)·뒤플로(Esther Duflo) 부부의 저서 『힘든 시대를 위한 좋은 경제학』(*Good Economics for Hard times*, 한국어판 김승진 옮김, 생각의힘 2020)에서는 '좋은 경제학'의 요건으로 '직관'이나 '관성'보다 현상에 대한 충실한 관찰과 의문의 제기, 그리고 '데이터'를 바탕으로 한 검증을 강조한다. 경제적 불평등 개선을 위한 '좋은 경제학'의 요건도 마찬가지일 것이다. 불평등 문제에 관한 좋은 해법을 찾으려면 우선 '얼마나 불평등한지'부터 제대로 알아야 한다. 그러려면 불평등도 측정을 위한 다양한 데이터가 신뢰도 높게 축적되어야 한다. 이는 불평등에 대해 연구하는 학자에게도, 관련 정책을 입안하는 관료에게도 매우

소중한 '기초자산'이다.

정부에서 일할 때 정확하고 신속한 소득 파악 시스템을 구축하기 위해 관계부처 합동으로 '소득정보연계 TF'를 설치하고 실무지원 단장을 맡아 일한 적이 있다. 소득이 어떻게 분배되고 있는지 제대로 진단하기 위한 노력의 일환이었다. 데이터를 축적하는 것만으로는 부족하다. '좋은 경제학'이 되기 위해 더 중요한 요건은 인간의 '존엄'에 대한 고민, 그리고 '행동'일 것이다. 팬데믹으로 더욱 악화된 경제적 불평등 해소를 위해 일체의 단정과 편견을 배제하고 우리가 직면하고 있는 현상에 관한 냉철한 인식을 바탕에 두되 공동체 구성원의 존엄에 대한 따뜻한 배려가 담긴 구체적 실천 방안을 고민할 시기이다.

개인채무조정제도 정비 필요성

팬데믹 위기는 불균등한 충격을 불러왔고 회복도 충격을 덜 받은 쪽이 더 빠르게 회복하고 충격을 더 받은 쪽은 더 침체되는 소위 K자형 모양을 보였다. 부자는 저축을 늘리고 빈자는 빚을 늘렸다. 빚이 늘어나는 경우라도 부자들은 그 빚으로 집과 주식을 사고 가난한 사람들은 빚을 내 생활비로 썼다. 이렇듯 팬데믹은 빚의 양극화 현상을 심화시켰고, 저소득층의 부채위기 가능성을 키웠다. 앞서 살펴본 대로 팬데믹 회복기에 세계경제가 복합위기의 어려움에 빠져들지 모른다는 징후가 여기저기서 나타나고 있다. 복합위기가 터질 경우 개인채무조정이 큰 사회적 문제가 될 것이다. 서민금융제도 전반을 보강하고 특별히 개인채무조정을 규율하는 법제를 시급하게 정비할 필요가 있다.

'고객'이 '투자상품'으로 전락하는 추심과정

"안녕하세요 고객님! 무엇을 도와드릴까요?" 금융회사에 대출을 받으러 가면 가장 먼저 듣는 말이다.[10] 이렇게 금융회사는 고객과의 관계를 형성한 후 고객이 일정 기간 성실하게 대출 이자를 상환하면 금리를 내리는 혜택도 준다. 이런 소중한 고객이 실직하거나 사업이 어려워져 원리금을 상환하지 못하면 어떻게 될까. 금융회사는 채무자의 의사와 상관없이 연체가 발생하면 콜센터를 통해 회수 노력을 하고 잘되지 않으면 채권추심 회사에 추심업무를 위탁한다. 그래도 여의치 않으면 채권을 팔아버린다. 이제 금융회사와 고객을 연결하는 고리가 없다. 채무자는 더이상 고객이 아닌 연체자가 되어 추심업자의 수익을 올려줄 투자상품이 되어버린다.

이 과정에서 채무자의 어려운 사정은 받아들여지지 않는다. 6개월 내로 새로운 직업을 가지면 반드시 갚을 건데 조금만 더 기다려달라는 부탁도 대체로 통하지 않는다. 지금은 금융회사가 채권을 매각하더라도 채무자는 최소한의 보호를 받는다. 소멸시효가 완성된 채권의 경우 매각과 추심이 금지되고 있으며, 채무자의 채권이 어떤 경로로 매각됐는지 확인할 수 있는 채권자변동 조회 시스템도 도입됐다. 금융회사 채권은 금융감독원의 감독을 받는 등록 대부업자까지만 매각할 수 있도록 제한하고 있다. 이런 소비자 보호장치는 최근에야 마련됐다.

2000년대 초반에는 채권은 반드시 돌려받아야 한다는 원칙만 있을 뿐 채무자에 대한 최소한의 보호장치도 없었다. 채무자는 지금보다 훨씬 더 가혹한 현실을 감내해야 했다. 연체하면 금융회사가 고객님이라고 부르던 바로 그 사람은 채권가액의 1~5% 수준의 수익을 주는 투자상품으로 전락해 몇번에 걸쳐 매각되고 최종적으로는 추심업체 손으로 채권이 흘러갔다. 은행에서 돈을 빌렸는데 1년 뒤 영문도 모른 채 추심업체로부터 상환 독촉을 받는다. 내 채권의 소멸시효가 완성됐는지 알 수 없고, 내 채권을 왜 이 추심업자가 들고 있는지, 내가 왜 추심업자에게 돈을 갚아야 하는지도 도통 알 수 없었다.

소비자 보호장치가 갖춰지기 전에 발생한 채권들은 아직도 시중에 투자상품으로 떠돌고 있다. 채권을 매각하는 금융회사는 비싼 가격에 팔려고 하고, 채권을 매입하는 곳은 비싸게 사 왔으니 매입 원가보다 더 많이 회수하려 한다. 소멸시효가 다가오면 다시 시효를 연장한다. 이들에게 채권의 소멸이란 있을 수 없다. 연체자는 고객이 아닌 투자상품이기 때문에 고객의 힘든 처지를 봐주지 않는다. 추심업자에게는 수익 극대화라는 목표가 최상의 가치이기 때문이다.

장기소액연체자 지원대책의 추억

정부는 2018년에 채무자 보호가 되지 않던 1990년대~2000년대 초반 발생한 채무 중에서 연체가 10년 이상 된 1,000만원 이하를 '장기소액연체채권'으로 정하고 이를 소각하는 대책을 시행했다. 장기소액연체자 지원대책은 채무자의 상환능력을 면밀히 심사하여 상환능력이 없다고 판단되는 경우 추심을 중단하고, 일정기간(3년) 경과 후 상환능력을 재심사하여 채권을 소각하는 내용이다. 국세청, 국토

부 등이 보유하는 소득정보와 재산정보 등을 최대한 활용하여 상환
능력을 심사하였으며, 은닉재산 등의 가능성을 감안하여 3년의 유예
기간 이후에도 상환능력 없음이 증빙되었을 때 비로소 소각했다.

한국자산관리공사와 국민행복기금은 3년이 지난 2021년부터 최
종적인 상환능력 심사를 거쳐 채권을 소각하고 있다. 현재까지 총
2.2조원(37.4만명)의 채권이 소각되었으며, 향후 약 243억원(0.6만
명)의 채권이 추가적으로 소각될 예정이다.

장기소액연체자는 대부분 사회취약계층, 저신용, 저소득층으로
현재의 연체상황을 스스로 극복하기가 어려운 사람들이다. 이들은
1,000만원 이하의 소액 채무도 갚을 여력이 없어 10년이 넘는 기간
동안 연체이자가 누적되고 추심에 시달리면서 새로운 경제생활을
시도조차 하기 어려운 경우가 많다. 상환능력조차 없는 장기소액연
체자들에게 영원히 연체자로 살도록 하는 것은 채무자에게도 가혹
하며, 국가 경제적으로도 정상적인 경제생활로의 복귀를 가로막는다
는 점에서 손실이다. 경제정책에 차가운 머리와 뜨거운 가슴이 필요
하다는 말이 있는데, 나도 입안 과정에 참여한 장기소액연체자 지원
대책은 그런 점에서 의미 있는 장면이었다.

'소비자신용에 관한 법률안' 제정

우리나라에서 제도권 금융기관을 통한 개인신용은 1997년 외환
위기 이후 본격적으로 늘어났다. 그후 25년간 우리는 신용회복지원
제도, 개인파산과 개인회생, 최고금리 인하, 장기연체자채권 소각 등
다양한 제도를 운영한 경험이 축적되어 있다. 특히 신용회복위원회

중심의 통합 채무조정 제도는 지속적으로 보완되고 그 운영도 활성화되었다. 그러나 개별 금융회사 차원의 연체채권 관리 및 채무자보호 노력은 아직도 부족한 상황이다. 여러 측면에서 개인채무조정제도 전반을 규율한 제도적 틀을 정비할 여건이 무르익었다. 이 점에서 최근 금융위원회가 '소비자신용에 관한 법률 제정안'을 입법예고(2021)한 점은 여간 반갑지 않다.

소비자신용에 관한 법률안은 채권금융기관과 추심자의 채무자 보호책임을 강화하고 채무자의 방어권을 확대함으로써 채권금융기관, 추심자, 개인채무자 간 권리·의무의 균형을 달성하기 위해 발의된 법안이다. 다양한 내용을 담고 있는데, 그중에서도 특히 중요한 내용으로 다음 세가지 정도를 꼽을 수 있다.

첫째, 사적 채무조정의 제도화이다. 현재도 채무자들은 법원·신용회복위원회 등을 통해 채무조정을 할 수 있지만, 채권금융기관 자체적인 채무조정 시스템은 아직 제도적으로 갖춰지지 않은 상태이다. 업권별 프리워크아웃(이자율 채무조정) 제도가 운영중이나, 채무자의 권리로서 보장되지는 못하고 있다. 소비자신용법안은 채무를 연체한 개인채무자가 자력으로 채무 상환이 어렵다고 판단하는 경우 채권금융기관에 채무조정을 요청할 권리를 보장하고 있다. 채무조정 요청 시 채권금융기관은 즉시 추심을 중단해야 하며, 채무자의 상환능력 등을 고려하여 내부기준에 따라 채무자의 상환능력 등을 심사하여 채무조정을 해야 한다. 이를 통해 예상치 못하게 상환능력이 감소한 채무자를 보호하는 한편, 금융권의 연체채권 관리 방향도 '추심을 통한 단기 회수 극대화'에서 '채무조정을 통한 중장기 회수 극대화'

로 전환될 수 있을 것으로 기대된다.

둘째, 채무자의 추심부담이 경감된다. 기한의 이익이 상실되더라도 아직 상환기일이 도래하지 않은 채무원금에 대해서는 연체이자 부과를 금지한다. 상각채권 양도 시에는 장래 이자채권을 면제한다. 또한, 채권추심자가 동일한 채권의 추심을 위해 개인채무자에게 1주일에 7회를 초과하여 연락하는 것을 금지하고, 개인채무자는 채권추심자에게 특정한 시간대 또는 특정한 방법·수단을 통한 추심 연락을 하지 않도록 요청할 수 있다. 이를 통해 채무자에 대해 심리적 압박 수단으로 활용되는 '채무금액 누적'과 '추심강도 강화'를 제한함으로써 채무자의 곤궁과 수모를 방지할 수 있을 것으로 기대된다.

셋째, 채권의 양도 관련 규율이 강화된다. 현재 채권금융기관은 연체채권을 매각하는 과정에서 제한 없이 양도가능하다. 이러한 환경은 과거의 '고객'을 한 순간에 '투자상품'으로 전락시키고 있다. 이를 개선하기 위해 동 법률안은 채권금융기관이 채권 양도 시 양수인을 평가하여 일정 요건을 갖춘 양수인에게만 양도하도록 의무화하고, 채권 양도 전 채무자에게 채무조정을 요청할 수 있음을 통지하도록 규율하고 있다. 이처럼 채권매각 절차에 대한 통제를 강화함으로써 채권금융기관의 채무자 보호책임을 제고할 수 있다.

전향적인 내용이 두루 담겨 있는 이 법률안이 국회에서 빠른 시일 내에 논의되고 통과되길 기대한다. 다만, 당초 입법예고안에는 있었으나 정부 내 논의과정에서 빠져 국회에 제출된 최종안에는 없는 두 가지 사항이 국회 입법과정에서는 추가적으로 논의되었으면 좋겠다.

첫째, 채권 양도 이후 원채권금융기관에게 채권을 양도받은 양수인이 소비자신용법이나 채권추심법 등을 위반하지 않게 점검하는 의무를 부과하는 내용이다. 현재 법안대로는 매각 시에만 제한이 있으며, 매각 이후 원채권금융기관의 해당 채권에 대한 책임은 완전히 절연된다. 최초의 '고객'으로서 관계를 맺고 심사하여 대출을 일으킨 원채권금융기관이라면 매각 이후에도 지속적인 점검 의무를 지는 것이 합리적이다.

둘째, 한번 매각된 채권이 다시 재매각될 때 원채권금융기관의 동의를 받게 하는 내용이다. 채권의 반복적인 재매각으로 점점 추심강도가 강해지는 등 채무자에 대한 보호가 약해지는 시장 상황을 감안할 때, 매각시점마다 원채권금융기관에 책임을 부과할 필요가 있다. 채권금융기관이 최초 대출 시에만 '고객님'으로 모시고 연체 이후에는 나 몰라라 하는 관행을 이제는 고쳐야 한다.

투자의 기준 vs. 생명의 기준

언젠가 묵었던 호텔에서 길을 잃었다. 지하1층에 운동시설이 있다고 해서 찾아 나섰는데 지하가 A, B, C구역으로 나누어져 있어 한참 헤맸다. 그러다 우연히 호텔을 청소하고 객실 서비스를 담당하는 사람들이 머무는 구역에 다다랐다. 침대 이불과 욕실 타월, 비누 등이 산더미처럼 쌓여 있고 피곤하고 지친 사람들이 무표정하게 바삐 움직이고 있었다. 냉방도 그리 신통치 않아 후덥지근하고 화학약품 냄새마저 진동했다. 긴 통로를 지나면서 보니 그분들이 함께 머무는 숙식공간도 보이고 간이식당도 있었다. 모두 일류호텔에 어울리지 않는 열악한 수준이었다.

운동시설 찾기를 포기하고 호텔 로비 표시를 따라 허겁지겁 거기를 빠져나왔다.

한층을 올라와 문을 열고 로비공간에 들어서자 요술을 부린 듯 카펫이 깔리고 휘황한 조명에 은은한 향이 흐르는 파라다이스 공간이 눈앞에 펼쳐졌다. 유니폼을 입은 직원들이 상냥한 얼굴로 눈이 마주칠 때마다 인사를 했다. 같은 건물 안에서 층 하나를 사이에 두고 벌어진 차이가 너무나 극명해서 그뒤로 호텔에 갈 때마다 찬란함과 편리함 뒤에 숨어 있는 수고하는 사람들의 처지를 떠올리게 되었다. 옛 기억을 떠올린 이유는 얼마 전 싱가포르가 겪고 있는 코로나 위기가 이와 닮은꼴이기 때문이다. 싱가포르는 인구가 570만명인 작은 도시국가인데 청소나 건설현장, 항만 하역 등 힘들고 고단한 일은 140만명에 달하는 이주노동자가 도맡아 한다. 대개 동남아 국가에서 온 이주노동자들은 대부분 열악한 집단거주시설에 모여 사는데 여기서 하루 천명 이상씩 코로나 확진자가 속출했었다. 반면 싱가포르 본토 시민들 기준 확진자 비율은 현저히 낮다. 휘황찬란한 국제도시가 가진 이중사회의 실상과 폐단이 이번에 고스란히 드러났다.

시약을 넣으면 리트머스 시험지에 반응이 나타나듯 코로나는 각 나라가 가진 약한 고리를 어김없이 파고들고 드러내준다. 우리도 콜센터, 요양원, 정신병원 등 환경이 열악한 곳에서 집단감염이 일어났다. 이번 기회에 우리 사회 전반의 위생 수준과 근무환경이 대폭 개선되길 바란다. 그냥 두면 최소 투입에 최대 회수를 목표로 하는 투자의 법칙이 작용하여 열악한 상황이 나아지지 않는다. 콜센터 직원 간 충분한 공간이 확보되고 위생과 청결 수준이 개선되려면 생명의 기준이 새로 도입되어야 한다. 돈이야 더 들겠지만 그것은 국민 모두의 건강을 위한 필수적인 투자로 보아야 한다. 개인이나 시설운영자가 전부 부담하기에 무리가 되면 공중보건을 위한 비용으로 간주하여 정부가 일정 부분을 보전하면 된다.

눈에 보이지 않는 코로나의 습격에 21세기 문명이 맥없이 멈춰서 있다. 위기를 맞아 교훈을 얻지 못하는 것만큼 어리석은 일이 없다. 누군가는 소를 잃고 외양간을 고칠 것이고 누군가는 요행을 바라며 가던 길을 갈 것이다. 우리는 이번에 드러난 우리 안의 약한 고리를 진지하고 돌아보고 해법을 찾는 노력을 계속해야 할 것이다. 우리는 모두 연결되어 있고 코로나 같은 위기는 예고없이 갑작스레 오기 때문이다. 겸손과 만반의 대비가 최선이다.

4장
플랫폼 규율체계 선진화

팬데믹 이후 플랫폼의 영향력은 더욱 확대됐다. 이전부터 진행되던 디지털화는 사회적 거리두기로 더욱 빠르게 진행됐다. 디지털화의 가장 큰 수혜는 빅테크, 플랫폼 업체들이 받게 됐다. 이들의 영향력이 더욱 확대되면서 각국은 경제력 집중에 대응하기 위한 적극적인 규제체계를 마련하고 있다.

플랫폼 규제에 대한 꽤 오랫동안 누적된 고민은 2020년대에 들어와 주요 권역에서 동시다발적으로 폭발했다. 거대 플랫폼 기업의 시장 지배력은 누구나 인지할 수 있을 정도로 강화됐다. 그런데 플랫폼 산업의 전통 제조·서비스 산업[1]과 확연하게 다르다보니 기존의 경제학적 산업구조 분석에 기반을 둔 현존 규제의 틀은 플랫폼 산업에 아예 적용되지 않거나 무력했다. 이같은 비판과 자각이 확산되면 플랫폼 산업의 특성이 무엇이냐 사회적으로 어떤 영향을 주는지 분석하게 됐고, 그에 대한 규제책들이 만들어진 것이다.

플랫폼 산업의 특성: 양면 시장 구조

플랫폼은 생산자와 소비자가 직접 만나는 전통적인 '단면' 시장 구조를 플랫폼이 생산자와 소비자 중간에 들어서서 양쪽을 매개하는 '양면' 시장 구조로 변환시킨다. 단면 시장에서는 생산자와 소비자가 직접 교섭한다. 반면 플랫폼 시장에서는 플랫폼을 중심으로 생산자와 소비자 관계가 형성된다. 자연히 플랫폼이 가격설정에서 중요한 역할을 담당하고 소비자의 후생과 생산자의 잉여에 직접적인 영향을 미친다.

2014년 노벨경제학상을 받은 장 티롤(Jean Tirole) 교수는 '양면 시장'이 산업경제학계에 널리 사용되는 데 영향을 미쳤다. 양면 시장은 서로 다른 그룹 간 상호작용을 매개로 수익을 올리는, 플랫폼에 적합한 개념이다. 양면 시장은 보조금을 받는 집단과 돈을 내는 집단이 따로 존재하는 시장이다. 구글과 같은 인터넷 검색 서비스 제공자는 소비자에게 검색, 메일, 지도 등의 서비스를 무상으로 제공한다. 대신 키워드 광고를 통해 광고주로부터 수익을 낸다. 페이스북 역시 소비자에게 온라인에 사진, 동영상 등을 저장할 때 비용을 청구하지 않는다. 대신 소비자들에게 광고를 노출시키려는 광고주가 비용을 낸다. 플랫폼 업체들은 소비자들에게 보조금을 지급해 플랫폼 안에 머물게 하며, 소비자는 플랫폼이 광고주에게 판매하는 상품이 된다.

전통 경제학은 단면 시장을 가정하고 소비자 효용 극대화를 위해 독과점 생산자 규제에 초점을 맞추고 있다. 규제 대상과 행위가 명확한 단면 시장과 달리 플랫폼이 주도하는 양면 시장에 대해서는 새로운 시각이 필요하다. 기존 경쟁 정책은 생산자가 어떤 시장에서 사업을 하고 있는지 '시장획정'을 하고 독점성을 판단한다. 양면 시장의 특성이 두드러지면 어떤 시장에서 사업을 하고 있는지 시장 확정 자체가 쉽지 않아 기존 경쟁 정책의 프레임이 무력해진다.

플랫폼 기업의 또다른 중요한 특성은 네트워크 효과를 활용한 자연독점화 유인이다. 플랫폼기업은 많은 사람이 사용할수록 양질의 서비스가 만들어지는 네트워크 효과가 있다. 메신저 서비스를 선택할 때 내가 편리하게 이용할 수 있어야 하는 것뿐 아니라 내가 메시지를 보내고자 하는 상대방이 해당 서비스를 이용하고 있어야 한다. 많은 사람이 동일한 메신저 서비스를 이용할 경우 다른 사람들도 해당 메신저 서비스를 이용할 수밖에 없다. 오픈마켓(이커머스)도 마찬가지다. 더 많은 소비자가 있는 곳에 더 많은 판매자가 모이고, 더 많은 판매자가 모이면 상품이 다양해져 더 많은 소비자가 모인다.

플랫폼은 초기에는 네트워크 효과 달성을 위해 점유율 극대화에 주력한다. 사람을 모으는 중요한 전략은 무료/저가 전략이다. IT산업의 특성상 장비투자와 망 구축 등 초기 고정비용은 크지만 사용자 증가에 따른 한계비용이 작아 무료/저가 전략이 용이하다.

또 페이스북이 사진 공유 애플리케이션 인스타그램, 메신저 서비스 왓츠앱 등 70개사를 인수한 것같이 경쟁자를 인수하는 경쟁 제한적 성장전략을 사용하고 자사제품 우대 등의 경영전략도 병행한다. 미국 하원 법사위 반독점소위 조사보고서(2020.10)를 보면, 구글은 검색결과에서 자사 콘텐츠와 광고를 경쟁제품보다 유리하게 배치했다. 아마존도 AI 스피커인 알렉사(Alexa)로 고객정보를 수집한 후 자사제품을 추천했다. 애플은 배타적 생태계를 구축하여 다른 앱마켓을 불허하고, 앱스토어에 자사 앱을 우선 노출시켰다. 플랫폼기업이 일정 기준을 넘어서서 시장지배력을 확보한 후에는 본격적으로 수수료 인상 등 이윤극대화 모드로 접어든다.

미국의 플랫폼 규제 논의

미국에서 빅테크(BigTech)라고 불리는 거대 플랫폼 기업에 대한 본격적인 규제 논의는 미국 하원 반독점 보고서(2020.10)로 시작되었다. 하원 반독점소위는 GAFA(구글·애플·페이스북·아마존)의 반독점법 위반 의혹을 조사(2019.6~2020.10)하고, 독점력 검증 결과와 제어방안을 발표했다. 동 보고서는 미국 민주당이 주도하였고, 미국 대선에서 민주당 바이든이 승리함에 따라 법 개정 논의가 탄력을 받고 있다. 공화당은 GAFA의 시장지배력 남용 판단에는 동의했지만, 강제적 기업분할 권고 같은 강력한 규제방안에는 반대하며 서명을 거부했다.

동 보고서는 규제기관의 대응 부족으로 GAFA의 시장지배력이 크게 심화되었다고 지적했다. 1998년 이후 GAFA 등이 총 500개 이상의 기업을 인수했지만, 단 한건의 M&A도 금지되지 않았다. 또 GAFA가 과도한 지배력으로 혁신이 위축되었고, 데이터 오용 등 사회적 비용이 발생했다고 강조한다. 아울러 플랫폼의 지배력이 커지면서 로비 등으로 인해 정책 결정 과정에서의 영향력이 확대되는 등 정치적·경제적 자유가 훼손되었고, 플랫폼 사업자와 언론기관 간 협상력의 불균형으로 인해 이들을 통해 제공되는 뉴스의 신뢰도 또한 하락했다고 결론지었다. 동 반독점 보고서는 디지털 경쟁 복원, 반독점법 강화, 반독점 규제 강화라는 세가지 측면에서 의회의 대응을 권고했다.

하원 반독점 보고서의 후속대책으로 미 하원은 온라인 플랫폼 기업을 규제하기 위한 5개 법안을 발의했다(2021.6). 5개 패키지 법안은 민주당·공화당이 공동으로 발의했으며, 빅테크에 대한 규제에 소극적이었던 태도에서 선회하여 구조적인 조치까지 포함한다. 플랫폼 기업에 대한 규제의 필요성은 여야 모두 공감하고 있다.

5개 패키지 법안의 규제대상 플랫폼 사업자 지정 기준은 모두 동일하다. ① 미국 기반의 활성이용자 월 5천만명 / 활성 사업이용자 월 10만명 이상 ② 시가총액 6,000억 달러 이상 ③ 온라인 플랫폼에서 재화와 용역 판매를 위한 중요한 거래 상대방. 이 기준을 적용할 경우 5개 법안의 적용대상은 사실상 GAFA로 한정된다.

EU의 플랫폼 규제 논의

EU 집행위원회는 '디지털시장법안'을 EU 회원국에 직접적 구속력을 가지는 규칙(regulation)으로 제안했다(2020.12). 법안의 적용대상은 검색엔진, 소셜미디어, 온라인 중개 서비스 등 불공정행위가 발생하기 쉬운 핵심 플랫폼 서비스를 이용하면서, 게이트키퍼(gatekeeper)로 지정되기 위한 다음의 기준을 충족하는 주요 사업자이다. ① 지난 3회계연도간 유럽 경제지역 내 평균 매출액이 65억 유로 이상이거나, 해당 기업의 평균 시가총액이 650억 유로 이상이고, 최소 3개 회원국에서 활동. ② 월 4,500만명 이상의 활성화된 최종 사용자가 존재하고, 지난 회계연도에 최소 10,000명 이상의 비즈니스 사용자가 존재할 것. ③ 시장에서 확고하고 지속적인 지위를 누리거나 가까운 장래에 그러한 위치를 누릴 것으로 예상될 것(해당 회사가 지난 3년간 앞의 두가지 기준을 충족할 것).

지정된 사업자는 플랫폼에서 자신이 제공하는 상품과 서비스를 제3자가 제공하는 상품과 서비스보다 더 유리하게 취급하면 안 된다. 예를 들어 오픈마켓에서 상품을 검색할 때 제3자의 상품보다 플랫폼이 직접 취급하는 상품을 먼저 노출시키면 안 된다. 또 게이트키퍼 서비스를 플랫폼 외부의 사업자와 연동하고자 하는 이용자의 시도를 방해하는 행위도 금지된다. EU는 같은 달에 디지털시장법안과 함께 '디지털서비스법안'도 발표하였다. 이 법안은 중개 서비스, 호스팅 서비스, 온라인 플랫폼을 대상으로 불법 콘텐츠 삭제, 이용자의 기본권 보호, 사업자의 책임을 규정한다.

일본과 우리나라의 규제 논의

일본은 특정디지털플랫폼법을 제정(2021년 2월 시행)해 특정 플랫폼은 제공하는 조건을 이용자가 쉽게 이해할 수 있는 방식으로 공개할 의무를 부과했다. 공개한 조건을 변경할 경우 사전 통지를 하도록 했다. 특정 플랫폼은 고충처리 및 분쟁의 해결에 관한 사항 등을 기재한 보고서를 경제산업대신에게 제출해야 한다. 경제산업대신은 이를 기초로 특정 플랫폼의 투명성 및 공정성에 대한 평가를 진행해야 한다. 일본 특정디지털플랫폼법은 불공정거래행위를 명시적으로 금지하는 규정을 두고 있지는 않다. 다만 경제산업대신이 특정 플랫폼이 투명성 및 공정성을 저해한다고 판단할 경우 공정거래법에 따라 조치를 취하도록 요구할 수 있다고 규정했다.

우리나라도 공정위원회가 온라인 플랫폼 중개거래의 공정화에 관한 법률 제정안과 전자상거래 개정법안을 마련하여 국회에 제출하였다(2021.2), 온라인 플랫폼 이용자보호법 제정안(방송통신위원회 소관)도 전혜숙 의원 발의(2020.12)로 국회에 제출되어 있다. 온라인플랫폼 공정화법의 주요 내용으로는 계약서 작성 및 표준계약서 제정, 중개 내용 변경 시 사전통지 의무, 불공정거래행위 금지(강매, 손실 전가, 경영 간섭 등), 보복조치 금지 등에 대한 내용을 담고 있다.

주요국 플랫폼 규제법안의 비교

주요국의 플랫폼 규제 법안은 직접적인 가격 규제보다 시장의 공정경쟁 여건 확보에 초점을 맞추고 있다. 그러나 미국의 신임 FTC 위원장 리나 칸 같은 강경론자는 플랫폼의 자연독점이 불가피하고 디지털 경제에서 플랫폼이 핵심 인프라 역할을 담당하므로 일부 직접적인 요금 규제가 필요하다는 주장을 펴고 있다.

권역별 규제를 대상별로 세분화해 비교해보면, 입점업체(P2B, platform to business)에 대해서는 쇼핑몰 입점업체보다 자사제품 우대를 금지하는 내용이 한, 미, EU 공통으로 반영되어 있다. 미국은 여기서 한발 더 나아가 자사제품 판매도 금지한다. 소비자(P2C, platform to consumer) 관련 규제는 잠금효과를 완화할 수 있도록 소비자의 플랫폼 전환 시 데이터 이동성(portability)과 호환성(interoperability)을 보장하는 미국의 규제가 돋보인다. 플랫폼(P2P, platform to platform) 대상 조치로는 플랫폼 기업의 문어발식 확장을 방지하기 위해 기업결합 심사를 강화하는 내용이 미국과 EU 법

주요국 플랫폼 규제 법안

국가	법안	주요 내용
미국	반독점 법안 패키지 (2021년 6월 발의)	▶빅테크 기업* 대상 규제 법안 5개 발의(미 하원) ＊시가총액 6천억 달러 이상, 미국 기반 월간 사용자 5천만명·월간 비즈니스 이용자 10만명 이상 → 4개 기업 (GAFA) ① 미국 혁신 및 선택 온라인법: 자사상품 우대, 타사 상품 배제 등 불법적인 차별행위 규율 ② 플랫폼 독점 종식법: 플랫폼 사업자가 해당 플랫폼을 통해 자사 또는 계열사의 재화, 용역을 판매하는 등 이해상충 우려가 있는 행위 금지 ③ 서비스 전환 허용에 따른 호환성 및 경쟁 증진법: 플랫폼 간 데이터 이동이 원활하게 이루어지도록 보장 ④ 플랫폼 경쟁 및 기회법: 잠재적 경쟁사업자 인수 제한 ⑤ 합병신청 수수료 현대화법: 10억 달러 이상 합병에 대해 신청 수수료 인상
EU	디지털 시장법 (2020년 12월 발의)	▶게이트키퍼 플랫폼*에 대한 금지 및 준수 사항 마련 ＊시가총액 650억 유로 이상이거나 연매출액 65억 유로 이상 - 자사서비스 우대, 데이터 부당이용, 거래 거절 등 금지, 기업결합 시 EU 집행위에 사전 통보 - 의무 위반 시 최대 전 세계 매출액 10% 과징금 부과 ▶독점 등 구조적 문제를 해결하기 위한 조사 및 시정권한 도입
	디지털 서비스법 (2020년 12월 발의)	▶소비자 보호를 위한 플랫폼 사업자* 의무를 규정 ＊사용자 4,600만명 이상인 기업 - 정부·시민단체의 사업자 내부 정보 접근 보장, 규정 이행을 감독할 독립적 감사 지정, 위험성 평가 수행 등 의무 부여

		▶특정 디지털 플랫폼 제공자*에 대한 조치
일본	특정 디지털 플랫폼법 (2021년 2월 시행)	*거래 투명성·공정성 향상 필요성이 높은 플랫폼 사업자 (국내외 불문) - 계약조건의 공개, 변경 시 사전통지, 지침에 따른 절차·체제 정비, 평가보고서 제출 및 결과 공표 등을 규정 ▶공정거래위원회와의 연계 - 독점금지법 위반 우려가 있을 경우 공정거래위원회에 동법에 따른 처리를 요청하는 구조를 마련

자료: 기획재정부

안에 포함되어 있다.

우리 공정위 제출법안을 타 권역 규제와 비교하면 규제강도는 미국이 가장 강하고, EU > 한국 > 일본 순이다. 공정위안은 계약 등 절차, 자사우대 금지, 입점업체에 물량 떠넘기기 금지 등 플랫폼 사업자 금지행위 등을 규정하고 있다. 미국과 EU 법안에 있는 플랫폼 간 데이터 이동(미, EU), 타사 상품 배제 금지(미), 인수합병 제한(미, EU) 규정은 공정위 법안에 없다. 규제대상은 한국이 가장 넓고, 연매출 3천억 엔(약 3조원) 이상으로 정한 일본 > EU > 미국 순이다. 미국, EU, 일본은 자연독점 이후 거대 플랫폼 규제에 초점을 맞추고 있고, 공정위안은 연간 재화와 용역의 판매금액이 1천억원 이상 또는 중개서비스 매출액 100억원 이상(대통령령 위임)으로 정하고 있어서 규제 대상이 30개(공정위 추산)~100여개(업계 추산)로 넓다.

차별화된 플랫폼 규제 전략이 필요하다

글로벌 거대 플랫폼을 갖지 못해 미국 GAFA에 안방을 내준 EU와 달리 우리는 국내 시장에서 글로벌·로컬 플랫폼 기업이 치열하게 경쟁하고 있다. 따라서 국내 플랫폼 산업 육성과 경쟁여건에 맞게 EU 등과는 차별화된 전략과 규제가 필요하다. 토종 플랫폼 업체들이 함께 국내 시장에서 경쟁을 하다보니 시장지배력 남용 문제도 상대적으로 양호하다. 예컨대 자국 시장 내 1위 기업 점유율을 보면 검색분야에서 EU는 93.1%인데 한국은 59.0%이고, 소셜미디어 분야는 EU 79.3%, 한국 26.8%이다.

따라서 해외 규제동향에 따라 국내 플랫폼 규제를 정비하되 국내 기업의 경쟁력 확보 기회로 활용하는 전략도 필요하다. 예를 들어 미국, EU 등 타국의 빅테크 규제로 GAFA 등 글로벌 빅테크의 시장지배력이 분산되면 국내 플랫폼 기업의 경쟁력 확보 기회가 될 수 있다. 또한 EU 디지털서비스법 등을 통해 빅테크 보유 데이터의 공유가 이루어질 경우 국내 기업에게 큰 도움이 될 전망이다. 우리는 '타다' 등과 같이 기존 사업자의 반대 등으로 신규 플랫폼 진출이 무산되는 사례가 있어, 플랫폼을 포함한 신산업 육성을 위한 정부의 역할이 요구되고 있다.

플랫폼에 대한 공정경쟁 규제는 자연독점 이전과 이후로 이원화하는 방향이 바람직하다. 자연독점 이전에는 필수 규제 위주로 대응하고 생산자 가격 후려치기 등 약탈적인 가격정책에만 제한적으로 개입한다. 자연독점 이후 단계에서는 거대 플랫폼 위주로 규제하고, 가격규제는 필수재 영역에서 자연독점이 강한 경우 보완적으로 활용하는 방안을 검토해볼 수 있을 것이다.

이런 점에서 공정위의 온라인 플랫폼 공정화 법안은 적용대상이 지나치게 넓고 규제내용은 약하다. 거대 플랫폼을 주된 규제 대상으로 상정하고 있는 미국과 EU 기준 등을 참고하여 법안의 적용대상을 적절히 축소할 필요가 있다. 그리고 타법에 규정되어 있는 경쟁제한적 행위 규제(예: 공정거래법)와 이용자 데이터 이전 보장(예: 정보통신망법)등의 규제도 공정위안에 포함하여 함께 규정하는 것이 국제적인 규제 흐름에 비추어볼 때 합리적이다.

플랫폼 규제는 글로벌 공조가 중요하다. 주요국 플랫폼 규제 동향을 모니터링하면서 우리 제도를 글로벌 수준에 맞춰 나가는 방향이 바람직하다. 해외 사업자의 경우 국내에서 규제를 강화하더라도 규제 집행력 확보가 곤란할 경우가 많다. 해외보다 강한 규제를 도입할 경우 실질적으로 국내 사업자만 규제를 적용받는 역차별이 발생할 수 있다. 글로벌 규제 모멘텀을 활용해 인앱 결제 의무화를 금지[2]하면서 서비스 간 호환성 보장 등 필요 규제·조치만 우선적으로 실시한 것이 좋은 사례이다.

플랫폼 규제 거버넌스 정비를 위한 플랫폼정책협의회 구성

전자상거래·금융·운송 등의 분야에서 온라인 플랫폼시장이 급성장하고 있다. 정부는 이슈가 발생할 때마다 관련 부처가 사안별로 사후적으로 대응하고 있다. 일관된 거버넌스 아래 적기에 플랫폼 관련 정책을 내놓지 못하고 있다.

플랫폼은 여러 시장에서 다양한 이슈(혁신, 공정, 이용자 보호 등)

가 복합적으로 연계되어 있어서 태생적으로 특정부처가 전담하여 처리하기가 곤란하다. 전기통신을 기반으로 하는 온라인 플랫폼의 기능적인 측면은 과기정통부와 방통위가 맡고 있다. 행위적인 측면은 주로 공정위가 담당하고, 정보보호 및 데이터 이동은 개인정보보호위원회 소관이다. 분야별 업무는 금융위원회(금융), 문화체육관광부(콘텐츠), 고용노동부(플랫폼 노동자), 국토교통부(운송), 중기벤처부(혁신기업 육성) 등 거의 전 부처와 관련되어 있다.

공정위와 방통위 간에 법률 소관과 관련한 이견이 존재하고, 문화산업의 공정한 유통환경 조성법[3], 전자금융거래법 등 각 분야별 법률에 대해서도 부처별로 시각이 다른 상황이다. 플랫폼 규제 총괄부처와 관련해서도 과기정통부, 방통위, 공정위가 각각 민관협의체[4]를 구성하는 등 총괄기능을 둘러싸고 부처 간 이견이 있는 상황이다.

거버넌스가 불분명하고 일관된 대응 원칙이 없는 현행 플랫폼 규율 체제를 개선하기 위해서는 가칭 '플랫폼정책협의회'를 국무총리 또는 경제부총리 산하에 설치하는 방안이 바람직하다. 구체적인 업무는 특정부처가 전담하기보다는 사안별로 '주관부처 총괄+관계부처 협조'를 통한 다부처 협업체제[5]로 추진하는 방식이 타당하다.

협의회 산하에는 총괄 정책반, 기능별 대응반, 업종별 대응반 등을 설치한다. 이와 별도로 민관협의체(플랫폼, 입점업체, 소비자 대표, 학계 등)도 상시 운영하며 민간의견 수렴과 갈등 조정기구로 활용하면 좋을 것이다.

총괄정책반(기재부)은 범부처 플랫폼 정책 기조 설정, 국제협상 대응, 통계 및 조사연구, 다부처 관련업무 조정 등의 업무를 담당한다. 기능별 대응반은 산업활성화(규제 합리화, 정책지원 등), 공정경쟁(독과점, 이용자 보호, 입법안 마련), 노동정책(플랫폼 종사자, 노동법 체계 재정립), 정보보호(개인정보보호 및 데이터 이동성 확보) 등으로 구분한다. 업종별 대응반은 금융, 운송, 콘텐츠, 유통 등으로 나눌 수 있겠다.

플랫폼과 금융

경쟁정책 중심의 플랫폼 규율체계 개선과 병행하여 플랫폼이 금융시스템에 미치는 연계성과 특수성에 대해서는 별도의 심층 검토가 필요하다.

전 세계적으로 빅테크의 금융업 진출이 본격적인 확장단계에 진입했다. 빅테크의 금융진출 초기에는 금융소비자의 후생을 증대시키고 공급자에게 새로운 기회를 제공하는 금융혁신의 이점이 부각되며 적극적인 지원을 받았다. 다만, 빅테크의 금융진출이 본격화되면서 거대 플랫폼의 시장지배력 집중, 소비자 피해(특정 플랫폼 고착, 데이터 관련 등) 및 금융시스템 불안 등의 내재된 리스크가 부각되고 있다. 특히 플랫폼 기업이 라이선스 없이 금융회사와의 제휴 등을 통해 금융서비스를 제공하는 경우 책임 소재가 불분명하다는 점도 주목받고 있다.

현행 금융법제는 빅테크가 영위하는 인터넷전문은행이나 마이데이터 사업 같은 금융서비스에 대해 동일기능-동일규제 원칙 아래 대응하고 있다. 그러나 현재의 행위중심 규제(activity-based regulation)로는 빅테크와 금융의 연계 비즈니스 모델이 갖는 특성과 잠재적 위험을 제대로 파악하기 어렵다. 온라인 금융플랫폼(금융상품 대리, 중개, 자문업 등) 관련 소비자 보호규정(2021.3)의 계도기간 종료를 앞두고 세부기준이 발표(2021.9)된 이후 빅테크 사업자가 일부 금융상품 판매를 종료시킨 사례가 있다. 금융권에서는 금융상품을 선별해 소비자에게 제공하는 행위를 '자문' 혹은 '중개'로 규정하고 자격을 갖춘 사업자만 사업을 할 수 있다. 플랫폼 사업자들은 단순 광고라고 주장하며 라이선스 없이 서비스를 하다 금융당국의 지적을 받았다. 이같은 사례가 자주 발생할 가능성이 있다.

전통적인 기업이 규모의 경제를 꾀하는 것과 달리 빅테크는 비금융기업과 금융기업 간의 연계, 혹은 플랫폼 상호간의 연계를 통한 데이터 집중 및 네트워크 효과 극대화를 목표로 한다. 이렇게 전통적인 기업과 판이한 빅테크의 비즈니스 모델과 이윤창출 목표를 고려할 때 플랫폼과 금융의 결합이 심화될수록 개별 회사의 손실이 타 금융회사의 손실로 빠르게 전이되어 금융시스템의 안정을 위협할 개연성이 그만큼 커진다.

빅테크의 시장지배력이 확대되면 독과점 지위 남용 등 시장질서 교란행위 발생 가능성도 높아진다. 빅테크의 양면 시장적 성격을 고려해볼 때 빅테크에 대한 기존 금융산업의 의존도와 종속관계가 확대되면 금융산업의 건전하고 지속가능한 성장을 뒷받침할 수 있는 유효경쟁체계(소비자 선택권 보장)가 흔들릴 수 있다. 더 나아가 고객 접점인 판매망에 금융상품의 양과 질이 종속되는 현상이 가속화될 경우 장기적으로 금융산업의 제조(금융회사)와 판매(빅테크)의 분리가 고착화될 가능성도 배제할 수 없다.

시스템적으로 중요한 플랫폼에 대한 규제

빅테크와 금융의 결합이 날로 심화되고 있다. 그 결합이 가져오는 금융혁신의 효용은 극대화하면서 금융소비자를 보호하고 금융안정을 도모하기 위해서는 빅테크 그룹 자체에 대한 규제(entity based regulation)와 금융회사-빅테크 간 거래에 대한 규제(3rd party risk regulation) 등 새로운 규제 패러다임을 마련할 필요가 있다. 우리 금융당국도 플랫폼에 대한 행위규제와 제3자 규제 도입에 적극적이다. 금융위원회는 금융소비자보호법 해석을 통해 플랫폼을 통한 금융상품 중개행위에 대한 규율 근거를 마련했다. 금융위가 입법예고한 전자금융거래법 개정안에는 제3자 리스크 규제의 근거가 마련되어 있다. 동 개정안은 이른바 '주요업무수탁자'에 플랫폼을 포함하고, 이에 대한 위탁금융기관 및 감독당국의 관리근거가 규정되어 있다.

국제결제은행(BIS)은 '시스템적으로 중요한 금융기관'(SIFI, Systemically Important Financial Institutions) 개념을 전통적인 초대형 금융기관을 넘어 빅테크와 같이 잠재적으로 금융시스템에 영향을 미치는 비금융기관으로까지 확대 적용할 것을 제안한다(2021). 그리고 효과적인 통합감독을 위해 빅테크를 감독할 경쟁당국 등 타 정책기관과 금융당국 간 협력 필요성도 강조한다.

안수현(2021)[6]은 BIS 권고의 연장선상에서 소규모 핀테크 사업자에게 부담을 줄 여지를 해소하고 혁신을 촉진할 수 있도록 '시스템적으로 중요한 플랫폼'과 일반 플랫폼을 구분하여 규율하는 방안을 제시한다. 금융시스템과 상호연관성이 높고 금융안정에 미치는 영향이 큰 거대 플랫폼에는 효과적인 위험관리 의무 및 이해상충 방지 시스템 구축 등 기관 차원의 규제를 부과한다. 안수현의 제안은 빅테크와 금융의 결합이 불러올 잠재적 위험을 고려할 때 향후 유력한 제도화 방안의 하나로 진지하게 검토해볼 가치가 있다. 다만, 현행 금융법 체계는 금융기관만을 대상으로 하고 있어서 빅테크를 어떠한 지위에서 규정할 것인지, 규정한다면 어느 법에서 규율할 것인지 많은 추가 연구가 필요하다. 빅테크를 금융 인프라로 규율한다면 이를 전자금융거래법에 반영할지 별도 입법을 제정할 필요가 있을지도 검토가 필요하다.

디지털시대에는 지급결제가 금융의 핵심이다

금융의 디지털화가 가속화되면서 금융서비스가 분화(un-bundling)되고, 다시 다양한 금융서비스를 묶고 비금융서비스와 결합하여 새로운 가치를 창출(re-bundling)하는 분화와 융합이 일어나고 있다. 그리고 그 양방향 전환과정에서 플랫폼이 핵심 기능을 수행한다. 플랫폼을 통한 금융서비스 제공에서도 초기에는 금융사가 중심이 되어 금융서비스를 모바일/IoT로 담아내는 핀테크(Fin+Tech)가 주를 이뤘으나 최근에는 IT기업이 중심이 되고 모바일/IoT로 금융을 제공하는 테크핀(Tech+Fin)이 활발하다.

전통적인 은행은 수신과 여신 등의 자금중개가 핵심 업무다. 지급결제는 부수적인 업무다. 부르너마이어 등[7]은 미래에는 지급결제가 부가가치를 창출하는 핵심분야로 부상할 것으로 예상한다. 고객과의 접점에서 고객의 행위 데이터를 생성하는 지급결제 기능이 인

공지능기술과 연동되어 향후 모든 산업과 연동되는 부가가치를 창출한다. 이 경우 거래 상대방이 고객에 대해 더 많은 정보를 가지고 있는 (역선택adverse selection의 대척점인) 인버스 셀렉션(inverse selection) 문제가 발생한다.

금융산업의 구조도 바뀐다. 종래에는 정부와 은행으로 이루어진 이원 금융산업구조(two-tier system)였다. 은행이 핵심적인 기관이다. 금융의 디지털화가 진전되면서 이원 구조가 정부와 은행, 빅테크로 구성된 삼원 산업구조(three-way system)로 전환된다. 새로운 삼원 구조에서는 빅테크 기업으로의 거래집중 현상이 심화될 전망이다.

지급결제 업무가 금융의 핵심기능으로 부상하는 삼원화된 산업구조에서는 금융업의 본질과 주된 행위자를 다시 들여다봐야 한다. 플랫폼이 금융업에서 차지하는 비중과 금융안정과 금융소비자 보호 측면에서 가지는 중요성에 대한 새로운 인식과 적절한 규제의 틀이 필요하다.

우선 지급결제 분야를 전자금융거래법이 모두 포섭하는 게 적절한지 재고해봐야 한다. 전자금융거래법은 동일한 금융서비스(지급결제)라도 수단(전자적 수단과 비전자적 수단)에 따라 다른 법률을 적용하는 접근방식이다. 다른 금융업법의 규제대상 업무를 전자적 방법으로 수행한다고 하여 모두 전자금융거래법의 규제대상으로 포함할 수 있는지 근본적으로 재검토해볼 필요가 있다. 예금형과 비예금형의 구분, 선불형과 후불형의 구분, 현금과 비현금의 구분 등을 포함하여 전자적·비전자적 수단의 구별이 필요한 것인지를 검토해보고 수행기관에 대해서도 은행과 비은행의 구분이 필요한지도 재검토해봐야 한다.

스테이블 코인(stable coin)과 중앙은행 디지털화폐(CBDC) 등 새로운 지급수단을 포섭할 수 있는 기준도 법에 포함될 필요가 있다. 스테이블 코인은 교환가치를 법정통화 등에 고정시킨 가상자산이다. 이런 속성으로 가상자산시장에서 지급결제 및 유동성 제공 기능을 수행하며 은행예금과 유사한 역할을 수행한다. 빅테크 플랫폼이 금융업 규제를 우회하는 수단으로 스테이블 코인을 활용하려는 모습도 보인다. G20와 FSB(금융안전위원회), BIS 등에서는 스테이블 코인에 대해 건전성 규제, 자본 규제 등을 적용해야 할 뿐 아니라 스테이블 코인 발행자와 수탁기관에 대해 금산분리(separation of commerce and banking)를 적용해야 한다고 주장하고 있다.[8]

갈수록 중요해지는 지급결제와 관련한 기본적 규제방식은 어떠한 수단에 의해 수행되는지와 상관없는 '기술중립적 원칙'(technology-neutrality principle)을 적용하는 것이 바람직하다. 이런 점에서 향후 지급결제 인프라 등을 통합적으로 규율하는 '지급결제기본법'(가칭) 제정도 구상해볼 만하다.

지급결제 서비스와 은행업 인가

미국 통화감독청(OCC)은 '책임있는 혁신'(responsible innovation)을 정의하고 은행 서비스를 제공하고자 하는 핀테크 회사에 대해 특수목적 연방은행(이하 핀테크 특별은행) 인허가를 의무화했다.[9] 핀테크 회사는 은행의 3대 핵심업무인 지급결제, 예금수취, 대출 가운데 어느 하나라도 영위하고자 하면 은행법이 정한 특별은행 기

준에 따라 인허가를 받아야 한다.[10]

OCC가 은행서비스를 제공하는 핀테크에 대해 위험관리와 지배 구조 규제를 강조하는 것은 역사적으로 금융혁신이 반드시 긍정적 인 효과만을 가져오지 않았기 때문이다.[11] 은행지주회사법상 은행 의 정의[12]에도 불구하고 핀테크 회사가 3대 핵심업무 중 하나라도 영 위할 경우 특별은행 인허가를 받도록 한 것은 비은행은행(non-bank bank)이 1980년대 예대업무 중 하나만을 영위함으로써 은행지주회 사법 규제를 회피했던 문제점을 반복하지 않기 위한 목적이다.

월마트(Walmart)는 2005년 지급결제 기능 목적의 은행(industrial bank) 인허가를 신청하였으나 지급결제 안정성과 금산분리를 이유 로 불허[13]되었다. 비은행은행 규제와 같은 취지의 조치였다. 월마트 은행 설립이 불허된 이후 아마존은 은행 인허가 신청 대신 은행과의 파트너십을 이용하는 아마존 페이를 2007년 설립하였다.

강화된 OCC 기준에 따르면 핀테크 회사는 결제원천자금이 부 보예금이 아닌 다른 조달자금을 이용하여 지급결제나 대출 서비스 를 영위하는 경우에도 특별은행으로서 인허가를 받아야 한다. 만일 핀테크 회사가 부보예금을 수취하고자 한다면, 비록 은행 핵심업무 를 모두 영위하지는 않더라도 은행법상 일반은행 인허가(full-service national charter)를 받아야 한다.[14]

빅테크 행위감독기구 설립

최근 미국과 영국을 중심으로 기존 공정거래법 체계가 빅테크의 시장지배력 남용 문제에 신속하고 효과적으로 대처하지 못한다는 회의가 일어나면서 새로운 규제감독기구를 설립해야 한다는 주장이 제기되고 있다.

영국은 2008년 금융위기가 규제완화로 인해 은행의 행위 리스크를 효과적으로 제어하지 못함으로써 발생하였다는 반성에 따라 금융행위감독청(Financial Conduct Authority, FCA)을 창설했다. 같은 맥락에서 이번에는 빅테크의 시장지배력 남용행위를 규제·감독하기 위해 새로운 감독기구의 필요성이 제기된다.

최근 영국 정부는 빅테크 규제를 위해 경쟁시장청(Competition and Markets Authority, CMA) 내에 디지털 시장부서(Digital Markets Unit, DMU)를 신설했다. 신설 부서의 업무가 반경쟁 규제에 국한될 것으로 전망됨에 따라 FCA와 유사한 '디지털행위감독청'(Digital Conduct Authority)을 신설하거나 DMU를 독립기구로 만들어 빅테크의 전반적인 영업행위를 규제해야 한다는 주장도 나오고 있다.[15]

미국에서도 빅테크에 대한 의회 조사를 계기로 새로운 규제기구 설립 논의가 진행중이다. 미국은 빅테크의 반독점 행위에 대한 규제 강화로 기조가 변하면서 빅테크 전담 규제기관의 신설에 대한 논의도 고조되고 있다.[16] 경제학계 및 경쟁법 전문가를 중심으로 현행 독점금지법이 빅테크 독점 규제에 한계가 있다는 우려를 제기하고 있다. 현행 체제에서는 반독점 행위에 대한 소송 기간이 길고 빅테크의 시장지배력을 적기에 시정하기 어려우므로 빅테크 전담 규제기관의 설립이 필요하다는 주장이다.

제이슨 퍼먼(Jason Furman) 하버드 대학 교수는 기업 해체와 같은 과격한 방법보다는 빅테크를 시스템적으로 중요한 기관으로 지정해 특별 관리하는 것이 더 낫다고 주장한다. 피오나 스콧 모튼(Fiona Scott Morton) 예일 대학 교수도 현행 반독점 체계가 경쟁 보호를 위해 원활히 작동하지 못하고 있다고 비판하며 규제당국 신설을 지지한다. 시카고대의 스티글러 센터(Stigler Center) 보고서도 디지털 플랫폼 기업의 시장지배력 확대를 우려한다. 현행 독점금지법이 디지털플랫폼 분야의 새로운 경쟁환경을 규제하는 데 한계가 있고, 새로운 법률과 도구가 필요하며, 효율적 감독을 위해 전담 감독기구(digital authority)의 설립도 필요하다고 주장하고 있다.[17]

빅테크에 대한 행위감독기구를 설립하는 경우 빅테크의 시장지배력 남용 행위를 적시에 시정하는 데에는 유리할 수 있다. 디지털 기술은 서비스를 제공하는 수단에 불과하며 서비스의 본질을 변화시키는 것은 아니지만 다양한 분야의 업무를 동일한 플랫폼에서 제공하면서 기존에 보지 못했던 새로운 형태의 불공정 행위가 나타날 수 있다. 이 경우 독점금지법의 소송기간이 상당히 길어 이들의 지배력을 적시에 시정하지 못하는 문제가 발생할 여지가 있다. 앞서 밝힌 바와 같이 영국에서 금융행위감독을 전담하는 FCA를 설립한 이후 금융회사에 대한 감독의 실효성이 높아지고 이로 인해 소비자 보호가 강화됐다는 평가가 있다. 빅테크 플랫폼에 대해서도 유사한 방식의 접근을 고려해볼 수 있을 것이다.

수행하는 업무가 다방면에 걸쳐 있는 플랫폼 산업의 특징을 고려할 때 단일 디지털 행위감독기구가 효과적일지 의문이 들 수도 있다. 빅테크 기업이 업무영역을 전방위적으로 확대하고 있는 반면, 규제를 담당하는 정부 부처는 업무영역별로 구분되어 있다. 단일 규제기관이 모든 전문분야를 아울러 감독하는 것이 어려울 수 있다. 이러한 문제를 극복하려면 정부당국이 담당하고 있는 분야별로 행위감독기구를 별개로 설립해야 하는 문제가 발생한다. 이 경우 빅테크 기업의 특정 행위가 여러 당국에 해당되는 상황에서 규제당국 간 협의 등으로 불공정 행위에 대해 신속하게 대처하지 못할 가능성도 있다. 또한 인허가와 행위감독 기능을 분리하여 빅테크 기업의 모든 불공정 행위에 대해 일관되게 감독할 수 있는 범정부적 행위감독기구를 설립해야 실질적 규제 효과가 나타날 수도 있다.

빅테크의 금융업 진출 및 금융플랫폼의 출현이 확산되어 시장지배력이 유의미하게 커지게 되면 이들의 시장지배력 남용을 효과적으로 차단함으로써 경쟁과 혁신을 유도하기 위해 금융당국 내 공정경쟁을 촉진하는 감독기능을 강화할 필요가 있다.[18] 국내의 빅테크는 다른 부문과 달리 아직 금융부문에서는 시스템적으로 유의미한 영향을 미칠 정도로 성장하지는 않은 것으로 판단된다. 그렇지만 빅테크의 영업모형(business model)이 갖는 큰 네트워크 효과로 인해 멀지 않은 장래에 빅테크의 금융서비스 제공 규모가 급속히 증가하여 시스템적으로 중요한 '대마불사'(too-big-to-fail)가 될 가능성도 상당히 높다.

5장
블록체인과 가상자산의 미래

　팬데믹 이후 진행되고 있던 디지털 전환이 더욱 가속화되며 블록체인 기술 또한 활용범위가 폭발적으로 넓어지고 있다. 블록체인은 디지털 정보와 기록을 누구도 임의로 수정할 수 없고 누구나 변경의 결과를 열람할 수 있게 해주는 분산원장기술이다.

　2008년 익명의 사토시 나카모토(Satoshi Nakamoto)가 블록체인 기술을 이용한 P2P 금융거래를 제안한 이유 등으로 블록체인 기술의 응용은 금융 분야에서 제일 먼저 시작되었다. 그러나 이제 블록체인기술 활용은 금융 분야에 그치지 않는다. 최근에는 게임, 미술, 부동산, 엔터테인먼트 산업에서 NFT시장이 비약적으로 성장하고 다양한 메타버스 영역에서도 블록체인 기반 사업이 하루가 다르게 커나가고 있다.

　웹 기반도 플랫폼 운영자 중심의 중앙화된 '웹 2.0' 시대를 넘어 개방과 분산, 그리고 이용자의 참여와 보상을 강조하는 블록체인 기반 '웹 3.0' 패러다임이 제시되고 있다. 지금의 플랫폼은 무료인 듯하지만 빅테크들의 수익을 극대화해주는 방식으로 구현돼 있다. 탈중앙화 방식은 소비자가 참여자가 되고 부가가치를 같이 향유할 수 있는 기반이 된다.

블록체인 기반 서비스는 현재는 투기적 요소가 없는 것은 아니나 탈중앙화 기반의 서비스는 충분히 매력적인 서비스를 구현할 수 있을 것으로 본다. 기존 사고방식으로 접근하면 현재 서비스를 대체하는 것처럼 보일 수 있지만 5~10년 안에 기존과 다른 방식의 서비스가 정착될 수 있다.

블록체인 등장의 문명사적 의의

블록체인이 불러온 탈중앙화 원리와 해법은 기업과 자본주의의 작동방식은 물론 전통적인 돈의 정의까지 바꿔 나가고 있다. 사토시 나카모토는 참여에 경계가 없고 투명한 거래 및 네트워크 운영이 가능한 개방형 거버넌스로서 분산원장기술을 제시했다. 그리고 시스템 참여자에 대한 보상으로 네트워크 토큰이나 코인을 지급한다. 블록체인 생태계는 개방성, 탈중앙성, 분산성, 참여성, 투명성 등이 중요한 특성이다.

플랫폼 기업과 법정화폐가 중앙집중과 일극체제를 상징한다면, 블록체인 기반 코인 경제는 탈중앙화와 다극체제 질서를 의미한다. 블록체인 기반 생태계의 확산과 도전은 단순히 산업구조를 바꾸고 새로운 투자기회를 제공하는 것 이상의 문명사적 의의를 지닌다.

나카모토의 제안은 그 자신이 명확하게 밝힌 대로 2008년 글로벌 금융위기에 대한 실망과 비판으로 세상에 나왔다. 그런데 지금은 그 기술이 금융을 넘어 다방면으로 확산되며 기존 질서를 흔들고 있다.

사토시의 작은 날갯짓은 훗날 현대 금융자본주의에 대한 가장 근본적이고 지속적인 도전으로 기록될지 모른다.

디지털 혁명이 가속화되면 인간의 경제활동이 점점 현실세계에서 가상세계와 메타버스로 옮겨간다. 이 흐름을 주도하고 있는 세계 젊은이들 사이에 널리 퍼져 있는 블록체인 기술과 가상자산에 대한 강력한 정서적 동일성은 새로운 사조가 등장할 때 나타나는 문화적 현상처럼 보인다. 특별히 팬데믹 이후 기존 금융시스템이 제공하는 서비스가 제한적이고 후진적인 신흥 개도국에서 블록체인 기반 대체 서비스가 큰 호응을 받으면서 이들 지역에서 블록체인 글로벌 스타 기업들이 속속 등장하고 있다.

예를 들어 게임을 하면서 돈을 버는 P2E(play to earn) 게임의 대표적인 주자 '액시 인피니티'(Axie Infinity)는 베트남의 게임 개발사 '스카이 마비스'가 만들었다. 액시 인피니티는 이더리움 기반으로 만들어졌으며 액시라고 불리는 NFT 캐릭터를 육성하는 게임이다. 캐릭터를 합성해 희귀한 NFT 캐릭터가 생성되면 판매해 토큰을 얻을 수 있고, 해당 토큰을 거래소에 매각해 수익을 낼 수 있다. 스카이 마비스의 기업가치는 3조 5천억 달러에 달하며, 액시 인피니티 토큰의 시가총액은 9조 4천억원이다.

비약적으로 발전하는 가상자산시장

탈중앙화 기반 서비스는 2021년에 괄목할 만한 성장을 거두었다. 2021년 초 187억 달러였던 탈중앙화 금융(DeFi, 디파이) 플랫폼에 고정된 총 가치(Total Value Locked, TVL)는 2021년 말 2,422억 달러로 12배 이상 증가하였다. 디파이는 전통적인 금융기관에 의존하지 않고 블록체인과 스마트 계약을 이용해 금융을 제공하는 서비스다. 예금처럼 암호화폐를 예치하고 이자를 받을 수 있고, 토큰을 담보로 다른 토큰을 대출받을 수도 있다. 가상자산 세상의 은행 같은 역할을 한다.

스테이블 코인 시장은 2021년 말 1,518억 달러로 연초 291억 달러 대비 5배 이상 성장하였다. 스테이블 코인은 미국달러나 유로 등 법정화폐와 1대 1로 가치를 고정한 가상자산이다. 테더, USD코인, 바이낸스USD 등이 있다. 일반적으로 다른 코인들은 변동성을 통해 수익을 취하기 위한 목적으로 보유하는 경우가 많다. 가치 변동이 없는 스테이블 코인을 거래하는 이유는 기축 코인 역할을 하기 때문이다. 가상자산 거래소에서는 법정화폐가 아니라 스테이블 코인이 거래의 매개체 역할을 한다. 스테이블 코인을 생성하려면 그만큼 달러를 예치해야 한다. 미국 달러에 고정된 스테이블 코인이 급부상하면서 미국에서는 스테이블 코인의 성장으로 세계 기축통화로서의 달러의 위상을 강화하고 달러 수요를 증가시키는 방법에 대한 논의도 이루어지고 있다.

디지털 전환이 빠르고 개인들의 직접투자 문화가 광범위하게 정착된 대한민국은 2017년 가상자산 열풍의 세계적인 중심지로 떠올랐다. 당시 국제시세와 한국시장 가격 간의 차이(일명 김치 프리미엄)가 최고 50%에 달할 정도로 가상자산시장의 버블이 극심했다. 서방 언론에서는 2017년 당시 한국 가상자산시장 상황을 전쟁이나 재난의 피해가 가장 극심한 지역을 뜻하는 시사용어인 '그라운드 제로'(Ground Zero)라고 불렀다. 2017년 가상자산시장 버블 상황과 정부의 대책수립 과정에 대한 상세한 설명은 뒤에 이어진다.

2017년 광풍에는 미치지 못하지만 2020년 팬데믹 이후 국내 가상자산시장에 젊은 층의 참여가 폭발적으로 늘어나면서 가상자산 거래대금이 주식시장(KRX) 거래대금을 상회할 정도로 그 참여자 수나 거래규모가 비약적으로 성장했다. 국가별로 가상자산 규모를 파악하는 통계는 존재하지 않지만, 국내 가상자산시장을 글로벌 3대 규모(미국, 중국계 자본, 한국)로 평가하는 것이 일반적이다.

국내 가상자산 거래가 유독 활발한 이유에 대한 학술적인 논문은 없으나 일반적으로 내국인들의 고위험 고수익(high risk, high return) 투자상품에 대한 선호, 개인 투자자의 높은 직접투자 비중 등이 꼽힌다. 2010~11년 국내 파생상품 거래량이 글로벌 1위를 기록한 적이 있다. 또한 코스닥과 같은 신시장(new market)이 개인 투자자 거래 비중이 88%(2021년 기준)으로 유지되고 있는 시장은 국내가 거의 유일하다.

이런 국내 투자자들의 투자수요와 더불어 국내 가상자산 거래소들의 영업경쟁으로 인해 거래를 지원하는 가상자산 종류가 급격히 증가했다. 또 규제차익을 이용하여 자본을 조달하려는 가상자산 발행인들의 발행수요로 인해 국내 가상자산시장은 급격히 성장하였다. 2021년 특정금융정보법 적용을 받기 전 국내에 가상자산 거래소는 60여개가 영업을 해왔으며, 이들이 국내에 거래 지원하는 가상자산 종류는 300여종으로 추정된다. 이렇게 많은 가상자산 거래소가 운영되고, 300여종이 넘는 가상자산이 내국인들에게 제공되는 국가는 한국이 유일하다. 박선영(2021)[1]에 따르면 2021년 7월 말 기준 4대 가상자산 거래소에 상장되어 있는 가상자산은 총 347종으로, 이 중 35.4%인 123종은 내국인과 연관된 프로젝트이다.

해외 가상자산시장의 투자규모도 급성장하고 있다. 미국 벤처캐피털은 2021년에 294억 달러를 가상자산시장에 투자했는데, 이는 65억 달러를 투자한 전년 대비 4배 이상 증가한 규모이다. 산업트렌드를 읽는 데 탁월한 미국 벤처캐피털이 블록체인, NFT 기술 등을 접목한 가상자산시장에 경쟁적으로 투자하고 있는 상황이다. 실리콘밸리의 유력 벤처캐피털인 앤드리슨 호로위츠(Andreessen Horowitz)는 2021년 6월에 22억 달러 규모로 가상자산에 투자하는 펀드를 조성하였고, 세쿼이아 캐피털(Sequoia Capital)도 2021년 전체 투자 건수의 25%를 가상자산 관련 신생기업에 투자했다.

미국은 2019년에 가상자산 관련 증권거래위원회(SEC) 가이드라인을 정립하는 등 일찍부터 투자자 보호를 위한 제도를 마련해왔다. 가상자산은 미국 증권법상 투자계약(investment contract)에 해당할 수 있다. 미국 증권법에서는 투자계약의 개념을 포괄적으로 정의하고 있어서 가상자산이 투자계약에 해당되는지 여부는 구체적 사안에 따라 개별적으로 판단해야 하며, 2019년 발표한 디지털자산에 대한 투자계약 분석의 틀(Framework for Investment Contract Analysis of Digital Assets) 가이드라인을 통해 시장의 예측성을 높였다. SEC에 따르면 비트코인은 투자계약이 아니다. 반면 리플 랩스(Ripple Labs)가 발행한 XRP에 대한 SEC의 소송은 1년째 진행중이다. 미국에서 가상자산을 발행하는 발행사들은 미국의 증권법을 염두에 두고 발행을 하고 있다.

더 이상 미룰 수 없는 제도화 논의

국내 가상자산시장의 규모와 가상자산에 대한 국제적인 제도화 논의 추세 등을 감안할 때 정부도 이제는 가상자산에 대한 최소관여 (minimum engagement) 입장에서 벗어나 가상자산제도 전반에 대한 법제화 작업을 서두를 필요가 있다. 현재는 가상자산 발행이나 유통에 대한 법적 근거 없이 가상자산 거래소에 원화계좌 서비스를 제공하는 은행을 통한 자금세탁방지 차원의 최소한의 규제에 그치고 있다.

현재 국회에 가상자산에 관한 다수의 의원입법안이 발의되어 있다. 현행 법률을 일부 개정하는 안부터 가상자산에 관한 법을 별도로 제정하는 안까지 다양하다. 다만, 가상자산 전반에 대한 종합적인 제도를 상세하게 검토하고 다른 금융법과의 관계까지 모두 조정하려면 정부가 국회에 제출된 여러 의원입법안을 토대로 대안을 마련하여 국회 심의를 진행하는 방식이 더 효율적이다.

제도화 이슈를 접근하는 자세

이렇게 미래의 핵심기술이 될 여지가 큰 생태계에 대한 정부의 정책은 유연하고 실험적인 자세가 바람직하다. 제도화를 하더라도 모든 분야에 대해 너무 성급하고 경직적인 결론을 내리기보다는 확실하게 논의가 정리된 분야부터 제도화하고 나머지 부분에 대해서는 잠정적인 태도를 취하는 편이 전략적으로 현명한 접근이다. 입법형식으로는, 법률에는 이용자 보호 원칙[2]과 중요한 사항을 규정하고, 상세한 내용은 시행령 등 하위규정에 위임하는 모델이 적합하다.

가상자산시장은 새로운 기술영역이고 아직 정형화가 충분히 되지 않은 분야이므로 업계 스스로 협회를 중심으로 자율규제 체제를 구축하여 투자자를 보호하고 정부와 여론의 신뢰를 쌓아가는 노력도 매우 중요하다. 업계가 이렇게 적극적인 자정활동에 나서고 실효성 있는 자율규제 관행을 쌓아나간다면 이어질 법제화 논의 때 가상자산에 대한 공식적인 감독수준과 법령의 위임 근거를 갖춘 정식 자율규제 체계를 설계하는 데 상당한 도움이 될 것이다.

한편, 이러한 견해에 대해 자율규제는 공적규제를 보완하는 수단에 불과하고 구속력이 약하다는 비판도 제기된다. 법에 의해 설립된 금융투자협회는 그나마 회원사 제제의 효과가 일부 기대되나, 가상자산 업계는 공격적인 영업 성향이 짙어 회원사 자율제재의 경제적 효과를 기대하기 어렵다는 의견도 많다. 이런 입장을 가진 전문가들은 정부가 엄격한 가이드라인을 마련하고 모니터링 업무만 업계에 위탁하는 방식을 제안한다.

제도적인 기반 없이 시작되어 몇년 만에 이용계좌 수가 천만이 넘고 하루 거래대금이 주식시장보다 더 커져버린 가상자산 영역을 제도권으로 편입하는 작업은 고도의 전문성을 요하는 지난한 과제이다. 심층적인 현황 분석은 물론 복잡하게 뒤엉켜 있는 이해관계를 조율하는 능력도 중요하다. 가상자산 제도화를 검토할 때 고려해야 할 굵직한 과제가 몇가지 있다.

탈중앙 서비스와 기존 금융시스템과의 관계 설정 문제

블록체인 기반 플랫폼을 만들고 키워가는 과정에서 디지털 코인과 토큰이 생성된다. 그런 점에서 가상자산은 블록체인 기반 생태계의 촉매제로서 특성을 가진다. 블록체인 기반 탈중앙화 네트워크는 가장 널리 알려진 비트코인, 이더리움처럼 불특정 다수가 블록을 검증하는 퍼블릭 블록체인부터 제한적인 기관 참여자만 블록 검증에 참여하도록 하는 프라이빗 블록체인, 양측의 방식을 취사선택한 컨소시엄 블록체인 등 탈중앙화의 방식과 강도에 상당한 차이가 있다. 중앙화된 기존 금융과의 접점이 아예 없거나 최소화된 형태로 작동하는 블록체인 시스템도 늘어나고 있다. 하지만 여전히 시장 참여자 다수에게 가장 친숙한 가상자산 거래창구는 중앙화된 가상자산 거래소다.

채굴을 통해 코인을 획득한 사람도 있지만 가상자산 거래소에서 현금을 주고 투자 목적으로 코인을 구입하는 사람도 많다. 전자의 경우 블록체인 서비스를 작동케 하는 역할을 수행하고 보상으로 코인을 획득한 것이고 후자는 매매 차익을 얻기 위해 코인을 획득한 것으로 추정해볼 수 있다. 후자의 경우 블록체인의 효용성을 체감하고 해당 서비스를 깊숙이 분석해서 투자를 했다기보다 전통적인 금융상품보다 더 높은 수익률을 단기간에 가져다줄 것 같은 기대감에 뛰어들었을 가능성이 크다.

후자와 같은 사람이 많아질수록 코인은 그 코인이 기반으로 하고 있는 블록체인 플랫폼의 잠재적인 성장가능성과 별 상관없이 가격 변동을 이어갈 수 있다. 누리엘 루비니(Nouriel Roubini) 교수와

찰스 멍거(Charles Munger) 같은 투자자가 "가상자산은 폰지구조(Ponzi Scheme)와 유사하다"고 혹평을 하는 근거도 인정할 만한 부분이 있다. 유동성이 풍부한 거시금융 환경에서 가상자산이 급등한 것은 가상자산과 연계된 블록체인 기반 서비스가 대단해서라기보다 버블을 기대하고 뛰어든 투자자가 쉼 없이 몰려든 측면도 있기 때문이다.

최근에는 가상자산 거래를 온전히 블록체인 위에서 집행하는 비수탁성 탈중앙화 거래소가 점차 늘어나고 있지만 국내외 할 것 없이 여전히 가상자산 거래의 대부분은 중앙화된 가상자산 거래소를 통해 이뤄지고 있다. 거기에는 지급결제서비스를 제공하는 은행의 개입이 필수적이다. 익명성을 가진 가상자산의 성격상 가상자산 계좌에서 대형 자금세탁 사건이 불거질 위험은 항상 잠재되어 있다. 만일 그런 사고가 발생할 경우 해당 계좌서비스를 제공한 개별은행에 심대한 타격은 물론 그 은행이 속한 나라의 은행시스템 전반의 평판에도 상당한 부담으로 작용할 소지가 있다.

가상자산을 제도화할 때 탈중앙화된 가상자산 거래소와 은행에 대한 의존도가 아예 없거나 의존도가 최소화된 탈중앙 서비스는 보다 유연한 규제 적용이 가능하다. 탈중앙화 서비스와 기존 금융시스템의 연관성이 그리 크지 않아 가상자산시장이 기존 금융시스템의 안정에 미칠 영향이 제한적이기 때문이다. 다만, 탈중앙화된 거래소 서비스가 활성화되면 기존 금융사에 대한 의존도가 낮아지고 은행 등의 자금중개를 통한 신용창출 등 금융 및 경제에 미치는 영향도 달라지므로 이 점에 대해서는 별도의 심층 분석이 필요하다.

탈중앙화를 표방하지만 기실 가상자산이 전통적인 금융창구를 통해 판매되고 거래되는 무늬만 탈중앙 서비스인 경우가 대부분인 상황에서 가상자산의 제도화는 아주 신중하고 단계적인 접근이 불가피하다. 이런 성격의 가상자산이 제도화를 통해 공신력을 갖출 경우 제도화 이전과는 비교할 수 없을 만큼 투자가 과열되기 쉽고 그 거래를 지원하기 위해 개입한 전통 금융시스템의 운영과 평판이 위험해질 가능성도 커진다.

가상자산에 대한 효과적인 감독이 어디까지 가능할까

가상자산은 익명성을 특징으로 하여 전통적인 금융감독 기법만으로는 감시와 적발에 한계가 있다. 가상자산이 법적인 근거를 갖게 되면 급격히 커질 가상자산시장의 감독과 조사에 특화된 전문성을 갖춘 전담조직이 필요하다. 여기서 감독이란 가상자산 사업자에 대한 감독은 물론 가상자산 불공정거래를 적발하고 감시하는 방안까지 포함하는 넓은 의미의 감독을 말한다. 설령 법률을 잘 만든다 해도 불공정 거래가 만연하고 적발에 한계가 있으면 가상자산시장의 신뢰도는 추락하고 어렵사리 마련한 법령의 실효성에 대한 회의로까지 번질 수 있다. 불공정거래 조사를 위한 글로벌 공조체계 구축도 중요하다.

만약 그런 전담 조직이 충분한 인력과 예산을 갖추고 제대로 감독을 할 수 있는 인프라가 갖춰지면 가상자산에 대한 전향적인 법제화를 시도할 수 있다. 그러나 현실적인 제약으로 충분한 감독조직과 인력을 구축하는 데 상당기간이 소요된다면 가상자산 제도화는 조금씩 단계적으로 하는 게 금융시스템의 위험을 줄이는 길이다. 다만 이 경우 블록체인 산업과 가상자산시장의 발전은 그만큼 지체될 수밖에 없다.

가상자산 거래소 모델은 어느 것이 좋은가

가상자산은 가상자산 거래소를 통해 가상자산 대 가상자산, 또는 가상자산 대 법정화폐로 교환된다. 법정화폐를 기반으로 운영되는 현대자본주의에서 신용이 은행을 통해 매개되고 창출되듯이 블록체인 기반 코인 경제 생태계에서는 가상자산 거래소가 은행과 비슷한 기능을 수행하는 핵심기관이다. 이런 의미에서 블록체인 산업과 생태계가 꽃피우기 위해서는 신뢰할 수 있고 안전한 가상자산 거래소의 존재와 역할이 필수적이다.

한국 가상자산시장 생태계의 독특한 특성과 문제점은 가상자산 거래소 현실과 직결되어 있다. 우리나라 거래소들을 보면 알트코인 (비트코인을 제외한 가상자산)이 많고 그 거래 비중도 높다. 알트코인의 상장과 퇴출을 둘러싼 잡음도 적지 않다. 가상자산 거래소가 제도적 기반 없이 설립되어 운영되다가 2018년의 실명입출금서비스 의무화, 2020년 특정금융정보법상 등록의무 부과 등의 과정을 거쳐 조금씩 제도적 틀을 갖추어나가고 있으나 자연발생적으로 생성된 거래소 도입 초기에 생긴 한국만의 독특한 특성과 유산이 잔존해 있다. 2018년 실명 입출금확인계좌 도입 전에는 일회성 공과금 납부 등의 간편한 거래를 위해 고안된 집금계좌가 가상자산 거래의 거래계좌로 광범위하게 활용되는 기상천외한 현상이 만연했다.

우리나라 가상자산 거래소는 대부분 중앙화 거래소이고 최근에 전 세계적으로 늘어나고 있는 블록체인 기반 탈중앙화 거래소는 대중화되어 있지 않다. 중앙화 가상자산 거래소는 주식, 파생상품이 거래되는 한국거래소와 비교해봐도 지나치게 기능이 집중돼 있다. 한국거래소는 청산결제, 시장감시기능, 상장심사 등의 업무가 내부 전문조직 또는 별도의 외부기관으로 분리되어 있다. 가상자산 거래소는 모든 기능을 통합 담당하고 있어서 본질적으로 운영위험이 매우 높다. 시장감시조직이 분리되지 않은 상태에서 익명성까지 강한 가상자산을 자체적인 시장감시 기능을 통해 적발하기란 여간 어렵지 않다. 법적인 근거가 없어 감독기구 없이 가상자산 거래소 단독으로 수행하는 가상자산의 상장과 퇴출 과정 역시 투명성과 효과성 측면에서 높은 평가를 받지 못하고 있다.

이렇게 운영위험이 높고 이용자 보호에 근본적인 취약성을 가진 현존 가상자산 거래소 모델을 어떻게 해야 할까? 가상자산 제도화를 논의하면서 기존 가상자산 거래소가 걸어온 경로를 수용하고 일부 개선하는 길로 갈 것인가? 아니면 지금의 가상자산 거래소를 제도화 이전의 과도기적 기구로 보고 전혀 새로운 방식의 모델을 설정할 것인가? 후자를 선택할 경우 기존 거래소는 경과규정을 두고 장차 새로운 방향으로 유도해나가야 한다.

가장 이상적인 방향은 가상자산 거래는 탈중앙화된 형식의 거래를 원칙으로 하고 중앙화 거래소를 거치는 거래는 엄격한 요건을 충족하는 경우로 한정하는 것이다. 엄격한 요건에는 지배구조의 투명성·책임성을 담보할 대주주 자격요건과 소유제한 설정, 청산결제 인프라의 독립, 중립적인 시장감시 기구의 설치 등 자본시장 거래소 수준의 지배구조 및 시장운영 규제 등이 포함될 수 있다.

기존 금융사의 참여를 어느 수준까지 허용할 것인가

극단적으로 가상자산업과 전통금융업을 완전 분리하여 가상자산업은 별도의 자본과 전문성을 가진 자가 전업으로 영위하는 산업으로 상정할 수 있다. 이 경우 전통 금융회사는 가상자산업 중 가상자산 보관업무 등을 제외하고는 출자나 투자, 매매, 중개 등의 행위가 불가능하다. 현행 가상자산시장과 전통 금융업의 분리체제가 가상자산 제도화 이후에도 지속되는 모델이다.

가상자산이 제도권으로 편입되어 명확한 법적 근거를 갖추고 규제감독의 대상이 되는 새로운 체제에서도 전통 금융회사의 참여기회를 전면 봉쇄하는 것은 이용자 편의나 산업발전 측면에서 최선이 아닐 수 있다. 또한, 전통 금융회사는 금융감독당국으로부터 상시감독을 받고 있으므로 이들이 가상자산업에 진출할 경우 감독당국은 전통 금융회사를 통해 간접적으로 가상자산시장과 산업을 모니터링하고 지도할 수 있게 된다.

반면, 기존 금융회사의 가상자산업 참여가 활발해질수록 가상자산시장과 전통 금융시스템이 그만큼 더 긴밀하게 통합되어 전체 금융시스템의 안정 측면에서 새로운 위험요소가 될 수 있다. 특히 최근 발전 속도가 빠른 탈중앙금융(디파이) 영역에서 두 산업 각자의 모호하고 복잡한 상품들이 경계를 넘어 서로 이질적으로 결합될 경우 그 위험은 사전에 파악하기 극히 어렵게 되고 그만큼 사후에 큰 위기로 번질 소지가 크다. 그런 의미에서 디파이 영역에서 기존 금융회사와 가상자산 회사의 역할과 기능을 세밀하게 조율하고, 위험을 적정선으로 제한하는 여러 안전장치와 이용자 보호 및 구제 수단이 필요하다.

중앙은행 디지털 통화(CBDC) 문제

화폐의 역사에서 디지털 머니의 등장은 돈의 정의를 바꾸고 있고 통화 다극체제의 도래를 의미한다. 브루너마이어 등(2021)[3]은 화폐의 디지털화가 진전되며 화폐의 전통적인 기능인 회계의 기준(unit of account), 교환의 수단(medium of exchange), 가치저장(store of value)의 수단이 분화(unbundling of the separate role of money)되고, 중앙은행이 발행하는 법정화폐는 장차 회계의 기준으로서의 핵심 기능만 유지하고, 빅테크 플랫폼 상에서의 디지털 포인트 또는 스테이블 코인 등 다양한 디지털 화폐들이 교환의 수단으로써 광범위하게 사용될 수 있다고 전망한다.

또한 기술의 발전으로 다양한 형태의 디지털 토큰이 생기면 새로운 디지털 통화지역(digital currency area)이 등장할 수 있고, 이 경우 자국화폐의 가치가 불안정한 신흥국의 경우 자국통화에 대한 통화주권을 특정 디지털 통화에 잠식당하는 디지털 달러화(digital dollarization) 현상도 예상된다. 우리나라가 이런 범주에 속하는 신흥국은 아니지만 인접국 중국에서 위챗이나 알리페이 등 디지털 통화가 광범위하게 활용되고 있고, 인민은행도 위안화 CBDC 프로젝트를 일찍부터 검토하고 있는 상황을 고려해보면 중국의 디지털 화폐화의 진전이 우리나라에 미칠 여파에 대한 연구와 대비가 필요하다.

디지털 머니 영토가 넓어질수록 국가 통화주권은 그만큼 줄어들고 거기에 대응하여 중앙은행이 CBDC를 발행하면 전통 은행업의 입지가 축소될 수 있다. CBDC는 운영기준에 따라 둘로 나눠진다. ①1-tier 시스템: 중앙은행이 개인계좌를 열어주는 형태 ②2-tier 시스템: 중앙은행은 민간은행과 거래하고, 민간은행이 개인계좌를 운영하는 형태. 중국은 현재 2-tier시스템으로 운영중이고 BIS도 2-tier 방식을 중심으로 논의중이다. 전자보다 후자 모델을 택할 경우 은행업에 미칠 영향은 제한적이다.

디지털 거래가 활발한 우리나라 현실에서 CBDC의 조기 도입이 필요하지 않다는 회의적 시각도 있다. 다만 장차 현금이 사라지고 디지털 형태의 화폐가 그 자리를 대신하는 미래사회에서 중앙은행은 CBDC를 통해서만 국민들과의 접점을 유지하고 통화주권을 지킬 수 있다. 이같은 점을 고려할 때 CBDC 연구는 비단 한국은행만의 과제가 아니며 CBDC 프로젝트에 대한 기재부와 금융위의 참여와 협력이 필수적이다.

세계 최초로 만든 가상자산 관리 방안, 느슨하지만 투명한 통제

2009년 비트코인 코어 0.1 버전에서 제네시스(genesis, 창조) 블록이 생겼다. 정체를 알 수 없는 사토시 나카모토라는 사람이 1년 전 쓴 "Bitcoin: A Peer-to-Peer Electronic Cash System"이라는 제목의 9면 짜리 논문을 실제로 구현한 것이다. 사토시 나카모토는 논문에서 "재래 통화의 뿌리는 그것을 작동하게 하는 데 필요한 신뢰"라며 "화폐 통화의 역사는 그 신뢰의 위반으로 가득하다"고 밝혔다. 재미로 만든 것인지 분노로 만든 것인지 모를 블록체인 기반의 가상자산은 10년 후 전 세계 금융 시스템을 흔들 뜨거운 감자가 된다.

컴퓨터가 블록을 생성하면 하나씩 생기는 메타 데이터가 돈이라고 하니, 사람들은 비웃었다. 2010년 5월 22일 미국 플로리다에 사는 프로그래머 라즐로 하녜츠(Laszlo Hanyecz)는 비트코인 포럼에 '피자 두판을 보내주면 1만 비트코인을 지불하겠다'고 제안했다. 당시 비트코인 가격은 0.004달러(4.8원)였고 피자를 사먹는 데 5만원에 해당하는 비트코인이 사용됐다. 비트코인이 처음으로 현물과 거래가 된 사례다. 비트코인 투자자들은 이날을 기념해 '피자데이'라 이름 붙이고 매년 이날 피자를 먹는다. 현재 비트코인 시세가 5200만원이라는 점을 감안하면 이날 지불한 피자 가격은 5200억원이다. 한판에 2600억원이다.

언제부터를 과열이라고 봐야 할지는 모르지만 2017년의 가상자산 시장은 확실히 과열이었다. 다른 나라도 문제지만 한국은 유독 열기가 뜨거웠다. 2017년 11월 기준 국내 주요 업자의 하루 거래량이 전 세계 거래량의 적게는 20%에서 많을 때는 50%를 차지했다. 비트코인은 전 세계 거래량의 11.7%, 이더리움은 19.4%, 비트코인캐시는 무려 63.2%가 한국에서 거래가 됐다. 워낙 국내 매수세가 강하다보니 한국에서 거래되는 비트코인 가격이 더 비싼, 이른바 '김치 프리미엄'이 해외 시세의 40%가 넘을 때도 있었다. 100만명이 거래를 한다, 200만명이 거래를 한다 말은 많은데 정확한 숫자를 추산할 방법도 없었다. 전 세계적으로 서울은 가상화폐의 그라운드제로(가장 뜨거운 전쟁터)라고 불렸다. 정치·사회적 문제로까지 불거졌다. 비트코인으로 큰돈을 벌어 집을 샀다는 사람 이야기, 국가적인 도박판이 벌어지고 있는 정부는 뭐하냐는 비판까지 연일 가상자산 이야기가 언론에 보도됐다.

대책이 필요하다는 여론이 형성되자 사람들은 금융위원회를 바라보기 시작했다. 가상화폐는 정부가 규제하는 시장도 아니고, 이름에 화폐라는 단어가 붙어 있을 뿐이지 돈도 아니었다. 게임머니에도 머니가 붙어 있지만 금융당국이 관리하지 않는다. 금융위 내에서 몇몇 실무자들이 공부하는 수준의 태스크포스팀(TF)은 있었지만 정책을 진지하게 검토하고 있지는 않았고, 할 수 있는 법적 근거도 없었다.

2017년 12월 4일 금융위 부위원장 주재로 '가상통화 관계기관 합동 TF'가 개최됐다. 금융위, 기재부, 공정위, 법무부, 방통위, 국세청, 한국은행, 금감원 등 여러 관계기관이 참석했다. 누구 소관이랄 것도 없었기 때문에 관련 있어 보이는 기관은 다 모였다. 금융당국은 가상통화는 화폐나 금융상품이 아니라는 입장 정도를 갖고 있었다. 이때 적극 대응하려고 했던 곳은 법무부였다. 가상자산 거래 양태가 투기성이 강하고 사회 문제가 되다보니 범죄를 다루는 부처가 사기, 도박 등을 근거로 대응을 하고자 했다. 이날 결론은 법무부가 중심이 돼서 대책 마련을 하기로 했다는 것이었다.

법무부는 가상자산 거래를 사기, 도박 등 범죄로 보고 가상자산 거래소를 폐쇄해야 한다는 강경한 입장을 갖고 있었다. 청와대는 법무부의 의견을 중심으로 보다가 금융당국의 입장을 물어왔다. 2030 세대들이 주로 참여하고 있는 시장을 폐쇄하는 것은 여론에 부담이 있었기 때문일 것이다. 금융위는 가상자산은 정식 금융상품이 아니고 제도화하기에도 시기상조라는 입장을 반복했다. 청와대는 대놓고 말은 안 했겠지만 '네 일 아니라는 거냐?'라는 말을 하고 싶었을 것이다.

새로운 사회현상이 나타나면 기존의 틀로 파악하기 쉽지 않다. 긍정적인 면을 찾아 제도화하는 건 굉장한 책임이 따른다. 어디로 튈지 모르는 새로운 현상을 지원하자고 했을 때 책임은 오롯이 긍정론자의 몫이다. 규제를 통해 강경 대응을 하는 것은 그나마 부담이 덜하다. 규제를 강하게 해서 산업 발전을 더디게 할 땐 별다른 책임을 묻지 않는다. 뭔가 잘 모르겠으면 보수적으로 접근해야 한다는 걸 누구나 알고 있다. 금융위가 관심을 보이지 않으니 법무부 중심의 가상자산 대응 방안이 점차 구체화됐다. 가만히 두면 암호화폐 거래소 전면 폐쇄안이 발표되는 것은 시간문제로 보였다.

법무부 중심으로 논의가 진행되고 있는 가운데, 가상자산이 뭔지

제대로 알아봐야겠다는 생각이 들었다. 주말에 대형 서점에 가서 암호화폐 관련 서적을 샀다. 최대한 많이 사려고 했는데, 당시로선 볼만한 책이 5권 정도밖에 없었다. 암호화폐 책을 읽고 사토시 나카모토의 논문도 직접 다운로드받아 읽었다. 사토시의 글은 아주 간결하고 내용이 뚜렷하다. 또 비트코인의 기술적인 설명보다 현재 금융시스템이 얼마나 부패하고 불공정한지에 대한 주장이 먼저 눈에 들어왔다. 버블을 부추기며 즐기다 금융시스템을 붕괴시킨 대형 금융회사들은 중앙은행의 지원을 받아 여전히 천문학적인 연봉 파티를 했다. 그들의 달콤한 유혹에 넘어가 돈벌이 수단이 된 사람들은 하루아침에 길거리에 나앉게 됐다. 왜 탈중앙화된 금융체제가 필요한지, 어떻게 개인간 거래를 통한 금융시스템을 구축해야 하는지, 사토시의 분노가 9면 논문 전체를 관통하고 있었다.

글을 읽고 엄청난 충격을 받았다. 글로벌 금융위기를 극복하는 과정이 사회적 약자에게 더 가혹했음을 잘 알고 있다. 하지만 금융시스템이 붕괴되면 더 많은 사람이 피해를 입기 때문에 정부의 정책개입은 어쩔 수 없다고 생각했다. 문득 1997년 외환위기가 생각났다. 국제 금융시장의 변동성은 그와 무관해 보이는 평범한 사람들의 평범한 일상을 송두리째 빼앗아갔다. 한국의 자산이 헐값이 돼 있을 때 외국인들은 달러를 들고 들어와 널려 있는 국내 우량자산을 줍다시피 쓸어 담았다. 이후 한국경제가 빠르게 회복되자 다시 한국에 되팔아 막대한 수익을 챙겼다. 미국 서민들이 글로벌 금융위기 이후 느낄 분노가 공감이 됐다.

사토시의 논문을 읽으며 문득 유명한 구절 하나가 떠올랐다. "하나의 유령이 유럽을 배회하고 있다. 공산주의라는 유령이." 1848년 마르크스와 엥겔스가 공동 집필한 『공산당 선언』의 첫 구절이다. 이렇게 시작된 공산주의는 이전과 다른 이데올로기를 전파하며 전 인류의 정치, 경제, 사회 지형을 바꿨다. 사토시의 글은 힘이 있고 새로운 시대를 여는 글이 가지는 특징을 담고 있었다. 가상자산 열풍이 튤립 버블 같은 투기나 바다이야기 같은 사행성 도박이 아니라 패러다임 전환 초기의 혼란이라는 생각이 들었다.

그러던 중 인천 송도에서 한중일 감독기관 부기관장 회의가 열렸다. 3국 금융당국 차관급 모임이다. 단출한 모임이라 배석자 없이 허심탄회하게 이야기를 나누는 자리다. 이 자리에서도 가상자산 이야기가 화두가 됐다. 일본 금융청(FSA) 히미노 료조(氷見野良三) 부청장이 먼저 말을 꺼냈다. 일본은 가장 먼저 가상화폐 규제를 시행한 국가다. 일본 정부라고 해서 섣불리 손을 대고 싶었던 것은 아니다. 도저히 방치할 수 없는 '마운트곡스 해킹' 사건이 발생하면서 규제의 틀 안에 가상자산을 넣었다. 마운트곡스는 2007년 게임 카드 온라인 거래소로 설립돼 세계 최대 가상자산 거래소로 성장했다. 2014년 전 세계 비트코인 거래의 70% 이상을 처리했다. 그랬던 마운트곡스가 해킹을 당해 85만개의 비트코인을 도난당하는 사건이 발생했다. 비트코인 자체는 해킹, 삭제, 수정이 불가능하다. 하지만 거래소는 해킹당할 수 있다. 피해액만 4억 5천만 달러에 달했고 정부가 개입하지 않으려야 안 할 수 없는 사회적 압박이 있었다. 일본은 투자자 보호를 위해 '자금결제에 관한 법률'에 지급결제 수단의 하나로 암호화폐를 명시했다. 다른 지급결제 수단과 같은 규제의 틀로 암호화폐를 관리하기 위해서다. 하지만 시장의 반응은 정반대였다. 가상자산 취급업자들은 가상자산이 공식적인 지급결제 수단으로 인정을 받게 됐다고 홍보했다. 시장은 더 과열됐다. 히미노 부청장은 규제가 됐든 지원책이 됐든 제도화는 신중해야 한다고 조언했다.

정기국회가 마무리되어 외부 일정에 여유가 좀 생긴 2017년 12월 초부터 범정부 TF와 별도로 부위원장이 주재하는 금융위·금감원 회의체를 구성하고 이 문제를 직접 챙기기 시작했다. 금융위에서는 나와 최훈 금융서비스국장, 김홍식 금융정보분석원(FIU) 기획행정실장, 강영수 가상통화대응팀장이 참석했고, 금감원에서는 최성일 IT단장, 김용태 전자금융팀장이 참석했다. 금융감독원은 가상자산이 자신들의 감독 영역은 아니지만 꽤 상세하게 시장 구조를 파악하고 있었다.

금감원으로부터 보고받은 가상자산 거래 행태는 상상하기 힘들 정도로 불투명했다. 가상자산 취급업자들은 가상계좌를 사용하고 있었다. 사실 '거래소'라는 말을 사용해서는 안 된다. 자본시장법상 거래소는 자본금 1천억원 이상을 가지고 인허가를 받은 업자가 엄중한 규율 하에 사용할 수 있는 명칭이다. 가상자산 투자자들은 편의상 거래소라고 부르고 있었다. 가상계좌는 아파트 관리비, 대학등록금, 범칙금 납부 등을 편리하게 처리하기 위해 임시로 만드는 계좌다. 하나의 주체를 상대로 대량의 계좌가 생성되기 때문에 벌집계좌라고도 불렀다. 가상계좌의 공식 명칭은 '집금(集金)계좌'다. 여러 사람에게 돈을 모으는 계좌라는 의미다. 가상자산 취급업자들은 100만~200만 개 단위로 가상계좌를 받아 고객들과 현금을 주고받으며 상시적으로 사용했다. 가상계좌는 실명확인이 필요한 계좌가 아니기 때문에 누가 거래를 하는지 정확하게 파악할 수 없었다. 이용자가 10개 계좌를 열어서 혼자 가상자산을 사고팔며(가장매매) 시세조종을 하더라도 파악을 할 수가 없다. 비거주민(외국인) 거래도 문제였다. 2017년 9월 중국 인민은행 외 7개 감독기관이 공동으로 가상자산 거래를 금지하는 조치를 시행했다. 시장에서는 갈 곳을 잃은 중국 자금이 국내 가상통화 시장으로 대거 유입되고 있다는 소문이 돌았다. 실명확인을 거치지 않은 계좌로 거래가 되고 있었기 때문에 어느 정도 규모인지 파악할 수 없었다.

어렴풋이 가상자산 문제의 맥을 찾은 느낌이 들었다. 비트코인 가격은 결국 현금이 유입돼 오르는 것이다. 유동성을 막으면 비트코인 거래는 줄어들 수밖에 없다. 나는 금융감독원의 보고 등을 종합한 결과 실명확인도 없이 무분별하게 개설되고 가상자산 거래업체의 파산 등 사고에도 극히 취약한 이 가상계좌 체계를 충격없이 정리하고 시장규율을 확립해야 한다는 방향을 제시했다. 김용태 팀장 등 협의체 참석자들은 실명확인이 가능한 계좌를 만드는 게 좋겠다는 의견을 건의했다. 당시 구조로는 취급업자 법인 계좌와 이용자 계좌가 동일한 은행인 경우에만 투명하게 관리할 수 있었다. 금융당국은 은행은 기존 펌뱅킹 시스템을 이용해 거래하도록 하면서 거래업체 법인 계좌와 이용자 계좌가 같은 은행인 경우에만 거래를 하도록 허용하는 가상자산 실명확인 시스템을 구축하기로 잠정 결론을 내렸다.

청와대가 각 부처로부터 가상자산 관련 대책을 보고받고 최종 결정을 하는 회의가 잡혔다. 이날 회의는 관계부처 TF를 주도한 법무부의 의견에 따라 가상자산 거래소 폐쇄라는 결론이 예고돼 있었다. 다방면에 영향을 미치는 주제다보니 사회, 정무, 민정, 경제 등 여러 수석들이 참여했다. 이미 폐쇄라는 결론이 나 있는 회의 분위기 속에서 과학기술 분야를 관장하는 과기정통부는 블록체인은 각광받는 미래기술이라는 발언을 하면서도 상황을 받아들였다.

금융위는 전날 금감원과 논의한 대로 가상자산 거래를 유지하되 실명확인 계좌를 만들어 관리하는 방안을 준비해 갔다. 가상자산을 어떻게 바라봐야 하는지 시각의 틀도 정리했다. 가상자산 거래소를 폐쇄하는 것은 적절치 않다는 의견이었다. 참석자들에게 제공할 자료를 만들어 청와대에 파견 나가 있던 권대영 국장에게 전달했다. 인쇄해서 회의 참석자들에게 배포하기 위해서다. 권국장은 "차관님, 그냥 말로 하시죠" 하며 인쇄를 해주지 않았다. 권국장은 판단력이 좋고 강단이 있는 사람이다. 실명계좌 대책을 내놓고도 가상자산시장의 광풍이 누그러들지 않으면 그 책임은 오롯이 나의 몫이다. 거래소를 폐쇄하자는 주장에 반대한 책임까지 더해진다. 그런 상황이 되면 문서는 책임의 근거자료가 된다. 권국장은 행여나 책임 문제가 생길 때를 대비해 근거자료라도 남기지 않는 것이 좋다고 판단했을 것이다. 가만히 있으면 가상자산 거래소는 폐쇄가 된다. 대책을 마련하지 못한 것이 눈치가 보이긴 하지만 금융위가 그에 대해 져야 할 책임은 없다. 하지만 우리는 가상자산이 만들어갈 미래 가능성의 싹을 없애고 싶지 않았다. 관리 체계를 강화해 불법 거래는 방지하되 뿌리를 뽑아서는 안 된다고 생각했다.

엄숙한 분위기 속에 준비해 간 자료를 읽었다.

"기술, 통화의 초기 역사는 언제나 어수선했습니다. 신기술이 등장하면 검증이 부족해 논쟁이 촉발되고 시간이 지나 질서가 생겼습니다. 비트코인 열풍은 디지털 혁명 속 금융을 송두리째 바꿀 창조적 혁신을 대표하고 있습니다. 패러다임 변화를 열린 자세로 바라봐야 합니다.

금지를 하더라도 효과가 없을 가능성이 높습니다. 암호화폐는 국경을 넘어 거래가 이뤄지고 있습니다. 금지를 하면 국민들은 해외 거래소를 통해 거래를 할 겁니다. 그러면 오히려 거래 내역을 파악하기 힘들고 정부의 대응 능력에 대한 불신을 초래하게 됩니다. 프랑스, 독일 등이 G20 차원에서 공동 대응을 하자고 제안한 것도 이런 이유입니다.

정부가 추구하는 혁신성장의 기조와도 충돌하게 됩니다. 혁신성장은 기존 방식이 아니기 때문에 갈등이 생길 수밖에 없습니다. 갈등이 있다고 규제를 한다면 혁신성장은 꽃피우기 어렵습니다. 4차 산업혁명이 중요한 화두가 돼 있는 지금, 암호화폐의 싹을 잘라버리는 것은 혁신성장에 대한 정부의 진의를 의심케 할 것입니다.

기술을 보호하고 부작용을 잡아야 합니다. 블록체인 기술과 암호화폐 투기를 분리 대응해야 합니다. 불법 행위 차단에 중점을 두고 익명성을 없애 투명하게 관리해야 합니다. 그래서 가상자산 실명확인계좌 도입, 이용자 거래 제한 등의 안을 준비했습니다."

거래소 폐쇄로 잠정결론이 나 있던 회의였다. 갑자기 금융위가 폐쇄에 반대하며 관리 방안을 제시하자 회의석상은 웅성웅성했다. 발표 이후 관리 강화 정책을 펴면 거래가 얼마나 줄어들 것 같은지, 사회적 반응은 어떨 것 같은지에 대한 질문이 이어졌다. 사실 정확히 답을 할 수 없었다. 시장이 투명해졌을 때 거래가 얼마나 줄어들지, 그에 대해 여론이 어떻게 형성될지 예상하기 쉽지 않았다. 폐쇄를 하지 않는 쪽으로 방향을 틀려면 수석들의 우려를 불식시켜줄 필요가 있었다. 자신있다고 말했다. 어디로 치고 들어가야 할지 감이 온다고 말했다. 30여년 금융정책을 해본 입장에서 상당한 효과가 있을 거라고 말했다.

마지막으로 수석들은 "진작에 대안을 만들었어야지 폐쇄하기로 다 해놓고 이제야 안을 가져왔냐"며 화를 했다. 그 질책을 마지막으로 가상자산 정책은 거래소를 폐쇄하는 법무부 안에서 실명계좌로 전환하는 금융위 안에 무게가 실렸다. 그렇다고 거래소 폐쇄 방안이 백지가 된 것은 아니다. 실명 전환 정책이 시행된 이후에도 가상자산 광풍이 잡히지 않았다면 거래소 폐쇄 조치가 단행됐을 것이다. 실명 전환 정책 발표 이후 열흘 정도 지나 박상기 법무부장관은 "가상화폐 거래가 사실상 투기나 도박과 비슷한 양상으로 이뤄지고 있다"며 "기본적으로 거래소를 통한 가상화폐 거래를 금지하는 법안을 준비 중"이라고 말했다. 시장에서는 가상자산 과열을 누그러뜨리기 위한 '구두개입'으로 받아들이기도 했지만, 진짜였다.

2017년이 거의 다 지나간 12월 28일, 금융위는 가상자산 거래 투명화 정책을 발표했다. 일단 가상자산 거래소에 대한 벌집계좌 발급을 전면 중단했다. 거래소도 신규 회원에 대한 가상계좌 제공을 중단했다. 기존 가상계좌 이용자는 실명확인 입출금 계좌로 이전하도록 했다. 실명확인 입출금 서비스가 만들어지는 한달 동안은 신규 계좌를 만들지 못하게 했다. 실명확인 시스템이 구축되면 이름과 계좌번호, 입출금 내역은 물론 주민등록번호, 타행 입출금 제한, 과세자료 확보 등도 가능하다.

추가 계좌 개설은 안 되지만 기존 계좌는 곧바로 실명 전환 후 거래를 할 수 있었다. 그런데 실명확인 입출금 서비스를 도입한 것만으로도 예상보다 훨씬 빠른 속도로 가상자산시장 거래량이 줄어들었다. 다른 나라 비트코인에 비해 한국 비트코인이 비싸게 거래되는 이른바 '김치 프리미엄'이 50%에서 0%로 급감했다. 도대체 드러나면 안 되는 자금이 얼마나 가상자산시장에 유입됐었던 것일까? 특정 가상자산 거래소에 원화 출금 요청이 쇄도해 한때 은행의 출금 전산 업무가 마비되는 일도 발생했다. 검은 자금이 시장에서 빠져나갔다. 이렇게까지 효과가 있을 거라고 나도 미처 예상하지 못했다. 관건은 은행이었다. 가상자산시장으로 현금이 유입되는 은행을 관리함으로써 가상자산시장을 간접적으로 관리할 수 있었다.

가상자산 자금을 지속적으로 모니터링할 수 있는 체계를 고민하다가 자금세탁 방지 규정을 이용하기로 했다. 은행들은 국제적인 협약(FATF)에 따라 테러, 마약, 자금세탁 등에 사용될 수 있는 의심거래를 모니터링하는 체계를 갖추고 FIU에 보고해야 한다. 만약 이를 어기면 엄중한 제재를 받는 것은 물론 해외 거래가 제한될 수 있다. 우리는 가상자산이 자금세탁의 통로로 악용될 위험이 있다고 보고 '가상통화 관련 자금세탁 방지 가이드라인'을 제정해 시행했다. 은행을 통한 방식의 가이드라인으로는 세계 최초다.

한국이 세계 최초로 은행을 통해 가상자산을 감시하는 자금세탁방지 가이드라인을 만든 후 G20 등에서 같은 방식의 모니터링 체계를 갖추는 논의가 이어졌다. 미국, 영국 등 주요국 금융감독 당국자들이 직접 금융위, 금감원에 대책에 대해 문의했다. 심지어 한국 금융당국 직원이 미국 현황을 조사하기 위해 워싱턴에 면담을 요청하자 미국에서는 휴가중이던 담당자가 휴가를 취소하고 출장을 가려던 담당자가 출장 일정을 조정한 적도 있다. 전 세계 금융당국의 관심이 한국에 쏠렸다. 스위스 바젤에서 열리는 금융안정위원회(Financial Stability Board, FSB)회의에 가도 항상 가상자산에 대해서는 한국 입장을 먼저 물어보았다.

여전히 가상자산이 전통적인 통화를 대체하게 될지, 통화의 위험 요소만 가중하게 될지 미지수다. 2030 중심의 공격적인 투자 행태가 이어지고 있고, 높은 변동성으로 많은 사람을 웃고 울게 한다. 일론 머스크(Elon Musk) 트윗 하나에 '달까지 갔다' 내려오기도 한다. 최근 블록체인을 기반으로 대체불가능토큰(NFT) 방식의 미술품, 게임(P2E)등 다양한 서비스들이 나타나고 있다. 현실의 디지털화를 포괄적으로 의미하는 메타버스에도 블록체인은 빠지지 않는 일원이다. 지금도 블록체인이 어떤 쓰임을 갖게 될지, 우리에게 어떤 디지털 환경 변화를 선사할지 알 수 없다. 어쨌든 세계 최초의 가상자산 관리 대책을 만들어 느슨하지만 투명한 틀 속에서 가상자산의 가능성을 열어둔 건 잘한 판단이라는 생각이 든다.

6장
탄소중립 실행계획 마련

2021년에 세계는 넷 제로로 가는 루비콘강을 건넜다. 우리나라도 2050년 탄소중립을 선언하고 그 도도한 흐름에 동참했다. 녹색전환으로 가는 길이 험난하고 그 과정에서 만나게 될 에너지 위기가 두렵지만 한번 건너온 강은 되돌아갈 수 없다. 2021년부터 넷 제로 움직임이 본격화되고 각국이 화석연료에 대한 투자를 제한하는 조치를 하나씩 구체화해나가자 석유, 석탄, 천연가스, 전력요금 등 화석연료와 관련된 모든 에너지 가격이 급등했다. 넷 제로 초입에서 목도하고 있는 이러한 에너지 파동은 현대문명이 얼마나 화석연료에 광범위하게 의존하고 있는지 다시 한번 절감하게 해준 서막에 불과하다.

화석연료 없이 넷 제로로 갈 수 없다

기후변화 문제를 해결하기 위해서는 그린 에너지가 필요하다. 궁극적으로 가계나 산업 모두 화석연료보다 더 값싼 가격에 그린 에너지를 사용할 수 있을 것이다. 미래 언젠가는 풍력 블레이드에 사용되는 탄소섬유를 석유나 석탄을 사용하지 않고 만들고, 태양광 패널에

쓰이는 실리콘 메탈을 코크스 없이 생산할 수 있을 것이다. 그러나 안타깝게도 현단계 기술로는 석유나 석탄을 사용하지 않고 그런 에너지 체계를 구축할 수 없다. 풍력 터빈이나 태양광 패널도 완성 후에는 탄소배출을 안 하지만 설비 제작에 막대한 화석연료가 필요하고 제작·시공 단계에서 탄소배출이 더 늘어나는 것이 엄연한 현실이다. 이런 점을 감안할 때 현단계에서 화석연료 없이 넷 제로로 갈 수 있다고 믿는 것은 현실성 없는 희망사항(wishful thinking)일 뿐이다. 녹색전환(going green)의 길은 통념으로 상상하는 것보다 훨씬 더 복잡하고 어렵다.

녹색전환은 또한 물가상승을 의미한다. 현단계에서 재생에너지는 급격히 늘어나는 전력수요를 충족시키기 위한 충분한 확장성(scalability)을 갖고 있지 못하다. 또한 재생에너지 발전이 갖는 간헐성(intermittency)을 해결하기 위해서는 당분간 천연가스 발전 그리드(grid)에 의존해야 한다. 재생에너지는 태양이 뜨고 바람이 불 때만 전력을 생산한다. 이를 간헐성이라고 한다. 사람들은 태양, 바람과 무관하게 전력을 소비한다. 재생에너지 발전 비중이 높아질수록 전력 생산과 소비의 균형을 맞추기가 어려워진다. 천연가스 발전과 같이 즉각적으로 전력을 생산할 수 있는 유연성 자원이 보완돼야 전력망을 안정적으로 운영할 수 있다. 재생에너지 확대를 위해 화석연료가 필요하다는 것이다.

불충분한 재생에너지 발전능력, 줄어들고 있는 화석연료에 대한 투자, 그리고 감축목표에 따라 오르는 탄소 가격으로 인해 녹색전환 기간 내내 에너지 요금은 계속 오름세를 보일 가능성이 높다. 한국전

력의 구매비용이 증가할 것은 확실하고 비용이 소비자 가격에 전가
된다면 에너지 가격은 오를 가능성이 높다. 관건은 비용의 소비자 가
격 전가 정도이다. 지금까지는 물가에 미치는 부담 등을 감안하여 전
가가 느리게 진행된 것이 사실이다. 전가되지 않은 비용은 한전의 재
무적인 부담으로 남게 된다. 기후위기를 풀려면 녹색전환 과정에서
에너지 충격으로 경제가 심각한 경기침체나 마이너스 성장의 함정
에 빠지지 않을 해법을 찾으면서 가야 한다.

성장하는 만큼 화석연료가 배출되는 불편한 현실

성장하는 경제에서 탄소저감이 왜 어려운지 환경경제학자 카야
요이치(茅陽一)가 제시한 항등식(Kaya Identity)을 보자. 경제 전체의
탄소배출량은 총인구, 일인당 GDP(GDP/capita), 에너지 효율(에너
지/GDP), 탄소에너지 비중(CO_2/energy)으로 분해된다. 경제가 성
장하면 자연스럽게 온실가스 배출이 늘어난다.

$$CO_2 = population \times \frac{GDP}{capita} \times \frac{energy}{GDP} \times \frac{CO_2}{energy}$$

탄소배출량을 줄이려면 재생에너지(원자력 포함) 발전 비중이 늘어
탄소에너지 비중이 줄거나(decarbonisation), 에너지 효율이 높아지
거나, 총인구가 줄거나, 일인당 GDP가 줄어들어야 한다. 에너지 효
율이 높아지면 경제성장 단위당 온실가스 배출이 줄어들기 때문에
경제가 성장하는 속도보다 온실가스 배출 증가 속도를 낮출 수 있다.
화석연료 비중이 낮아지면 성장을 위해 에너지를 사용하면서도 온

실가스 배출을 낮출 수 있다.

탄소배출을 줄이는 방법은 명징하다. 다만, 총인구는 마음대로 줄이거나 늘릴 수 없다. 에너지 효율도 단기간에 획기적으로 높아질 수 없다. 결국 재생에너지 비중을 높여야 하는데 그 비중을 단기간에 늘리기도 쉽지 않다.

인구도, 효율도, 발전 비중도 획기적으로 개선할 수 없으니 결국 경제성장은 그대로 온실가스 배출로 이어진다. 탄소배출량을 획기적으로 줄이려고 한다면 결국 남은 외길인 성장을 포기(de-growth)하는 수밖에 없다. 온실가스 배출을 줄이는 것은 고사하고, 유지하는 것만 해도 경제성장률을 0%로 만들겠다는 말과 크게 다르지 않다.

제조업 강국 한국에 불어닥친 위기

같은 성장이라도 우리나라처럼 제조업 비중이 높은 나라는 탄소 저감이 더 어렵다. 특히 철강, 시멘트, 석유화학 등 탄소 의존도가 높은 산업의 비중이 크면 더욱 그렇다. 한국의 탄소배출 정점은 2018년이었다. 탄소는 역사적으로 경제성장률과 비슷한 추이로 늘어난다. 한국의 온실가스 배출량은 교토의정서에서 온실가스 감축 기준을 설정한 1990년 대비 2019년 140% 증가했다. 연평균 3.1% 증가했다. 같은 기간 한국의 경제성장률은 연평균 5.19%를 기록했다.

일인당 국민소득이 3만 달러가 넘는 국가 중에 제조업 비중이 한국만큼 높은 국가는 없다. 한국의 GDP 대비 제조업 비중은 27.8%나 된다. 일인당 국민소득이 높아지면 대부분 제조업은 인건비가 저렴한 개발도상국으로 이전되고 서비스업 중심 사회가 된다. 선진국 중

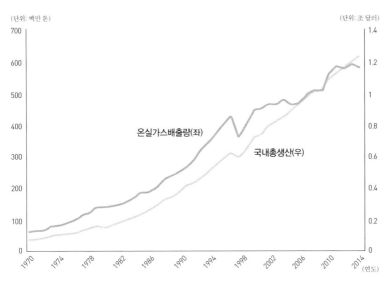

한국의 GDP와 온실가스 배출량

(단위: 백만 톤)

700

600

500

400   온실가스배출량(좌)

300   국내총생산(우)

200

100

0

1970 1974 1978 1982 1986 1990 1994 1998 2002 2006 2010 2014 (연도)

(단위: 조 달러)

1.4

1.2

1

0.8

0.6

0.4

0.2

0

자료: 국회예산정책처

에 제조업 강국이라 불리는 독일과 일본도 각 21.6%, 20.8%로 한국보다 낮다. 미국(11.6%), 영국(9.6%)은 비교할 바가 못 된다.

제조업 비중이 높다고 무조건 좋은 것은 아니지만 국가 경쟁력의 물질적 토대가 되어준다는 것은 부정할 수 없는 사실이다. 각 지역에 퍼져 있는 산업단지는 지역경제의 중심이 되고, 제조업을 중심으로 형성된 도시에는 다양한 서비스업이 자리를 잡고 있다. 제조업은 저숙련 노동자에게는 중임금 이상을 보상하는 부가가치 높은 생산 수단이기도 하다.

팬데믹을 겪으면서 다른 나라에 비해 한국이 회복 탄력성이 높았던 것은 제조업 기반이 탄탄하다는 점이 영향을 미쳤다. 코로나 위기는 우리 곁에 가까이 있는 공장이 얼마나 소중한지 깨닫게 해주었다. 2020년 3월의 마스크 대란도 우리나라에 마스크 공장이 100여개 있어서 그나마 그 정도로 숨통을 돌릴 수 있었다. 높은 경제수준에도 불구하고 한국이 국내 제조업 기반을 이 정도까지 보전하고 있다는 것은 기적 같은 일이다.

NDC 40% 감축목표의 충격

대한민국 정부는 2021년 10월 영국 글라스고우에서 열린 제26차 유엔 기후변화협약 당사국총회(COP26)에서 2050년 탄소중립계획의 후속 조치로 2030년까지 NDC(Nationally Determined Contribution, 국가 온실가스 감축목표) 40% 감축안을 국제사회에 약속했다. 2018년 온실가스 배출량은 7억 2760만 톤이다. 이 중 2억 9100만 톤을 감축해 2030년 배출량을 4억 3660만 톤으로 줄이겠다는 목표다. 연평균 감축률은 4.17%다. 한국의 감축목표는 다른 선진국들에 비해 굉장히 높다. 유럽의 연평균 감축률은 1.8%, 미국 2.81%, 영국 2.81%, 일본 3.56% 등이다.

경희대 오형나 교수가 조사한 각국의 감축 사례를 보면 탄소배출이 정점에 도달하면 5~7년 정도 평탄화 구간을 유지하다가 전 사회적인 탄소감축 노력이 효과를 나타내며 본격적인 하락구간으로 들어간다.

한국의 목표는 평탄화 구간 없이 기계적인 선형감축에 가깝다. 40% 목표치는 선형감축 전망치(37.5%)보다도 더 의욕적인 수치이다. 초기에 저감률이 높지 않다는 점을 감안하면 뒤로 갈수록 감축률

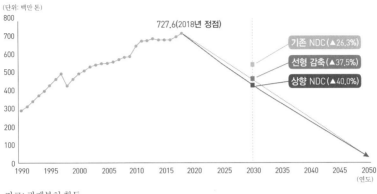

우리나라 탄소배출 감축경로(안)

(단위: 백만 톤)

727.6(2018년 정점)

기존 NDC(▲26.3%)
선형 감축(▲37.5%)
상향 NDC(▲40.0%)

자료: 관계부처 합동

이 훨씬 더 올라가야 한다. 실행가능성을 따져본 다음 목표치를 설정하지(bottom-up) 않고, 감축목표를 먼저 정하고 거기에 맞추어 연도별 목표치를 할당했다(top-down).

목표는 거창한데 실행안은 허술하다

세계 최고 수준의 의욕적인 목표치를 설정했지만 탄소중립위원회가 내놓은 부문별 액션플랜은 구체성이 크게 떨어진다. 전환, 산업, 건물, 수송 등 각 부문별 감축목표가 정해져 있고 대강의 숫자들은 들어가 있는데 어떻게 하겠다는 방법론은 찾아보기 어렵다. 그 과정에서 비용이 얼마나 들어가고 전환에 따른 사회·경제적 영향에 대한 분석은 포함되어 있지 않다.

부문별로 살펴보면 가장 중요한 부문은 역시 전환이다. 전환은 국내에 전기를 공급하는 발전 부문을 의미한다. 2030년까지의 목표치를 보면 가장 큰 특징은 석탄 발전 비중을 낮추고 재생에너지 비중을 대폭 높이는 것이다. 2020년 기준 석탄 발전 비중은 35.7%, 이것을 21.8%로 낮추는 것이 목표다. 재생에너지 비중은 6.6%에서 30.2%로 높여야 한다. 화석연료 사용을 줄이면 그동안 화석연료를 직접 사용하던 곳도 전기를 사용하게 된다. 예를 들면 가정에서 사용하는 가스레인지를 전기 인덕션으로 바꿔야 한다. 그렇게 되면 전력 수요가 훨씬 더 확대된다.

전력 수요는 더 늘어나는데 주요 전력 생산 수단인 석탄 발전을 줄여야 하는 어려움이 있다. 전환 부문을 설계할 때 원자력 발전의 중간 단계적 역할에 대한 검토가 없었다. 원자력 발전 비중은 현재 29.1%에서 23.9%로 줄어든다. 탄소배출이 없는 원자력 부문을 확대하지 않다보니 재생에너지 비중이 과도하게 높아졌다. 탈원전이라는 정책 기조 하에서 원전 비중을 현행 유지조차 할 수 없다보니 생겨난 목표치다.

당분간 원자력 발전을 활용해야 한다

원자력 발전의 역할에 대해서는 전향적인 검토가 필요하다. 처음 탈원전 정책을 추진할 때만 하더라도 2030년까지 온실가스 배출을 40%나 줄여야 한다는 시대적 과제가 없었다. 2050년 탄소중립 선언으로 상황이 근본적으로 달라진 만큼 원전정책을 재검토할 필요가 있다.

유럽에서도 원전을 EU 녹색 분류체계(taxonomy)에 포함시킬지 여부가 뜨거운 감자였다. 프랑스 등 원전옹호 국가와 독일 등 원전반대 국가의 이해관계가 첨예하게 다르다. EU 집행위원회는 오랜 논쟁 끝에 일정 요건을 충족하는 원전과 천연가스를 녹색분류체계에 포함시키는 내용의 EU 녹색분류체계 초안을 회원국에 회람(2021.12.31) 했다.

이 초안에 따르면 방사성폐기물을 안전하게 처리할 계획(plan), 자금(fund), 부지(site)가 있는 경우 한시적으로 원자력을 녹색경제활동으로 인정한다. 구체적 기준은 ① 저·중준위 방사성 폐기물 처리시설 기보유 및 50년까지의 고준위 방사성폐기물 처리시설 운영계획 제시 ② 방사성폐기물관리기금 및 원전해체기금을 보유하여 충분한 처리비용 확보 ③ 최적가용기술(BAT) 및 사고저항성 핵연료(accident tolerant fuel) 적용 ④ 전주기 온실가스 100g/KWh 미만 배출 발전이다. 신규건설은 2045년 이전까지 허가받는 프로젝트에 한하고 기존 발전 수명연장은 2040년까지 승인을 받은 프로젝트에 한한다.

이와 같이 녹색전환 이행기에 원전의 가치를 인정하고 일정한 기준을 충족하는 원자력을 활용하기로 잠정합의한 EU의 결정은 원자력발전을 재검토해야 하는 우리에게 좋은 준거가 된다.

전력 그리드를 다시 짜야 한다

원전이 어느정도 역할을 해준다고 하더라도 재생에너지 중심 사회로 전환을 하기 위해서는 넘어야 할 산이 많다. 우선 전력 그리드(송배전망)를 다시 설계해야 한다. 현재 국내 전력망에 있어 수도권에 필요한 전력은 인천, 서해안, 충남에 설치된 화력 발전소를 통해 공급된다. 재생에너지는 전라남·북도에 대부분 설치가 된다. 서해안 풍력단지, 새만금 태양광 단지 모두 남쪽이다. 남쪽에서 과잉 생산된 전력을 전력 수요가 많은 수도권으로 송전하려면 각종 인프라를 깔아야 한다. 고압 송전탑 하나를 세우는 데만 해도 주민들의 동의를 구하고 진행하려면 오랜 시간이 걸린다. 지금 당장 시작해도 재생에너지 비중 30%를 맞추기에 늦을 수 있다. 또 재생에너지는 바람이 불 때, 태양이 뜰 때만 전력이 생산되는 간헐성이 문제다. 전력 공급을 안정적으로 유지하려면 지금과는 확연히 다른 전력망 운영계획을 갖춰야 한다.

재생에너지 시대 전력요금 문제

또 발전 단가가 비싼 재생에너지 중심으로 전력을 생산하려면 그에 따른 전력요금 안정화 재무 계획도 마련해야 한다. 한국에는 전력요금을 세금으로 인식하는 경우가 많아서 요금 인상에 대한 국민적 저항이 크다. 2020년 12월 산업통상자원부는 원가 연계형 요금제 도입 등을 골자로 하는 전기요금 체계 개편안을 발표했다. 전력 생산의 원가에 해당하는 천연가스, 석탄, 석유 등의 가격이 오를 경우 전기요금을 인상하는 안이다. 또 기후환경 요금을 분리해 고지하기로 했다. 국민들이 기후환경 요금을 별도로 확인하도록 함으로써 전력요금 인상이 불가피함을 공감해주기를 바라는 마음이 담겨 있다.

하지만 전력요금 인상은 쉽지 않았다. 요금제 개편 이후 첫 1분기는 전년 대비 전력 생산 원가가 하락해 요금을 내렸다. 하지만 2분기에는 생산 원가는 올랐는데 코로나19 장기화에 따른 국민 생활 안정을 이유로 요금을 동결했다. 3분기에는 물가상승률이 높은데 전력요금까지 오르면 국민들의 부담이 커질 수 있다는 이유로 동결했다. 그러는 사이 한국전력은 2분기 7,648억원, 3분기 9,367억원의 영업손실을 기록했다. 앞으로 더욱 심해질 전력 생산비용 증가에 맞추려면 전력요금 인상에 대해 좀더 국민들을 설득하고 이해를 구해야 한다.

산업 부문 대책이 가장 중요하고 민감하다

전환 부문은 그나마 한국전력과 발전 자회사들이 대부분 비중을 차지하고 있기 때문에 정부가 열심히 노력하면 방향은 잡아갈 수 있다. '산업' 부문은 일자리와 산업 경쟁력 유지에 매우 중요하고 민감한 분야다. 대기업은 그나마 이미 에너지 효율을 높이는 방향으로 움직이고 있어 대응이 가능할 수도 있어 보이는데, 중소기업은 탈탄소 전환 역량이 크게 떨어져 원청 대기업과 정부의 정책적 지원이 절실하다. 독일의 경우 저탄소 기술 및 공정 연구소를 세워 중소기업에 대한 탄소저감 컨설팅을 제공하고 있다.

산업 분야에서 가장 많은 온실가스가 배출되는 부분은 철강, 시멘트, 정유화학 분야다. 제철소에서는 철광석과 석탄의 환원작용을 통해 순수한 철을 추출한다. 수백년 동안 인간이 철을 사용해온 방식이다. 석탄을 사용하기 때문에 이산화탄소 배출이 많다. 철광석에서 대규모로 철을 추출할 수 있는 환원제는 현재 기술로 석탄밖에 없다. 수소를 환원제로 사용하는 기술이 전 세계적으로 연구되고 있으나 아직 소규모 실증 사업 수준이고 성공할지도 불분명하다. 또 수소환원제철기술 개발에 성공하더라도 현재 있는 고로를 수소환원로로 교체하는 데만 109조 4천억원이 든다고 한국철강협회는 추산했다.

도로, 빌딩, 다리 등 도시를 구성하는 가장 기본적인 재료인 시멘트 역시 탄소배출의 주요 요인이다. 시멘트의 주원료는 석회석이다. 광산에서 채굴한 석회석을 잘게 부순 뒤 규석 등과 균일하게 섞어 1,450도 온도로 가열하면 클링커가 만들어진다. 여기에 응결 지연제 역할을 하는 석고를 첨가하고 분쇄를 해주면 시멘트가 완성된다. 여기서 1,450도로 석회석을 가열할 때 석탄(유연탄)이 사용된다. 온실가스를 배출하지 않기 위해 폐플라스틱 등 합성수지를 연료로 사용하는 것을 연구하고 있지만, 그 정도도 규모의 고형원료를 구할 수 없는 것이 현실이다.

화석연료에서 플라스틱을 뽑아내는 석유화학 업계 역시 난감하기는 마찬가지다. 탄소중립이 화석연료를 사용하지 않는 것인데, 석유화학 업계는 화석연료 자체를 다루는 산업이다. 한국석유화학협회는 탄소중립을 위해 최대 270조원이 필요할 것으로 추산했다.

'전환'과 '산업'에 집중하고 '건물'과 '수송'은 천천히

우리나라에서 탄소가 배출되는 비중은 전환과 산업이 각각 35%를 차지하고 나머지 30% 정도가 '건물'과 '수송', 그리고 농축산업 등 '기타' 부문이다. 탄소중립을 달성하기 위해서는 모든 분야에서 강력한 탄소저감 노력이 필요하다. 그렇더라도 탄소감축 초기에는 대규모로 탄소를 배출하는 전환과 산업 부문에 저감 노력을 집중하는 것이 좋다.

탄소배출권 가격이 오르고 탄소세가 부과되면 장기적으로 건물

난방비와 전기료가 상승한다. 자동차 유류세도 비싸진다. 소비자 부담과 직결되는 건물이나 수송 부문은 탄소저감목표를 지나치게 의욕적으로 설정하지 말고 단계적으로 추진할 필요가 있다.

수십만명이 생계형으로 끌고 다니는 경유차에 제공하는 유가보조금을 단기간 내에 없앨 수 있을까? 정부는 2001년부터 에너지 과소비를 억제하고 대기오염을 방지하기 위해 경유와 LPG 부탄의 세율을 국제수준으로 단계적으로 인상하고 있다. 세율 인상에 따른 화물 및 여객운송업계의 부담을 완화해주기 위해 유가보조금을 지급한다. 보조금 지급대상은 2019년 말 현재 771,351대(화물차 464,756대, 택시 252,184대, 버스 54,411대)에 금액은 2조 3,967억원이다. 경유와 LPG 세금 인상이 해당 에너지의 소비감소로 이어지기 위해서는 화물차 등에 지급하는 유가보조금을 폐지해야 한다. 그런데 유가보조금은 2001년 도입 이후 한번도 축소된 적이 없다. 대안없이 축소에 나설 경우 이해관계자들의 극심한 반발에 부딪힐 우려가 크다.

탄소중립 실행계획 마련: 절체절명의 과제

여러가지 난제들을 뚫고 한국은 2030년 온실가스 배출 40% 감축, 2050년 탄소중립을 달성할 수 있을까? 만약 기적적으로 달성을 한다면 그 전환국면에서 한국경제의 근간이 되는 제조업 경쟁력을 유지할 수 있을까? 자신있게 대답하기 어려운 질문들이다.

NDC 40% 감축목표의 구체적인 액션플랜을 마련하는 것은 다음 정부가 해결해야 할 핵심적인 국정과제다. 국제사회와 투자자는 지금 기후위기에 극도로 민감해져 있다. 제조업 강국 한국이 어떻게 하는지 의심 어린 눈으로 바라보고 있다. 이들을 설득할 실효성 있는 탄소저감계획을 확정하면서 국내 제조업 경쟁력을 보전하는 것은 절체절명의 과제다.

NDC 40% 감축을 위한 액션플랜은 새로 짜는 게 좋겠다. 원전을 재검토하면 전원 믹스 계획은 현실적인 수치로 다시 조정해야 한다. 배출권거래제도와 탄소세 등 탄소배출을 억제하는 기제와 수준도 지금보다 훨씬 더 구체적인 내용이 필요하다. 경제와 사회에 미치는 영향과 비용 또한 심층적인 연구를 통해 객관적인 수치로 제시하는 게 좋다. 그래야 어느 정도의 지원이 필요한지 소요가 정확히 추산되고 필요한 재원과 지원 메커니즘을 구상할 수 있다.

제3기 산업정책이 필요하다

범세계적인 탄소중립 선언은 에너지 구조 및 생산방식에 대대적인 전환을 가져온다. 늘 그렇듯 위기와 기회가 공존한다. 고탄소 배출업종과 전통적 산업방식에는 생존의 위기가 닥쳤고, 신재생에너지, 저탄소기술 등 새로운 산업에는 기회의 창이 활짝 열렸다.

에너지 과소비형 기존 산업구조를 에너지 절약형 신산업구조로 일대 혁신하는 전 과정에서 정부의 역할이 중요하다. 먼저 배출권거래제도나 탄소세 등을 통해 탄소배출 가격을 점진적으로 높여서 고탄소 에너지 수요를 억제한다. 에너지의 상대가격이 달라져야 고탄소 배출 업종과 전통적 산업공정은 대체기술을 개발하고 업종을 전환한다. 생산설비 교체나 폐기에 필요한 비용은 세제나 예산을 통해 정부가 일부 지원한다. 저탄소 신기술은 개발과 성공을 장담할 수 없다. 정부는 실패 위험을 공유해주고, 신기술이 시장에 안착할 수 있는 여건을 조성해야 한다.

에너지 전환의 전 과정에서 속도조절이 매우 중요하다. 저탄소 구조로의 이행이 너무 빠르면 산업 생산비용을 급상승시켜 국내 제조업의 국제 경쟁력을 약화시킬 수 있다. 이해관계자의 반발이 커서 에너지 가격 구조개혁 방안이 시작부터 좌초될 수 있다. 너무 늦으면 에너지 절약기술이나 대체에너지 시장을 선점할 기회를 잃고 국제 논의에 끌려간다. 과속은 피하되 경쟁국가들보다 한발 앞서가는 전략적인 대응이 긴요하다.

한국은 바야흐로 제3기 산업화 시기에 진입했다. 1960년대부터 1980년대까지 30년은 외자를 빌려 산업화를 시작해 경상수지 흑자국으로 진입한 한국 산업화의 제1기다. 1990년부터 2020까지 30년은 일본 등 쟁쟁한 선진국과 경쟁하며 제조업의 국제 강자로 자리 잡은 산업화 제2기이다. 제1기와 제2기는 탄소연료 전성시대다. 이 시기에 한국 제조업은 세계적인 강자로 올라섰다. 제3기는 2050년까지 이어질 탄소중립의 시대이다.

대한민국은 갑자기 맞닥뜨린 탄소중립이라는 이상기류에 추락하지 않고 더 높이 비상할 에너지 전환의 3단 로켓을 갖추고 있는가? 쉽게 장담할 순 없다. 그러나 막막한 상태에서 시작한 제1기와 외환위기와 글로벌 위기라는 아찔한 순간을 이겨낸 제2기에 비해 이번 제3기의 도전이 특별히 더 어렵지는 않을 것이다.

저탄소 기준이라는 새로운 국제규범

유엔 기후변화협약 체제에서 어느 나라도 약속한 감축계획을 100% 이행하지는 못한다. 2050 탄소중립 계획을 담아 제출하는 장기저탄소발전전략(LEDS)은 구속력도 없다. 반면, NDC는 유엔 당사국총회(COP)라는 정례화된 회의체를 통해 이행을 점검하고 이행주기도 짧아서 계획보다 이행실적이 저조하면 그 나라는 국제사회의 압력(peer pressure)을 강하게 받는다.

유럽은 경제성장률이 낮고 저감 노력도 일찍이 시작해서 1990년에 배출정점을 기록한 후 탄소배출이 지속적으로 줄어드는 추세다. 탄소를 많이 배출하는 산업의 상당부분을 개도국으로 이전하여 본국 기준 탄소배출량이 줄어든다. 유럽은 재생에너지 관련 산업의 경쟁력이 높아 탄소중립이 성장에 기여하는 측면도 있다. 미국은 유럽보다는 배출정점(2005)이 늦고 탄소저감 추세가 약하지만 제조업의 해외 이전 등의 기본여건은 비슷하다. 유럽과 미국은 국제회의나 국제자본시장, 탄소국경 조정 메커니즘 등 다양한 채널을 통해 강화된 저탄소 기준을 새로운 국제규범이나 전략적 산업정책 수단으로 활용할 유인이 크다.

중국은 2060년 탄소중립이라는 장기목표 외에 미세먼지 감축이라는 발등에 떨어진 불을 끄기 위해 정부 주도로 석탄발전소 구조조정을 과감히 추진중이다. 중국은 에너지 사용 비중이 높은 기업들이 대부분 국영기업이다. 그리고 화석연료 의존도를 줄이고 신재생에너지 체제로 이행하는 것이 장기적으로 중국의 국가안보에도 유리한 측면이 있다. 이미 중국의 재생에너지 산업은 보급이나 산업경쟁력 측면에서 상당한 경쟁력을 확보한 상태이다. 국내적인 대기환경 개선 필요성과 통제경제의 특성을 감안할 때 전 세계 탄소배출량 1위 국가인 중국이 탄소저감계획을 이행하는 데 상당한 성과를 보일 것이다.

결국 우리나라가 집중 견제 대상이 될 소지가 크다. 이행이 저조할 경우 우리가 대외에 약속한 의욕적인 NDC 감축목표가 자충수가 될 수 있다. 우리는 여전히 성장에 대한 열망이 강하다. 제조업 기반도 탄탄하다. 이런 상황에서 단기간 내 대규모 탄소 감축은 굉장히 달성하기 어려운 문제다. 정교한 실행계획을 기반으로 에너지 정책의 일대 전환이 필요하다.

탄소중립과 재정의 역할

에너지 전환 과정에서 실업, 구조조정, 에너지 가격 상승 같은 사회적 진통이 따른다. 탄소배출 목표를 달성하지 못한 기업은 퇴출이 될 수밖에 없다. 노동자들이 일자리를 잃게 되면 보조를 해줘야 하고, 구조조정을 할 때도 비용이 든다. 기업이 사라지고 지역경제가 어려워지면 정책지원이 필요하다. 새로운 녹색기술을 육성하고, 국민들이 더 효율적이지만 비싼 기술과 서비스를 이용하게 하려면 보조금이 필요하다. 장기적인 전략도 중요하고 공정전환 계획과 같은 중단기적인 대응도 중요하다.

에너지 전환에 돈이 들어가기만 하는 건 아니다. 돈이 걷히기도 한다. 탄소저감을 유도하는 가장 효과적인 경제 수단은 배출권거래제도(Emission Trading System, ETS)와 탄소세이다. 발전소, 기업체 등 대규모 탄소배출원 관리에는 배출권거래제가 효과적이다. 배출권거래제는 배출할 수 있는 온실가스 총량을 정부가 사전적으로 결정하고, 대상이 되는 발전소나 대형 제조업체 등 개별 사업장은 연 단위로 배출할 수 있는 개별 총량을 할당받아 그 범위 내에서 배출 또는 감축한다. 배출총량이 할당량을 초과하거나 여유분이 발생하면 사업장 간에 배출권을 사고 팔 수 있다. 배출권거래제는 2005년 유럽에서 개발되었다. 범유럽 배출권거래시장(EU-ETS)이 세계에서 가장 큰 탄소거래 시장이다. 우리나라는 ETS를 2015년에 도입하였다. 한편 가정과 수송, 중소규모 이하 사업체 등 소규모 에너지 소비자에게는 도입을 검토중인 탄소세가 비용 효과적인 수단이다. 양 제도 사이에 이중과세가 발생하지 않도록 적절한 감면제도가 필요하다. 탄소세는 기존의 에너지 세제 전반을 조정하면서 구체적인 적용대상과 세율을 정할 필요가 있다.

NDC 40% 감축목표를 달성하려면 현행 10% 수준인 ETS 유상할당비율을 점진적으로 높여야 한다. 유럽에는 유상할당비율이 100%인 나라도 많다. 유상할당비율이 높아지고 탄소세가 도입되면 탄소배출 가격은 그만큼 높아진다. 대신 재정수입이 늘어난다. 이 수입을 경쟁력을 상실한 산업의 구조조정이나 공정전환 재원으로 활용할 수 있다. 에너지 전환은 그 경제적인 유인구조 안에 상당한 재정수입 확보가 전제되어 있다. 이 수입을 지출소요와 잘 결합시키는 것이 관건이다. 이 목적으로 2021년 신설된 기후위기대응기금을 잘 활용해야 한다. 장기적으로 탄소중립 특별회계 신설 등 다년도 지원이 가능한 재정 메커니즘도 검토해볼 가치가 있다.

탄소중립과 R&D 전략

산업 경쟁력을 유지하면서 탄소중립을 달성하려면 결국 연구개발의 기적을 믿을 수밖에 없다. 에너지 절약 및 효율 개선 기술, 탄소배출 저감기술, 친환경 저탄소 기술을 다른 나라보다 앞서 개발하고 육성하는 데 전 국가적 역량을 집중시켜야 한다. 그래야 새로운 에너지 시장에서 우리나라의 경쟁력 우위를 확보해나갈 수 있다.

저탄소 청정기술의 개발에는 막대한 R&D 비용이 소요된다. 수소에너지 기술이나 탄소포집기술(CCUS)같이 탄소중립을 위하여 필요한 핵심기술은 성공 가능성도 보장하기 어렵다. 설령 개발이 되더라도 그 기술의 가격이 높아서 대체재라고 할 기존 에너지원에 대한 가격경쟁력을 갖기 힘들다. 정부가 확실한 R&D 인센티브를 제공하고 기존 화석연료에 대한 가격 현실화 계획도 차질없이 추진해야 한다. 그래야 저탄소기술의 시장 안착이 가능해진다.

NDC 40% 감축이라는 세계 최고 수준의 목표를 세웠으면 R&D 지원체제를 혁신해야 한다. 핵심기술은 국가가 다년간 대대적으로 지원한다는 신호를 줘야 한다. 지금보다 조금 더 지원하는 정도가 아니라 국가의 명운을 건 연구개발 방향 설정이라는 것을 명확히 해줘야 한다. 쉽지 않은 일이다. 연구개발 예산은 관성이 있다. 기존에 하던 지원을 다른 것으로 바꾸면 굉장한 반발에 부딪힐 수밖에 없다. 저탄소분야 R&D 예산은 별도항목으로 다년 베이스로 운영하고 정부의 비용분담 비율도 획기적으로 높이는 장치가 필요하다.

녹색전환 거버넌스

탄소중립으로 가는 길은 정치적 위기가 될 모든 요소가 포함된 복합정책 이슈다. 대통령이 직접 챙겨야만 하는 핵심 정책과제다. 탄소중립과 관련된 정책 자체가 많은 저항에 부딪힐 수밖에 없다. 여기에 더해 탄소중립 정책으로 인해 발생할 민생 문제, 고용, 구조조정 문제는 정치적 파장으로 이어진다. 국제적으로 분쟁과 전쟁은 많은 경우 에너지와 물을 둘러싸고 일어나고, 신흥국(아랍의 봄)과 선진국(프랑스 노랑조끼)을 가리지 않고 한 나라의 정치적 격변은 식량과 에너지 가격 폭등에서 비롯되는 경우가 많다.

현재 탄소중립위원회는 국무총리실 산하에 있다. 탄소중립 정책은 개별 부처에 맡길 수 없다. 우선순위를 정하고 이해관계를 조정할 때 개별 부처끼리 합의하는 방식으로는 정책 추진이 어렵다. 모든 정책의 우선순위에 탄소중립을 두는 총괄적인 기구가 필요하다. 국무총리가 책임질 수 있을지도 의문이다. 총리 소속이지만 이 이슈는 대통령이 직접 상당한 에너지를 쏟아야 한다.

당위 논쟁을 뒤로 하고 실행계획에 집중해야

2050년 탄소중립을 대외에 선언한 이상 이제 당위논쟁은 그만두고 실행단계로 들어가야 한다. 탄소중립위원회에는 환경 분야 전문가가 많다. 그동안 탄소저감정책에서 환경 분야는 적극적이고 산업 분야는 소극적이었다. 환경 전문가들이 이 분야에서 목소리를 많이 냈다. 그랬다보니 전반적으로 정부위원회에 환경 분야의 목소리가 과다 대표된다.

이제 당위는 논쟁할 것이 없다. 넷 제로는 되돌릴 수 없는 흐름이다. 이제는 탈탄소를 해야 한다고 주장하는 환경 전문가가 아니라 대안을 제시할 산업과 기술 전문가가 앞장서야 한다. 부문별 목표를 세분화하고 고도로 정교한 조율에 들어가야 한다. 최대한 현실에 근접하도록 효과와 비용을 추계하고, 비용을 어떻게 조달할 것인지 생산적인 논의가 필요하다. 준비가 부족한 상태에서 의욕적인 감축목표가 설정된 것은 사실이다. 그래도 비판은 뒤로 하고 어떻게 국내 산업기반을 흔들지 않고 탄소저감이 가능한 액션플랜을 짜느냐에 집중해야 한다. 지금도 전문가 용역 결과를 보면 합의되지 않은 간극이 너무 넓다. 전문가와 관련 부처 간에 합의가 되어도 추진할 수 있을지 없을지 장담할 수 없는 상황이다.

이 모든 과정이 정치적으로 엄청나게 어렵다. 녹색전환으로 인해 발생한 가격 상승은 국민들의 체감 물가를 높여 불만을 높인다. 산업적인 측면에서 실업이 발생하면 정부 규제로 일자리가 사라졌다는 불만의 목소리가 나올 것이다. 프랑스는 환경오염 방지를 위해 경유세 23%, 휘발유세 15%를 인상하겠다고 밝혔다가 노란조끼 시위를 겪었다. 60%에 달했던 마크롱 대통령의 지지율이 하루아침에 20%대로 떨어졌다. 당시에 '어머니 같은 지구를 살린다'는 멋진 말을 하는 정치지도자들에게 보통 시민들은 '난 하루하루를 살아갈 빵이 필요해'라고 절규했다.

겸손함과 절박감이 필요하다

과연 우리는 2030년 NDC 40% 감축목표를 달성할 수 있을까? 대한민국은 닥치면 해내고 만다는 신화가 이 분야에도 적용될까? 탈탄소를 향한 열정은 내 집 뒷마당에 위험하고 볼썽사나운 시설은 안 된다는 님비(NIMBY)의 습속마저 넘어설 수 있을까? 우리는 에너지 전환에 쏟는 열정만큼 에너지 안보에 신경을 쓰고 있는가? 질문이 꼬리에 꼬리를 물고 이어지는데 복잡한 방정식을 풀 실마리는 희미하다.

문제해결을 위한 출발은 우리의 안온한 일상이 우리의 상상 이상으로 '더러운' 석탄, 석유, 가스에 의존하고 있다는 사실을 직시하는 겸손함과, 지금의 익숙함에서 벗어나 행동하지 않으면 평온한 일상이 지속되지 못한다는 절박감을 모두가 공유하는 데서 시작해야 한다.

팬데믹이 바꿔놓은 세상, 새로운 시대철학이 필요하다

2018년 1월 스위스 바젤에서 신현송 박사를 만났다. 신현송 박사는 국제결제은행(BIS) 조사국장으로 개인적으로 존경하는 경제학자다. 국제결제은행은 전 세계 중앙은행간 통화결제 등을 하는 곳으로 중앙은행의 중앙은행이라는 별칭을 가지고 있다. 신현송 박사는 전 세계 금융시장을 상시적으로 관찰하는 역할을 한다. 신박사를 만나면 시간 가는 줄 모르고 글로벌시장 동향과 세계경제 이야기를 나눈다. 그래서 금융안정위원회(FSB) 총회에 참석하러 바젤에 갈 때마다 따로 요청해서 신박사와 만났다.

대체로 내가 신박사에게 글로벌시장에 대한 통찰을 듣는 입장인데, 이날은 유독 신박사가 나에게 많은 질문을 던졌다. 가상자산에 대한 질문이었다. 의외였다. 글로벌 금융시스템을 다루는 BIS 조사국장이 격에 안 맞게 가상자산에 관심을 갖나 싶었다. 신박사는 가상자산이 지금 BIS에서 가장 뜨거운 이슈라고 했다. 그러면서 한국은 왜 전 세계에서 가상자산 열기가 가장 뜨거운지, 어떻게 관리할 생각인지 물었다.

한국이 가상자산 관련 대책을 발표한 것은 2017년 12월 28일이었고, 내가 신현송 박사를 만난 것은 2018년 1월 9일이다. 열흘 전 가상자산 대책을 발표하고 새로운 시스템의 구체적인 내용을 검토하는 와중에 출장을 온 것이다. 한국은 가상자산 거래소를 전면 폐쇄하는 극단적 조치 일보 직전까지 갔다가 실명계좌 인증을 통한 연착륙으로 방향을 급선회했다. 워낙 논쟁적인 이슈였기 때문에 해외의 관심까지 챙기지는 못했다. 한국의 가상자산 대책이 이렇게까지 세계적인 관심을 받고 있는지 몰랐다. 한번도 안 가본 길이라 제대로 정책 방향을 잡고 있는지 확신을 하기도 어려웠다.

내가 열흘 전 발표한 한국의 정책방향에 대해 설명하고, 신박사의 의견을 들었다. 당시에 주류 금융시스템에서는 가상자산이 그다지 위협이 되지 않을 것이라는 입장이었다. 하지만 신박사는 가상자산 이슈를 규제당국이 방치해서는 안 된다고 말했다. 계속 방치할 경우 감독당국이 시장을 제대로 통제하지 못하고 있다고 느끼는 평판(reputation) 위험이 발생할 수 있다고 말했다. 가상자산은 그 자체로도 시장의 불안요인이 된다.

신박사는 또 가상자산 거래를 완전히 금지시킬 수 없다고 말했다. 가상자산은 국경과 상관없이 거래되기 때문에 막을 수가 없고, 막는다고 호언했다가 국민들이 해외 계좌를 통해 거래를 하면 정부의 신뢰성에 악영향을 줄 수 있다는 것이다. 그래서 국가 단위가 아니라 국제 공조가 필수적이며, 가장 거래 규모가 큰 미국·일본·한국의 공조가 필요하다고 조언했다. 그러면서 가상자산 거래를 관리하는 가장 중요한 통로로 은행에 대한 규제가 효과적일 거라고 말했다. 산소가 있어야 불이 타듯이 은행을 통해 가상자산시장에 현금 유동성이 끊임없이 공급되고 있기 때문에 산소 역할을 하는 은행을 잘 관리하면 버블이 잡힐 수 있다고 본 것이다.

신박사와의 면담은 놀라운 시간이었다. 30여년간 금융정책을 만들고 집행해왔지만 가상자산 대책은 매우 어려운 과제였다. 가상자산의 정체를 규정하는 것 자체가 힘들었다. 가상자산은 가상화폐 등으로 불리지만 화폐가 아니다. 금융당국이 다뤄야 할 금융상품도 아니다. 게임머니에 '머니'가 붙어 있다고 금융당국이 다룰 수는 없는 노릇인 것과 마찬가지다. 어찌어찌하여 금융당국이 이 뜨거운 감자를 손에 들고선 버릴 수도 없고 잡을 수도 없는 처지에서 응급대책을 만들었다. 한치 앞도 보이지 않는 길을 한발 한발 더듬어가며 걷고 있었다. 그런데 우리가 고민하고 나름대로 찾아낸 해법이 국제적으로 논의되고 있는 정책 방향과 정확히 일치했다.

후발주자로서 추격형(catch-up) 발전에 익숙한 한국은 문제에 대한 인식과 해결방법을 해외에서 찾는 경향이 있다. 대부분 선진국들은 한국이 겪은 난해한 문제를 먼저 겪었다. 그들이 위기를 극복하며 정립한 정책들은 한국에서 발생한 문제를 해결하는 데 도움이 된다.

이제는 달라졌다.

세기적 충격인 팬데믹 광풍이 휩쓸고 간 미래는 변화가 더 빠르고 변동성과 불확실성이 고조될 시대이다. 디플레이션의 함정에 빠지지 않기 위해 발버둥 치던 선진국 경제에 홀연히 인플레이션 현상이 나타나 가장 뜨거운 정책 화두로 등장했다. 물가와 고용, 성장 등 거시경제 환경이 급변했다. 기후위기와 녹색전환은 그 대장정의 초입부터 에너지가격 급등을 불러왔다. 양극화가 심화되고 있는 현실에서 에너지 가격 급등 사태까지 겹치면 각국에서 어떤 정치적 귀결로 이어질지 알 수 없다.

금융시장에서는 자산가격 수준이 역사적인 평균에서 크게 벗어나 있고, 펀더멘털과 정책 간 괴리가 시장의 변동성을 키우는 중이다. 블록체인과 기술의 변화는 기존 금융과 산업의 지형을 크게 바꿔놓을 전망이다. 법정화폐는 50년 만에 그 체제의 가장 중요한 토대인 중앙은행이 신뢰성과 정당성의 위기에 직면해 있는 가운데, 그 안티테제로서 디지털 머니가 등장하면서 통화의 다극체제가 열렸다. 미중 갈등 심화, 탄소중립을 위한 에너지 확보와 글로벌 공급망 재구축을 둘러싼 경쟁이 고조되고 있다. 우크라이나 사태와 이어진 대 러시아 제재는 지정학적 위험의 무서움과 충격을 실감하게 한다.

세계는 21세기 초입에 벌써 두번이나 글로벌 차원의 초대형 위기를 경험했다. 다행히 글로벌 체제가 그 충격에 무너지지는 않았으나 양극화, 에너지 위기, 금융시스템 불안정 등 풀어야 할 문제의 크기는 나날이 커지고 있다. 위기가 불러온 충격으로 기존 질서의 상당 부문에 새로운 단층(fault lines)이 생겨나 예전의 이론으로 설명이 안 되거나 효과성이 떨어지는 영역이 다수이다.

복합위기에 따른 구조적 변화는 기존 대응방식을 무력화시키고 있다. 개인, 기업, 국가 차원에서 승자와 패자의 지위가 급변하기 쉬운 시대가 도래한 것이다. 사업과 투자의 위험이 커진 동시에 누군가에겐 새로운 기회의 창이 활짝 열렸다. 다양한 세대, 다양한 분야의 전문가들이 함께 머리를 맞대고 달라진 현실을 이해하고 해법을 찾아야 하는 시대다.

산업화, 민주화, 정보화까지 세계 우등국으로 성장해온 대한민국은 이 대전환의 파고를 무사히 넘기고 세계의 등불이 될 수 있을까. 이 문제에 대한 대답은 특정한 누군가에게 의존할 수 없다. 우리의 생각과 경험을 같은 문제로 씨름하고 있는 모든 사람과 함께 나눠야 한다. 실용적이고 유연한 자세와 새로운 시대철학이 필요하다. 30여 년간 경제와 금융 분야의 정책을 만들고 집행하며 느낀 점을 기록해야겠다고 생각한 이유다.

기획재정부 차관직을 마무리하며 '광장과 타워, 그리고 암호화폐'라는 제목의 글을 페이스북에 올렸다. '광장과 타워'는 민간의 자유로운 혁신과 국가가 정한 규율 사이의 상호작용과 긴장을 역사학자 니얼 퍼거슨(Niall Ferguson)이 멋지게 표현한 은유다. 공직생활을 마무리하며 4년 전 가상자산 대책을 만들 당시가 떠오른 이유는 그 이슈가 광장과 타워 간의 갈등과 긴장을 극명하게 느끼게 해준 경험이었기 때문이다.

나는 지금까지 인생 대부분을 '타워'에서 보낸 사람이라 아직도 '광장'의 논리와 스토리에 익숙하지 않다. 공직을 그만두고 열린 마음으로 광장의 고수들을 만나 새로운 혁신을 배우고 교류하는 중이다. 특별히 디지털혁명의 한가운데서 이 흐름을 주도하고 있는 젊은 인재들을 만나 그들의 생각과 비전을 인상 깊게 듣고 있다.

변화가 한창 진행중인 와중에 설익은 나의 제언을 공론의 장에 던지는 것이 조심스럽다. 완결된 결론이 나오기도 어렵고 또다른 변화가 찾아오면 금세 달라질 수 있다. 그럼에도 불구하고 내 생각의 일단을 오픈소스로 만든다는 마음으로 세상에 내놓기로 결심했다.

오픈소스에서는 한 사람의 성과가 다른 사람의 작업에 도움이 될 수 있다. 내가 던진 화두가 다양한 방식으로 논의되는 과정에서 우리 사회의 지속가능성을 고민하는 누군가에게 영감을 주고 도움이 될 수 있다면 그 자체로 보람있는 일이 아니겠는가. 타워에서 34년을 보내고 광장으로 돌아와서 내놓은 이 작은 보고서가 세대간, 영역간 사고의 간극을 좁히는 데 조금이나마 기여하길 기대한다.

미래를 보는 수정구슬, 오늘

2021년 11월 한국에는 요소수 대란이 일어났습니다. 1통에 1만원 짜리 요소수가 10만원으로 오르더니 아예 구할 수 없게 됐습니다. 요소수는 디젤 차량, 특히 트럭 대기오염 물질 저감을 위해 사용합니다. 요소수가 없으면 시동이 안 걸립니다. 트럭 시동이 안 걸리면 한국의 육상운송이 마비가 됩니다. 소방차, 구급차가 다닐 수 없습니다. 난데없이 무슨 일이 벌어졌길래 요소수가 없어진 걸까요?

2021년 9월 중국 지린성에서 외출을 하려고 엘리베이터에 탔던 일가족 4명이 45분간 갇히는 사건이 발생했습니다. 석탄이 부족해 발전량이 떨어졌고, 정전이 됐던 겁니다.

2021년 9월 발생한 중국의 정전은 11월 한국의 요소수 대란으로 이어졌습니다. 지나고 보면 석탄 부족 → 석탄을 원료로 사용하는 요소 부족 → 요소를 원료로 사용하는 비료 부족 → 중국의 요소 수출 통제 → 한국의 요소수 대란으로 이어진 상황이 이해가 됐습니다. 하지만 이런 일이 발생한 적이 한번도 없었기 때문에 예측할 수가 없었습니다. 요소 부족과 수출 통제를 감지했던 코트라 관계자는 "요소 부족 때문에 비료 생산에 차질이 생길 거라 생각했는데 요소수는 생각도 못했다"고 말하더군요. 사고가 터졌다고 해서 대응을 할 수 있는 것도 아닙니다. 단기적 현상이라면 어디서든 요소를 구해서 넘기면 될 테고, 구조적인 변화라면 공장을 다시 지어야 할 텐데, 이게 단기적인 현상인지 구조적인 변화인지 판단할 수가 없습니다.

#2

"아빠. 준희는 마스크를 안 쓰고 생활하던 때가 기억이 날까?"

올해 9살이 된 재희(첫째)가 6살이 된 준희(둘째)를 보며 저에게 그런 말을 하더군요. 준희는 삶의 절반을 마스크를 쓰며 지냈습니다. 기억하는 삶을 기준으로 보면 모든 삶을 마스크와 함께했죠. 이 아이에게 평범한 일상이라는 것은 어떤 모습일까요?

한글을 아직 모르는 나이지만 TV에서 원하는 프로그램을 검색해보는 것은 그리 어렵지 않습니다. 음성인식 기능으로 '뽀로로'를 이야기하면 되니까요. 누군가에게는 변화겠지만 누군가에게는 일상이 되어버린 풍경입니다. 이 아이들이 자라서 살아가게 될 세상은 어떤 모습일까.

오늘을 살아가는 것이 낯설지 않은 것은 어제가 있기 때문입니다. 오늘은 어제의 연장선이고, 내일은 오늘의 연장선입니다. 어제를 바탕으로 오늘을 이해하고, 내일을 준비할 수 있습니다. 사람들은 미래를 예측하는 것이 어렵다고 합니다. 취재를 하다보면 의외로 현재를 파악하는 것도 만만치 않게 어렵습니다. 사람들은 기사를 보며 세상을 보지만, 기자들은 그런 기사를 제공해야 하니까요. 팬데믹 이후 하루하루는 꽤 어려운 시간이었습니다. 사람을 만나는 데 제약이 생겨서 정보를 얻기도 힘들 뿐 아니라, 과거에 없었던 일들이 매일같이 발생했기 때문입니다.

어떤 맥락으로 살아가는지 모르며 지낸 시간이 벌써 2년이 넘었습니다. 그사이 우리는 알게 모르게 참 많이 변했습니다. 팬데믹 때문에 변한 것도 있고 팬데믹과 무관하게 변한 것도 있고, 긍정적인 것도 있고 부정적인 것도 있습니다. 뭐가 됐든 우린 팬데믹 이전과 다른 삶을 살고 있고 살아가게 될 거라는 거지요.

변화에 대응하기 위해 가장 먼저 해야 할 일은 현재를 파악하는 일입니다. 뭐가 어떻게 변했는지 알아야 대응을 합니다. 변화의 맥락에 대해서도 알아야 합니다. 원래 어떤 흐름에 있다가 어떤 변곡점을 만나 어떻게 변했는지를 파악하는 거지요. 그다음엔 일시적인 변화인지 구조적인 변화인지를 판단해야 합니다. 일시적이라면 원래대로 돌아갈 것을 염두에 둬야 할 테고, 구조적이라면 장기적인 변화추이를 감안해야 합니다.

우리 앞에 놓인 과제들 중에 녹록한 것이 없습니다. 잠깐 왔다 갈 거라고 생각했던 코로나19 바이러스는 다양한 변이를 일으키며 우리와 함께 살아가고 있습니다. 그사이 자산가격이 폭등해 가진 자와 못 가진 자의 격차는 훨씬 더 커졌습니다. 바이러스로 막혀버린 현실 세계 대신 가상 세상에서의 활동은 더욱 많아졌습니다. 인류의 동력을 바꿔야 하는 녹색전환도 커다란 변화 중에 하나입니다.

팬데믹을 거치며 일어난 변화, 누군가 한번쯤은 정리했어야 하는 이야기입니다. 팬데믹으로 인한 변화는 범위와 속도는 사람마다 너무나 다르기 때문에 변화의 양상도 많이 다를 겁니다. 그 하나의 시작이라고 생각합니다. 500만명이 넘는 사람들이 코로나19로 사망했지만 인류는 살아야 하고, 우리는 지금까지를 정리하고 내일을 준비해야 합니다. 이 책이 더 많은 사람이 팬데믹으로 변해버린 오늘의 모습을 정리하는 마중물 역할을 해주기를 기원합니다. 그런 노력들이 우리 아이들이 오늘보다 좀더 나은 내일을 살아가는 데 도움이 될거라 믿습니다. 사회적 거리두기가 강화돼도 시간제한없이 함께할수 있는 술친구 아내 임소윤에게 감사합니다.

2022년 3월
권순우

주

프롤로그

1 Adam Tooze, *Shutdown: How Covid Shook the World's Economy*, Viking 2021, 5장.

1부 팬데믹이 불러온 경제환경의 대격변

1장 현대 금융자본주의는 어떻게 움직이는가

1 비은행금융중개기관이 금융중개에서 차지하는 위치, 유동성 수요와 공급에 미치는 파급효과 등을 금융안정 관점에서 분석한 최근의 자료로는 Sirio Aramonte, Andreas Schrimpf, and Hyun Song Shin, "Non-bank Financial Intermediaries and Financial Stability," *BIS WP* No. 972 (October 2021) 등이 있다.

2 Luigi Buttiglione, Philip R. Lane, Lucrezia Reichlin and Vincent Reinhart, *Deleveraging? What Deleveraging?* The 16th Geneva Report on the World Economy (29 September 2014).

3 이에 대한 내용을 체계적으로 설명한 자료로는 Cladio Borio, "Rediscovering the macroeconomic roots of financial stability policy: journey, challenges and a way forward," *BIS WP* No. 354 (September 2011); John Cochrane, "Macro-Finance," *Review of Finance* Vol. 21, Issue 3 (May 2017); Stijn Claessens and M.

Ayhan Kose, "Frontiers of macrofinancial linkages," *BIS papers* No. 95 (January 2018) 등이 있다.

4 글로벌 금융위기 이후 학계에서 진행된 거시경제모델 구축 노력의 구체적 내용과 그 한계에 대해서는 아래 논문을 참고하기 바란다. Adrian, T., Colla, P. and Shin, H. S., "Which Financial Frictions? Parsing the Evidence from the Financial Crisis of 2007 to 2009," *NBER Macroeconomics Annual*, 27 (2013).

5 은행을 신용창출기관으로 인식해야 현실의 금융위기를 잘 설명할 수 있다는 논의의 구체적 내용에 대해서는 아래 논문을 참고하기 바란다. Jakab, Z. and Kumhof, M., "Banks are not intermediaries of loanable funds‒ and why this matters," *Bank of England working paper* No. 529 (2015).

3장 팬데믹의 내습: A Crisis Like No Other

1 임금근로자뿐 아니라 자영업자, 실업자 등을 포함한 전체 경제활동인구의 89%(코로나19 발생 이전인 2019년 기준)가 고용보험에 가입되어 있다. 독일의 자영업자 비중이 9.6%이나 고용보험 가입률은 경제활동인구의 72~75%로 추산되는 점을 감안하면 매우 높은 수준이다.

4장 팬데믹이 불러온 구조적 변화

1 Employment cost index for wages and salaries, for civilian workers.

2 Craig Addison, *Silicon Shield: Taiwan's Protection Against Chinese Attack*, Fusion Pr. 2001.

3 Lina Khan, "Amazon's Antitrust Paradox," *The Yale Law Journal* vol. 126, no. 3 (January 2017).

2부 새로운 균형을 위한 과제

1장 복합위기 가능성에 철저히 대비하라

1 "We tend to use the word transitory to mean that it won't leave a permanent

mark in the form of higher inflation. I think it's probably a good time to retire that word and try to explain more clearly what we mean."

2   Mohamed El-Erian, "Abrupt Fed Rate Hikes Are Biggest Fear," *CNBC* 2021.12.31; Frederic Mishkin, "The Flaws in the Fed's Approach to Inflation," *Financial Times* 2022.1.10; Stephen S. Roach, "The Fed is Playing with Fire," *Project Syndicate* 2022.1.24.

3   Kenneth Rogoff and Yuanchen Yang, "Peak China Housing," *NBER Working Paper* 2021.11.18.

4   Chong-en Bai and Qiong Zhang, *A Research on China's Economic Growth Potential*, Routhleged 2017.

5   Antonio Coppola, Matteo Maggiori, Brent Neiman and Jesse Schreger, "Redrawing the Map of Global Capital Flows: The Role of Cross-Border Financing and Tax Havens," *NBER Working Paper*, (December 2020).

6   Kevin Rudd, "There are Three Things China Still Fears About America. The Dollar is One of Them." *The Market Interview*, 2020.9.29.

7   민간(가계+기업)과 정부 부채를 합한 국민경제 전체의 부채를 의미한다.

8   박창현·남석모·진형태 「메크로레버리지 변화의 특징 및 거시경제적 영향」, 『BOK 이슈노트』, 한국은행 2021.12.13.

9   한국은행 위 보고서는 우리나라가 세계에서 이례적으로 지난 16년간 가계 레버리지 누증이 지속되고 있어 향후 디레버리징 발생 시 충격을 완화할 수 있도록 거시건전성을 유지해나가는 것이 매우 중요하다고 강조하고 있다.

2장 재정정책의 역할에 대한 사회적 합의

1   이 작업의 중간 성과물이 블랑샤르가 서머스와 공동으로 편집한 책으로 2019년에 발간되었다. Olivier Blanchard and Lawrence Summers eds., *Evolution or Revolution?: Rethinking Macroeconomic Policy After The Great Recession*, The MIT Press 2019.

2   Olivier Blanchard, *Fiscal Policy Under Low Interest Rates*, The MIT Press 2023(예정).

3 Adam Tooze, "The Gatekeeper," *London Review of Books*, Vol. 43. No. 8 (21 April 2021).

4 Markus K. Brunnermeier, Harold James, and Jean-Pierre Landau, *The Euro and the Battle of Ideas*, Princeton University Press 2016.

5 홍순만『조세와 재정의 미래: 지속 가능한 복지를 위한 증세방향』, 문우사 2021.

6 한국조세재정연구원 재정지출분석센터「코로나19 위기 이후 유럽연합의 재정준칙 관련 동향 및 시사점」,『월간 재정동향 및 이슈』 2021년 12월호.

7 Robert J. Shiller, "Debt and Delusion," *Project Syndicate* 2011.7.21.

8 Russel Napier, "We Are Entering a Time of Financial Repression," *The Market Interview*, 2021.7.14.

9 외국인 국고채 순투자(단위는 조원, 괄호는 연도): +8.4(2018), +12.0(2019), +23.3(2020), +42.5(2021, 역대 최대)

10 국고채시장 외국인 보유비중(단위는 %, 기말 통계 기준, 괄호는 연도): 14.2(2017), 15.2(2018), 16.1(2019), 16.7(2020), 19.4(2021)

3장 양극화 해소

1 지니계수(전체 가구, 가금복, 괄호는 연도): 0.388(2011), 0.372(2013), 0.352(2015), 0.354(2017), 0.345(2018)

2 2018년 하반기 지니계수(처분가능소득 기준) 0.345로 36개국 중 27위 (OECD 평균 0.316). 정책 분배개선 효과(2017, %): 42.2(독일), 35.0(스웨덴), 29.4(영국), 22.8(미국), 12.8(한국)

3 시장소득 5분위 배율(전체 가구, 가금복, 괄호는 연도) : 10.32(2014), 10.88(2016), 11.15(2018)

4 실질은퇴연령(2018년): [한국] 男 72.3 女 72.3 [OECD평균] 男 65.4 女 63.7

5 기대여명(2020년 기준, 단위는 년, 괄호는 해당 연령): 18.9(65~69세), 15.0(70~74세), 11.3(75~79세), 8.19(80~84세)

6 2022년 기준 65세 기대여명을 감안하여 20년간 존속하는 것으로 가정.

7 2031년에 2022년 기준 65세가 특별연금 수령 시 연 9.4조원으로 최대 재원

소요.

8 취업자 증감률(%, 전년비, 2020년 9월 기준) : △1.4(한국), △1.3(독일), △2.5(영국), △3.6(캐나다), △6.4(미국)

9 불평등을 다룬 최근 저작으로 가장 많이 화제가 된 것은 토마 피케티의『21세기 자본』이다. 우선 다루는 기간이 프랑스혁명 이후부터 200여년이고 나라도 20여개가 넘는다. 이 방대한 자료를 기초로 산업혁명 이후 자본주의의 역사와 자본과 소득의 분배 추이를 천착한다. 그의 핵심주장은 자본주의 역사에서 자본수익률(r)이 경제성장률(g)보다 큰 시기가 대부분이었고 그 결과 부와 소득의 불평등이 확대될 수밖에 없었다는 것이다. 다만 20세기 양차 세계대전으로 기존에 쌓아둔 부가 파괴되고 전후 부흥에 따라 경제성장률이 기록적으로 높은 수치를 보인 시기에는 예외적으로 g>r 현상이 나타나면서 불평등이 줄어든 중산층 혁명이 일어났다. 최근과 같이 성장률이 낮아지고 인구가 고령화되는 구조에서는 자기 기술로 벌어서(소득을 늘려) 당대에 부자가 될 기회는 줄어들고 선대로부터 내려오는 부를 가진 사람들의 자본수익률이 소득증가율을 압도하여 양극화가 심화되는 19세기 패턴으로의 회귀가 두드러진다고 진단한다. 그의 표현에 따르면 '세습자본주의의 재림'인 셈이다.

10 이하 4개 문단은 필자가 현직 시절에 '장기연체자에게 희망을'이라는 제목으로『매일경제』에 기고(2017.12.6)한 내용을 옮겨 적은 것이다.

4장 플랫폼 규율체계 선진화

1 플랫폼기업이 노동시장에 미친 영향은 양극화 해소 부분을 참고.

2 구글은 2021년 1월부터 모든 앱에 대한 인앱 결제를 의무화하고 수수료 30% 부과 방침을 발표했으나, 통신사업법 개정 움직임 및 공정위 조사 등에 따라 2021년 10월로 연기한 바 있다.

3 공정위는 문체부의 문화상품사업자의 불공정행위 금지에 대한 문체부장관의 시정명령에 대하여 공정거래법과 상충된다는 의견을 가지고 있다.

4 과기부는 디지털 플랫폼 정책토론회(2021.9)를 구성하여 운영중이며, 방통위는 학계, 법조계와 함께 온라인 플랫폼 법제포럼(2021.6)을 구성하였으며, 공정위도 플랫폼 업계와 수시로 간담회를 개최중이다.

5 영국은 관계기관 간 Digital Regulation Cooperation Forum을 신설했다 (2020.7).

6 안수현 「빅테크의 금융플랫폼기반 비즈니스의 금융법적 규율」, 한국금융학회 ·한국금융정보학회 제2차 공동심포지엄 '금융환경 변화와 금산분리 규제: 새로운 도전과 대응방향'(2021.1.18).

7 Markus Brunnermeier, Harold James, and Jean-Pierre Landau, "The digitalisation of money," *BIS Working Papers*, (19 May 2021).

8 이와 관련하여 FSB, "Regulatory issues of stablecoins," (18 October 2019)와 Agustín Carstens, "Regulating big tech in the public interest," Speech at the BIS conference 'Regulating big tech: between financial regulation, antitrust and data privacy,' (6~7 October 2021) 및 President's Working Group on Financial Markets(PWG), "Report on Stablecoin" (November 2021) 등을 참조.

9 OCC, "Supporting Responsible Innovation in the Federal Banking System: An OCC Perspective," (2016) 5면. 이하 논의는 김자봉 『금산분리의 법리와 경제분석』, 박영사 2021, 261~65면에 기반을 두고 있다.

10 12 CFR(미연방규정집) 5.20(e)(1): A special purpose bank that conducts activities other than fiduciary activities must conduct at least one of the following three core banking functions: Receiving deposits; paying checks; or lending money.

11 OCC, "OCC Begins Accepting National Bank Charter Applications From Financial Technology Companies," (2018.7) (https://www.occ.gov/news-issuances/news-releases/2018/nr-occ-2018-74.html): "Fintech companies that apply and qualify for, and receive, special purpose national bank charters will be supervised like similarly situated national banks, to include capital, liquidity, and financial inclusion commitments as appropriate."

12 12 U. S. Code(미합중국 법전) §1841. Definitions (c)(1). 은행은 예금수취(지급결제), 대출 등의 경제적 기능을 동시에 영위하는 기관임. (c)Bank Defined...(1) In general... the term "bank" means any of the following: (A) ... An institution...(i) accepts demand deposits or deposits that the depositor may

withdraw by check or similar means for payment to third parties or others; and (ii) is engaged in the business of making commercial loans.

13 Arthur Wilmarth, "Wal-mart and separation of banking and commerce," *Connecticut L. Rev.* Vol. 39, No. 4 (May 2007) 1539면, 1545~46면. 월마트는 당시 월마트은행으로 불린 ILC(Industrial Loan Company. Industrial Bank라 고도 불림) 인허가를 신청한 바 있음.

14 OCC, "Comptroller's licensing manual supplement: Considering charter applications from financial technology companies," (2018) 1~3면.

15 J. Flint, "Warning lights are flashing for Big Tech as they did for banks," *Financial Times* (29 November 2020)

16 https://www.nytimes.com/2020/10/22/technology/antitrust-laws-tech-new-regulator.html

17 Luigi Zingales and Filippo Maria Lancieri, "Stigler Committee on Digital Platforms Final Report: Policy Brief," Stigler Center for the Study of the Economy and the State, 2019.

18 이에 관해서는 이순호 「온라인 플랫폼 및 빅테크에 대한 반독점 강화정책의 해외 동향 및 국내 규제감독에 대한 시사점」, 『금융브리프』 30권 20호, 2021.10.2~10.15. 참조.

5장 블록체인과 가상자산의 미래

1 박선영 「국내 가상자산시장의 특징과 현황」, 2021.

2 가상자산 거래소를 통해서 가상자산을 매매하는 자를 이용자로 볼 것인지, 투자자로 볼 것인지 또한 가상자산의 투자기능을 인정할지 여부에 따라 결정되기 때문에 매우 중요한 쟁점이다.

3 Markus K. Brunnermeier, Harold James, and Jean-Pierre Landau, "The Digitalization of Money," *NBER Working Papers* (August 2019).

격변과 균형

한국경제의 새로운 30년을 향하여

초판 1쇄 발행 / 2022년 3월 14일
초판 2쇄 발행 / 2022년 3월 24일

지은이 / 김용범 권순우
펴낸이 / 강일우
책임편집 / 박주용
조판 / 황숙화
펴낸곳 / (주)창비
등록 / 1986년 8월 5일 제85호
주소 / 10881 경기도 파주시 회동길 184
전화 / 031-955-3333
팩시밀리 / 영업 031-955-3399 편집 031-955-3400
홈페이지 / www.changbi.com
전자우편 / human@changbi.com

ⓒ 김용범 권순우 2022
ISBN 978-89-364-7905-3 03320